Massimo Bognanni

Unter den Augen des Staates

Massimo Bognanni

# UNTER DEN AUGEN DES STAATES

## Der größte Steuerraub in der Geschichte der Bundesrepublik

dtv

MIX
Papier aus verantwortungsvollen Quellen
FSC® C083411
www.fsc.org


Vignetten: shutterstock/Farbai (Lupe), shutterstock/Zoart Studio (Adler)
Umschlaggestaltung: hißmann, heilmann, hamburg
Umschlagmotiv: Sabine Buhr
Satz: Fotosatz Amann, Memmingen
Gesetzt aus der DTL Dokumenta 10/14,75˙
Druck und Bindung: CPI books GmbH, Leck
Printed in Germany · ISBN 978-3-423-28306-9

## Hinweis an die Leserinnen und Leser

Dieses Buch soll eine spannende wie tiefgründige Rekonstruktion dessen liefern, wie es zum größten Steuerdiebstahl in der deutschen Geschichte kommen konnte und wie es dem Team um die Kölner Staatsanwältin Anne Brorhilker gelungen ist, die weltweit geplante, bestens getarnte und aggressiv verteidigte Cum-Ex-Industrie zu entlarven und vor Gericht zu bringen.

Das Buch stützt sich auf unzählige Interviews mit Menschen, die unmittelbar mit Cum-Ex zu tun hatten, darunter Aktienhändler, Steueranwälte, Topjuristen, Finanzbeamte, Ermittler und hochrangige Politiker. Aus Gründen des Quellenschutzes vereinbarte ich mit ihnen, dass wir lediglich »im Hintergrund« miteinander sprechen. Das bedeutet, dass ich die Informationen verwenden, jedoch nicht die konkreten Quellen benennen darf. Neben den Gesprächsnotizen konnte ich Hunderttausende Seiten teils streng vertraulicher Dokumente nutzen. Darunter E-Mails und andere Kommunikationsdaten von Cum-Ex-Akteuren, interne Bankdaten, vertrauliche Unternehmenspräsentationen, Vernehmungsprotokolle, Durchsuchungsberichte, Behördenvermerke und Ministeriumsberichte, aber auch Unterlagen, die mithilfe von Anträgen über das Informationsfreiheitsgesetz zugänglich wurden. Sollten Akteuren in diesem Buch Gedanken oder Gefühle zugeschrieben werden, so basieren diese entweder auf Aussagen der Personen selbst, auf deren direktes Umfeld oder schriftlichen Belegen der Betroffenen.

Der Text wird zwei Erzählsträngen folgen und damit inhaltliche Schwerpunkte setzen. Zum einen hat dieses Buch zum Ziel, das jahrzehntelange Versagen des Staates und seiner Institutionen zu dokumentieren. Alle jene Kapitel, die das Staatsversagen verdeutlichen, sind zu Beginn mit einem Bundesadler gekennzeichnet. Der zweite Erzählstrang folgt im Sinne einer »True Crime«-Erzählung der Staatsanwältin und ihren Ermittlungen. Diese Kapitel sind mit einem Lupen-Symbol markiert. Da dieses Buch Schritt für Schritt den Fortgang der Ermittlungen abbilden wird, ist es wichtig zu betonen, dass die geschilderten Informationen lediglich den jeweiligen Kenntnisstand der Fahnder wiedergeben. Keinesfalls sind sie so zu verstehen, dass bereits die Schuld oder Unschuld der handelnden Personen belegt sei. Dies obliegt den Gerichten und ist in den allermeisten Fällen zum Redaktionsschluss dieses Buches noch nicht erfolgt. Es gilt selbstverständlich die Unschuldsvermutung bis zu einer rechtskräftigen Verurteilung.

Ziel des Buchs ist es, das Staatsversagen aufzuzeigen, um im besten Fall Lehren für die Zukunft aus den Geschehnissen ziehen zu können, und gleichzeitig den Krimi der Ermittlung herauszuarbeiten, um zu zeigen, dass der Staat durchaus wehrhaft sein kann, selbst gegen eine global agierende Steuermafia. Es braucht nur die richtigen Menschen an der richtigen Stelle.

Die Recherchen beinhalten all jene Informationen, die ich bis zum Redaktionsschluss dieses Buchs Anfang November 2021 zusammentragen konnte. Nach bestem Wissen und Gewissen habe ich die Fakten zu diesem Milliardendiebstahl, der zu unser aller Lasten ging, recherchiert und stets auch die Meinung und Ansichten derjenigen eingeholt und einfließen lassen, die in dieser Geschichte sicherlich nicht als Heldenfiguren taugen. Mir ist bewusst, dass ich keinesfalls jede Ecke dieser gigantischen Steuerbetrugsindustrie und jeder zuständigen Beamtenstube beleuchten konnte. Aber vielleicht erhellt dieses Buch die Machenschaften hinter Cum-Ex derart, dass ein größeres Publikum diesen größten Steuerskandal zu verstehen beginnt.

Massimo Bognanni, November 2021

# Prolog

Ruhig liegt der scharfkantige, fünfstöckige Flachdachbau in der Morgendämmerung. Ein paar Lichter brennen, ein paar Gestalten huschen durch die Drehtür ins Innere des Landeskriminalamtes Düsseldorf. Die Luft riecht mehr nach Frühling denn nach Herbst. Das Nordseetief »Livia« kann an diesem 14. Oktober 2014 dem Rheinland nichts anhaben. Und so ist die Luft schon am frühen Morgen milde elf Grad warm, als eine zierliche Gestalt mit aschblonden, schulterlangen Haaren das LKA-Gebäude ansteuert.

Hastig durchquert Staatsanwältin Anne Brorhilker den modernen Glaskubus, der dem Kriminalamt als Eingangsbereich dient. Die junge Frau mit der Hornbrille eilt in den linken Teil des Gebäudes, der für Ermittlungen vorgesehen ist. Sie hastet ein paar Stufen hinauf, durch eine Sicherheitstür, dann betritt sie die Einsatzzentrale. Hier arbeitet jener Trupp der »Besonderen Aufbauorganisation« (BAO) der bei der Kriminalpolizei für »besondere Lagen« zuständig ist.

In ihrem jungen Berufsleben hat Brorhilker, zu diesem Zeitpunkt 41 Jahre alt, schon manch eine Razzia miterlebt. In der Regel gab es dann einen einzelnen Einsatzleiter, der eine Schar von Polizisten unterwies. Nicht selten war sie selbst mit vor Ort und durchkämmte Schubladen auf der Suche nach Beweismitteln.

Doch die Aktion an diesem Dienstagmorgen, die spielt in einer anderen Liga.

Vor Brorhilker öffnet sich ein Großraumbüro etwa so groß wie eine Gymnastikhalle. Die Wände sind weiß und kahl, der Boden –

wie fast überall im LKA – mit dunkelroter Teppichware ausgelegt. Die Fenster der Einsatzzentrale sind von außen nicht einsehbar. An der Stirnseite des Raums sitzt der Polizeiführer. Er hat heute das Kommando. Neben ihm rücken weitere Verantwortliche die Stühle an den Führungstisch heran. Heute ist eine halbe Fußballmannschaft nötig, um diesen Großeinsatz mit mehr als tausend Beamten in elf Ländern zu koordinieren.

Von den Plätzen der Einsatzleitung aus ragen vier Reihen weißer Tische in den tiefen Raum. Überall stehen Monitore, Telefone, Computer. Dazwischen: Kabelgewirr. Schier unaufhörlich strömen Frauen und Männer herein. 60, vielleicht 70 Personen. Rechner fahren hoch, Headsets werden aufgesetzt. Experten für die Rechtshilfe im Ausland richten sich ebenso auf einen langen Tag ein, wie die »Unterabschnittsführer«. Sie sind Ansprechpartner für die Polizisten, die heute vor Ort bei den Durchsuchungsobjekten im Einsatz sind.

Auf der anderen Kopfseite des Raums, gegenüber der Einsatzleitung, sind große Leinwände angebracht. Beamer füllen sie mit Leben. An diesem Dienstagmorgen ist dort eine Landkarte zu sehen. Länder wie Malta, Luxemburg und die Schweiz sind zu erkennen. Neben der Landkarte erscheint eine Tabelle. Sie stellt eine Art Einsatztagebuch dar. Minute für Minute wird hier eingetragen werden, was vor Ort bei der Durchsuchung geschehen ist. Noch sind ihre Zeilen jungfräulich.

Etwas am Rande, an einem Schreibtisch mit Telefon, hat auch Brorhilker ihren Platz gefunden. Sie sitzt dort beinahe wie eine Zuschauerin. Dabei sind wegen ihr heute alle hier. Wegen ihr lauern gerade Hunderte Fahnder in Deutschland, Frankreich, den Niederlanden, England, Irland, Liechtenstein, Luxemburg, auf Malta, den Britischen Jungferninseln, in den USA und selbst in Australien auf das Startzeichen des Einsatzleiters. Anne Brorhilker ist die leitende Staatsanwältin. Ein Jahr lang hat sie für diese Großrazzia gekämpft. Diese umfassende Maßnahme gegen alle Widerstände durchgeboxt, sie gemeinsam mit Kriminalbeamten akribisch vorbereitet.

Um 7.30 Uhr erteilt der Polizeiführer das Kommando. »Zugriff«. Über das Handy geben Polizisten Rückmeldung vom Einsatzort, die Kollegen in der Einsatzzentrale erteilen weitere Anweisungen. Der Lärmpegel in dem Raum schwillt an. In diesen Minuten verschaffen sich Polizisten, Steuerfahnder und Staatsanwälte gleichzeitig Zutritt zu namhaften Unternehmen. Sie gehen in Büros, aber auch in Wohnhäuser und eine Lagerhalle. Sie suchen nach Aktenordnern, E-Mails, persönlichen Notizen. Beweise für mögliche Steuerbetrügereien, die Banker, Aktienhändler und Berater »Cum-Ex« getauft hatten.

Gebannt blickt Brorhilker auf die große Leinwand. Im Einsatztagebuch rattern die Meldungen nur so herunter. Ein Ampelsystem veranschaulicht den Status einer jeden Durchsuchungsmaßnahme. Rot bedeutet »Ausführung steht noch aus«, gelb symbolisiert »Wir sind drin«, grün steht für »erledigt«.

Die Razzia an diesem Dienstagmorgen markiert den Anfang der größten Ermittlung in Wirtschaftssachen, die Deutschland je gesehen hat. Die Cum-Ex-Fälle werden Staatsanwältin Brorhilker in die höchsten Ebenen einiger der größten Banken und Beratungsfirmen der Welt führen. Sie werden ihr auch tiefe Einblicke in die Verstrickung des Staates mit einer regelrechten Steuerbetrugsindustrie verschaffen.

Gleichzeitig bedeutet die Razzia aber auch ein Ende. Drei Jahrzehnte, in denen Banker, Aktienhändler und Berater weitestgehend ungestört und oftmals unter den Augen des Staates die deutsche Staatskasse plündern konnten, sind nun für viele maßgebliche Akteure vorbei.

Seit dem Tag der Razzia ist Anne Brorhilker für viele der angesehenen, reichen und mächtigen Cum-Ex-Hinterleute eine ungebetene Mieterin im Kopf. Eine lästige Plage, die sie nicht mehr loswerden sollen.

## Anfänge

Anne Brorhilker ist endlich angekommen. Lange Zeit wusste sie nicht genau, in welchem Beruf sie einmal arbeiten wollte. Und als sie es wusste, stand sie erst einmal im Abseits.

Jetzt, im Herbst 2013, stapeln sich in Brorhilkers »Karnickelstall« die Unterlagen. Die Strafverfolgerin hat ihr knapp zehn Quadratmeter großes Büro im vierten Stock der Staatsanwaltschaft. Unter den Bergen von Leitz-Ordnern und Aktenkladden ist ihr Schreibtisch nur noch schemenhaft zu erkennen.

Gemeinsam mit dem Landeskriminalamt, der Steuerfahndung und dem Zoll hat sich Brorhilker dieser Tage an die Fersen einiger Mitglieder der Gerüstbau-Mafia geheftet. Monatelang hatten sie mutmaßliche Schlüsselfiguren abgehört – und wurden so Zeugen eines ausgeklügelten Systems von Service- und Scheinfirmen. Hunderte Gerüstbauer arbeiteten auf den Baustellen schwarz zu Dumpinglöhnen, während ihre Vorsteher 6000 Euro im Monat nach Hause brachten. Der Chef des Systems hat womöglich Millionen gemacht. Alles auf Kosten des Staates, dem die Millionen an Sozialabgaben in der Kasse fehlen.

Eine Razzia steht nun an. Läuft alles nach Plan, werden danach einige Gerüstbauer im Gefängnis sitzen. Dann dürfte es noch hektischer werden. Anwälte werden Sturm laufen gegen die Untersuchungshaft der Mandanten. Und die Anklagen mit all den Beweisen gegen alle Inhaftierte müssen schnell geschrieben werden. Haftsachen haben Vorrang. Auf Brorhilker warten turbulente Tage.

Und dann gibt es noch Samir A., Brorhilkers derzeit wichtigsten

Fall. Seit Monaten ermittelt sie gegen den 25-jährigen Afghanen. A. soll, so der Verdacht, mithilfe eines Umsatzsteuerkarussells Millionensummen für die Terrororganisation al-Qaida eingesammelt haben. Brorhilker hatte die Geschäfte von rund einem Dutzend Firmen A.s unter die Lupe genommen. Unternehmen mit Namen wie Hamster Mobile GmbH, My iCell GmbH oder Wega Mobile GmbH. Mit den Firmen soll A. zum Schein Handys über die Grenzen gekarrt und sich dann Umsatzsteuern vom jeweiligen Finanzamt erstattet haben lassen. In Wahrheit aber gab es wohl gar keinen echten Handel. Die Handys landeten am Ende wieder dort, wo sie am Anfang losgeschickt worden waren. Ein Karussell, getarnt durch Scheinrechnungen. Die ergaunerten Steuergelder sollen dann an Terroristen geflossen sein.

Ausgerechnet jetzt hat sich auch noch eine kleine Delegation aus dem Bundeszentralamt für Steuern (BZSt) angekündigt, Deutschlands oberster Steuerbehörde, die direkt dem Bundesfinanzministerium unterstellt ist. Eine Kollegin und zwei Herren sind an diesem 10. September 2013 aus Bonn angereist, um einen Fall vorzustellen.

Nun sitzen sie einen Stock höher, im Büro von Brorhilkers Chef und beugen sich über Schaubilder mit Kästchen und Pfeilen. Die Staatsanwältin hört den Ausführungen der Steuerbeamten aufmerksam zu. Es geht um die Kapitalertragssteuer. Wer in Deutschland Geld verdient, ohne sich die Hände schmutzig zu machen, muss seine Einnahmen mit 25 Prozent versteuern. Finanzminister Peer Steinbrück hatte die Steuer einst eingeführt. Auf die Kritik, dass normale Arbeiter auf ihre Einkommen viel mehr Steuern zahlen müssen als Menschen, die ihr Geld am Finanzmarkt mehren, reagierte der Sozialdemokrat trotzig: »Lieber 25 Prozent auf X, als nix!«

Und so zahlen beispielsweise Aktienbesitzer 25 Prozent Steuern, wenn sie einmal im Jahr eine Gewinnausschüttung ihres Unternehmens erhalten: die Dividende. Schüttet ein Unternehmen eine Dividende von 100 Euro an jeden Aktionär aus, kommen bei ihm nur 75 Euro an. Die anderen 25 Euro gehen automatisch an das Finanzamt.

Doch nicht jeder muss die Steuer abführen. Es gibt Ausnahmen. Manche Investoren können sich die Steuern vom Finanzamt erstatten lassen. Auf genau solche Erstattungen, so erklären es nun die Besucher vom Bundeszentralamt, hätten es womöglich Betrüger abgesehen, indem sie sich vom Fiskus Steuern zurückholen, die zuvor niemand bezahlt habe.

Schnell schwirrt Brorhilker der Kopf. Stichworte wie »Zentralverwahrer«, »Leerverkäufer«, »Kompensationszahlungen« fallen, von Folie zu Folie kommen mehr Kästen und Pfeile hinzu. Die Staatsanwältin kann den Finanzbeamten nur mit Mühe folgen.

Abends, am Küchentisch in ihrer Kölner Wohnung, will sie nochmals das Gesamtbild des Falls ausbreiten. Sie holt einen Block, malt eigene Kästen, vollzieht den Weg der Gelder nach. Schritt für Schritt erscheint vor ihr: ein Kreislauf. Allmählich erkennt sie Parallelen zu ihren anderen Fällen. Etwa zu Samir A.s Umsatzsteuerkarussell. Auch hier gibt es ein Kreisgeschäft, an dessen Ende der Staat Steuern erstattet, die nie gezahlt wurden. Nur, dass es in diesem Fall keine Handys sind, die zum Schein bewegt werden. Sondern Aktien. Und das Geld landet nicht bei Terroristen, sondern bei Bankern.

Nun ist Brorhilker ganz in ihrem Element. Dabei hatte sie nie davon geträumt, einmal bei der Staatsanwaltschaft zu arbeiten, und noch weniger, sich eines Tages mit Steuermodellen und Wirtschaftsbetrügern herumzuschlagen.

Anne Brorhilker wuchs in einer Kleinstadt bei Dortmund auf. Ihre Mutter, Lehrerin für Politik, Sozialwissenschaften und Geschichte, war Schulleiterin an einer Realschule. Ihr Vater, ein Mann der Zahlen, seines Zeichens Steuerberater und Wirtschaftsprüfer, der für den Prüfkonzern Ernst & Young arbeitete. Unter den beiden Kindern waren die Interessen klar verteilt: Während ihr kleiner Bruder als Sportler glänzte, galt Annes Leidenschaft der Musik. Lange Zeit träumte sie davon, eines Tages mit der Musik ihren Lebensunterhalt zu bestreiten.

In der Grundschule war sie mit Begeisterung bei der Sache. Das Gymnasium jedoch war für die hochbegabte Schülerin eher Last denn Lust. Das änderte sich höchstens, wenn sie als Klassensprecherin Unrecht walten sah. Etwa, als der Lateinpauker die Klasse immer wieder mit Tests überzog und so Angst und Schrecken verbreitete. Mit der Allgemeinen Schulverordnung unter dem Arm suchte die Siebtklässlerin den gefürchteten Lehrer auf, wies ihn darauf hin, dass es klare Regeln dafür gebe, wie viele Tests geschrieben werden dürften. Dann war Ruhe.

An der Uni fühlte sich Anne Brorhilker regelrecht befreit. Bei der Jobwahl war für sie ein Kriterium besonders wichtig: finanzielle Unabhängigkeit. Als den Lehramtsstudenten in Dortmund gleich zu Beginn des Studiums eingebläut wurde, es gebe keine Stellen für Lehrer, beerdigte sie nach einem Semester den Plan, Musiklehrerin zu werden. Brorhilker war gewillt, auf ein in ihren Augen noch sichereres Pferd zu setzen. Sie schrieb sich in Bochum für Jura ein.

Zu ihren ersten Vorlesungen zählte die Einführung ins Straf- und Prozessrecht von Professor Gerd Geilen. Der kleine rundliche Herr entfachte bei der Studentin die Begeisterung für das Strafrecht. Als Schwerpunkt im Studium wählte sie Kriminologie. Nach dem ersten Staatsexamen jobbte sie bei großen Kanzleien – und wusste danach, was sie nicht werden wollte: Rechtsanwältin.

Auch das zweite Staatsexamen schloss sie mit Prädikat ab. Im darauffolgenden Referendariat platzten jedoch gleich mehrere Illusionen. Ihre Station bei einer Gerichtskammer für Baurecht empfand sie als so frustrierend, dass sie ihren Wunsch, einmal Richterin werden zu wollen, ad acta legte. Als sie sich als einzige Juristin in der Stadtverwaltung eines kleinen Kaffs mit der Kampfhundeverordnung herumschlug, fiel auch die Option weg, in der Kommunalverwaltung zu arbeiten. Und selbst die lang ersehnte Station bei Amnesty International in Berlin war eine Enttäuschung, ließen hier doch alle Festangestellten um 16 Uhr den Griffel fallen, während sich die Ehrenamtler bis tief in die Nacht engagierten.

Per Ausschlussverfahren kam Brorhilker schließlich zu ihrem Beruf: Staatsanwältin. Die Bewerbung in Köln glückte 2002. Das Ziel der frischgebackenen Strafverfolgerin stand fest. Sie wollte es mit der organisierten Kriminalität aufnehmen. Doch die junge Karriere stockte. Ihre ersten Berufsjahre verbrachte sie in der sogenannten Gnadenstelle. Einem Ort, der sonst Staatsanwälten am Ende des Berufslebens vorbehalten war, und zwar nicht gerade den besonders beliebten.

Hier hatte sie es mit Drogenabhängigen und Kleinkriminellen zu tun. Wiederholungstätern. Schlimme Schicksale oftmals. Menschen am Rand der Gesellschaft. Brorhilker prüfte in der Gnadenstelle, ob der Staat bei einigen dieser traurigen Gestalten Gnade vor Recht walten lassen und ihnen eine weitere Haftstrafe ersparen könne. Mit gezielten Auflagen vielleicht sogar eine neue Perspektive bieten. Ihr Alltag ähnelte mehr dem einer Sozialarbeiterin als dem einer Juristin. Nach zwei Jahren in der Gnadenstelle kannten auch die Verantwortlichen der Staatsanwaltschaft Gnade – und versetzten sie in die Steuerabteilung.

Zunächst klang auch das wie eine Strafe, hatte sich Brorhilker bis dato doch stets in den Fußstapfen ihrer politisch engagierten Mutter gewähnt. Umweltschutz, Flüchtlinge, das waren Themen, die sie umtrieben. Und nun saß sie plötzlich in ihrem Büro und wälzte – ganz der Vater – Steuerthemen. Zu ihrer großen Überraschung jedoch war sie damit in ihrem Traumberuf angekommen. Denn viele der millionenschweren Steuerbetrügereien entpuppten sich als jene organisierte Kriminalität, die sie schon immer bekämpfen wollte. Ob Gerüstbauer oder Terror-Finanzierer. Sollten jetzt auch Banker und namhafte Berater hinzukommen?

Die Akte des Bundeszentralamtes liegt vor ihr, sie ist noch überschaubar, birgt jedoch einen Schatz. Es ist ein Schreiben des Stuttgarter Rechtsanwaltes Eckhart Seith. Im März 2013 hatte er sich an das Bundeszentralamt gewandt. Er vertrete einen südwestdeutschen Unternehmer, der sich um 47 Millionen Euro geprellt fühle.

Dieser Unternehmer war niemand Geringeres als der Gründer der Drogeriemarktkette Müller, Erwin Müller. Ein Mann, dem ein Milliardenvermögen attestiert wird.

Eigentlich sei es dem Anwalt nur darum gegangen, nach einem missglückten Investment Müllers Geld zurückzuholen. Unwissend sei Müller, so schreibt sein Anwalt Seith, in eine fragwürdige Geldanlage gelockt worden. Erst durch eine intensive Recherche sei er auf ein System namens »Cum-Ex« gestoßen, bei dem die Akteure eine riskante Wette eingingen: nämlich die, nicht von den Finanzbehörden erwischt zu werden. Beteiligt seien Privatbanken wie das Schweizer Geldhaus Safra J. Sarasin und die feine Hamburger Adresse M.M. Warburg, ebenso wie eine Investmentbank aus Australien und amerikanische Pensionsfonds. Sie alle hätten zusammengewirkt, um sich Kapitalertragssteuern erstatten zu lassen, die zuvor niemand abgeführt habe. Sprich: ein Griff in die Staatskasse.

Eckhart Seith entstammt einer Anwaltsfamilie in fünfter Generation. Sein Studium absolvierte er zur gleichen Zeit wie ein gewisser Olaf Scholz an der Universität Hamburg im Rahmen der einstufigen Juristenausbildung. Die Uni galt als links. Seith bezeichnet sich selbst als »bürgerlicher Linker«, macht keinen Hehl daraus, die Grünen zu wählen. Als der Experte für Steuerstrafrecht den Cum-Ex-Fall auf den Schreibtisch bekam, ging es für ihn auch um die Gerechtigkeitsfrage. Eliten, die sich zu Lasten der Allgemeinheit die Taschen vollstopfen? Ein Unding. Der Anwalt, der in seiner Freizeit als Rennradfahrer, Bergsteiger und Tourengänger den Kick sucht, scheut auch beruflich das Risiko nicht. Er fuchste sich in die Sache rein. In vielem, das er herausfand, wird er Recht behalten. Nur an einer Stelle hat er sich verzettelt. Er hätte nie damit gerechnet, dass ihm selbst irgendwann eine Gefängnisstrafe drohen würde. Doch die Schweiz wird später den deutschen Anwalt wegen der Anstiftung zur Wirtschaftsspionage verfolgen.

Dass es in Sachen Cum-Ex überhaupt zu einem Streit zwischen Erwin Müller und den Initiatoren des Geldgeschäfts gekommen war, lag daran, dass die Wette in diesem Fall eben nicht aufgegangen war. Der Fiskus hatte Lunte gerochen, die Millionen nicht ausgezahlt. Plötzlich flossen nicht die versprochenen zwölf Prozent Rendite. Müller und andere Investoren blieben auf dem Trockenen sitzen. So etwas mögen nicht nur Schwaben gar nicht gerne. Und so hinterfragten Müllers Anwälte jene Aktiengeschäfte kritisch, denen der Milliardär blind zu vertrauen schien, solange seine Gewinne flossen.

Mit dem Eifer eines Ermittlers ging nun der Anwalt des Milliardärs der Sache nach, nutzte seine vielen Kontakte in der Steuer- und Finanzszene, gewann sogar Insider der Privatbank Sarasin als Informanten – und richtete sich auch an die Strafverfolgungsbehörden, um weiteren Schaden von der Bundesrepublik abzuwenden, wie er schrieb.

Besonders beim Blick auf die Zahlen, die Seith in seinem Schreiben zusammengetragen hatte, schnellt Brorhilkers Puls in die Höhe. Nur bei diesem einen Geschäft, bei dem Erwin Müller geprellt worden sei, hätten die Initiatoren Anlegergelder in Höhe von 250 Millionen Euro eingesammelt. Dieses Kapital sei wiederum »gehebelt« worden. Mit anderen Worten: Weitere Banken hätten bis zu eine Milliarde Euro an Kredit hinzugegeben. Mit dieser Riesensumme habe man schließlich versucht, den Staat um 300 bis 600 Millionen Euro zu prellen.

Hinter all dem, behauptet Seith, steckten Berater, die nicht nur Anleger wie Erwin Müller angeworben hätten, sondern das ganze Modell auch mitinitiiert. Diese Hintermänner hätten sich selbst hemmungslos die Taschen vollgestopft, über eine Firma in Luxemburg riesige Millionensummen für sich selbst eingestrichen. Der Anwalt nennt die Namen zweier Rechtsanwälte: Hanno Berger und Kai-Uwe Steck.

Brorhilker ist auf Betriebstemperatur. Ein Steuermodell, mit dem der Staat um dreistellige Millionensummen geprellt wird? Bei dem Luxemburger Firmen, internationale Investmentbanken, hochangesehene Privatbankiers und milliardenschwere Investoren mitmachen? Hinter all dem sollen zwei Rechtsanwälte stehen?

Und wenn das alles stimmen sollte: Wie konnte dem Fiskus angesichts der astronomischen Summen ein solcher Diebstahl entgangen sein?

## Schäferhund

August Schäfer springt an diesem Wintermorgen 1991 an der Haltestelle Frankfurt-Hauptwache aus der Bahn und steuert geradewegs den monumentalen Kuppelbau der Wertpapierbörse an. Durch die Vorhalle mit ihren Doppelsäulen aus Sandstein geht es zum Eingang. Schäfer zeigt seinen Dienstausweis, Nummer 0001, vor, der ihm Zugang zu allen Räumlichkeiten der Frankfurter Börse garantiert. Stimmen schwirren durch die Luft. Bei jedem Schritt werden sie lauter. Je näher Schäfer dem Handelssaal kommt, desto deutlicher stechen einzelne Rufe heraus. Makler, die per *open outcry*, per Zuruf, ihre Angebote für Aktien herausbrüllen.

Im Saal angekommen, bietet sich ihm ein turbulenter Anblick. Männer in weiten weißen Hemden rennen über das abgewetzte Mosaikparkett und sprechen dabei in klobige, schwarze Mobiltelefone. Vor kastigen Monitoren drängeln sich Grüppchen. Was zunächst wie das pure Chaos aussieht, entpuppt sich mit der Zeit als gut geordnet. In dem Handelsbereich rechts werden die Aktien von Banken und Versicherungen gehandelt. In der Mitte sind es die Papiere von Verkehrs- und Industriekonzernen. Auf der linken Seite wird mit Optionsscheinen Geschäft gemacht.

Über dem Saal thront die berühmte schwarze Tafel, die den Zickzack des Deutschen Aktienindex abbildet. August Schäfer, die grauen Haare zur Seite gescheitelt, schwarze Augenbrauen, Brille auf der Nasenspitze, betritt das Szenario im Dreiteiler. Er ist nicht gekommen, um neue Freunde zu finden. Tatsächlich braucht er nur eine Woche, um einer der meistgehassten Männer auf dem Parkett zu werden.

Bis hierher hat Schäfer einen langen Weg hinter sich. Aufgewachsen im »hessischen Sibirien«, einem kalten und armen Landstrich an der Grenze zu NRW, wurde Schäfer als Halbwaise groß. Sein Vater, ein Maurer, war 1943 im Zweiten Weltkrieg an der Ostfront gefallen. Da war August gerade drei Jahre alt. In der Nachkriegszeit schlug sich die Mutter mit ihrem Sohn und 28 Mark Kriegswaisenrente durch. In der Volksschule fiel der wissbegierige Junge schnell auf. Doch die Mutter konnte das Schulgeld für das Gymnasium nicht aufbringen. Schon der Bus zur Mittelschule im Nachbarsort verschlang die Hälfte des monatlichen Waisengeldes.

Lange sollte er der Mutter nicht auf der Tasche liegen. August übersprang an der Mittelschule eine Klasse. Nach der Mittleren Reife hatte er Großhandelskaufmann bei Esso gelernt und sich im Anschluss bei der Bundesbank als Inspektor erfolgreich beworben. Der talentierte »Aufstiegsbeamte«, der es ohne Studium zu diesem Status gebracht hatte, wurde dann mit 37 Jahren Chef einer kleinen Landesbank in Wiesbaden. Elf Jahre lang machte er den Job, dann kam das Aus: 1989 krachte es mit dem FDP-Wirtschaftsminister. Schäfer teilte seinem Chef per Brief mit, dass er, Schäfer, ihm, dem Minister, nicht mehr vertraue. Schäfer war seinen Job los – und landete im Wirtschaftsministerium. Als Ministerialrat hockte er ohne besondere Aufgaben dort herum. Er war drauf und dran, ein »Edeka«-Beamter zu werden. Ende der Karriere. Sein einst ratternder Karrierezug stand auf dem Abstellgleis.

Die hessische Landtagswahl im Januar 1991 brachte für SPD-Spitzenkandidat Hans Eichel überraschend das Amt des Ministerpräsidenten – und für Schäfer die Wende. Die SPD bildete mit den Grünen die Regierung. Ins Wirtschaftsministerium zog der Sozialdemokrat Ernst Welteke ein. Der Minister reanimierte Schäfer. Der frühere Bankchef habe doch Ahnung von Finanzgeschäften – ob er nicht Aufseher an der Frankfurter Börse werden wolle? Und wie er wollte.

Schäfers Job begann mit einem Stapel Bilanzen. Ein neues Gesetz war Grund für den Papierberg. Demnach mussten freie Makler gegenüber dem Wirtschaftsministerium fortan ihre Bilanzen offenlegen. Ein kleiner Crash von 1987 hatte die staatlichen Marktaufseher beunruhigt, wurde doch deutlich, dass nicht alle dieser selbstständigen Vermittler von Wertpapiergeschäften genügend Geld auf der hohen Kante hatten, falls es Mal zu Turbulenzen käme. Genau das soll Schäfer nun überprüfen. Für ihn ein Leichtes. Als er noch Bankchef war, wurden oft Unternehmer bei ihm vorstellig, die um Bürgschaften baten. Bevor er solche Zusagen machte, prüfte Schäfer die Fälle eingehend. In dieser Zeit ackerte er sich durch unzählige Bilanzen – und lernte schnell die Spalten kennen, in denen sich die Risiken verbargen.

Während er sich also durch die Zahlenkolonnen der Makler grub, stieß er auf eine Fährte. Eine Spur, die er die nächsten drei Jahrzehnte verfolgen würde.

Börsenmakler führen tagsüber ein hektisches Leben. Sie warten in ihren kleinen Büros, die rund um das Börsenparkett verteilt sind, auf Anrufe. Sobald ein Kunde Aktien ordert, notieren sie die Bestellung, rennen raus, drängeln sich mit spitzen Ellenbogen durch die Männermasse – bis hin zu einer der drei »Schranken«, den Tischen, die das Fußvolk auf dem Parkett von den spezialisierten Brokern vor den Bildschirmen trennen. Wer mit einem kräftigen Organ gesegnet ist, hat Vorteile. Lauthals schreien die Makler ihre Angebote den Aktienhändlern entgegen. Bekommen sie den Zuschlag, notieren sie alles in kleinen Notizbüchern. Nach Börsenschluss werden die Deals in den Zentralcomputer eingegeben.

So laut es tagsüber zugeht, so sehr wollen Makler nachts ruhig schlafen. Gegen Ende eines jeden Tages versuchen sie »glattzustellen«, also alle noch offenen Geschäfte zu schließen. Ist ein Deal nicht abgeschlossen, drohen große Risiken. Schließlich könnten sich die Aktienkurse über Nacht zu ihrem Nachteil verändern.

Doch die Bücher, die man Schäfer vorlegte, waren alles andere als ausgeglichen und bargen somit Risiken, die Makler normalerweise mieden wie der Teufel das Weihwasser. In der linken Spalte der Bilanz, der Vermögensseite, standen hohe Forderungen gegenüber dem Finanzamt. Steuererstattungsansprüche. Und auf der Gegenseite, dort, wo normalerweise die Vermögensherkunft festgehalten wurde, fanden sich extrem hohe Handelsverluste. Schäfer, ohnehin kein Mann mit ausgeprägtem Grundvertrauen, nahm Witterung auf. Irgendwas stimmte hier nicht.

Mit seinen ersten Erkenntnissen muss Aufseher Schäfer seinen Boss nicht lange überreden. Hier stank etwas, das man sich näher anschauen sollte. Wirtschaftsminister Welteke zögerte nicht lange und schickte ihn tatsächlich für eine Woche aufs Börsenparkett. Vor Ort sollte Schäfer ergründen, was es mit den Auffälligkeiten auf sich habe.

Plötzlich ist Schäfer also Statist im täglich aufgeführten Schauspiel an der Wertpapierbörse. Neugierig pickt sich der Aufseher einen Makler nach dem anderen heraus und grillt ihn. Schäfer neigt zur Schärfe. Es dauert nicht lange, bis hinter vorgehaltener Hand vom »Schäferhund« die Rede ist.

Schäfer lernt schnell, dass hinter den Auffälligkeiten in den Bilanzen Geschäfte stecken, die Insider »Dividendenstripping« getauft haben. Deals um den Dividendenstichtag herum. Also jenen Tag der Hauptversammlung, an dem Aktiengesellschaften die Dividende beschließen und ausschütten.

Beim Dividendenstripping werden die Aktien kurz vor der Hauptversammlung verkauft und gleichzeitig ein Rückkauf für kurze Zeit nach der Hauptversammlung vereinbart. Normalerweise macht ein solches Geschäft überhaupt keinen Sinn. Denn wer eine Aktie besitzt, möchte in der Regel die Dividende kassieren und verkauft eben nicht kurz vor der Ausschüttung sein Papier, um es direkt danach wieder zu erwerben. Sinn ergeben die Deals nur, wenn man es auf die Steuer abgesehen hat.

1991 müssen nicht alle Aktienbesitzer ihre Dividenden gleich besteuern. Aktienbesitzer im Inland zum Beispiel, die die Papiere nicht gewerblich handeln, bekommen die 25 Prozent Kapitalertragssteuer plus Solidaritätszuschlag vom Finanzamt erstattet. Ausländische Aktionäre hingegen müssen zahlen. Mit dem Dividendenstripping verkaufen nun ausländische Investoren ihre Aktien kurz vor dem Tag der Hauptversammlung an deutsche Aktionäre und vereinbaren einen festen Preis für den Rückkauf. Da die Deutschen die Aktien am Tag der Hauptversammlung besitzen, bekommen sie die Dividende und dürfen sich die Steuern erstatten lassen. Danach geht die Aktie zurück ins Ausland. Einen Teil der Steuererstattung geben die Deutschen an die Ausländer weiter – so haben beide etwas davon.

Nur der Staat – und damit der Steuerzahler – bleibt auf einem Loch in der Kasse sitzen. Als wäre das nicht schon fragwürdig genug, hört Schäfer immer wieder Gerüchte über noch aggressivere Formen des Dividendenstrippings. Modelle, die später unter dem Schlagwort »Cum-Ex« laufen werden.

Am 4. Dezember 1991 geht Minister Welteke mit Schäfers Erkenntnissen an die Presse. Wegen des Dividendenstrippings würden intensivere Prüfungen notwendig. Sämtliche seiner Aufsicht unterstellten Makler müssen nun alle Geschäfte des Jahres 1991 melden, mit denen sie Dividendeneinnahmen erwirtschaftet hatten. Die Meldungen würden einer »eingehenden Prüfung« unterzogen.

Wenn Schäfers Nachfragen im Frankfurter Börsensaal ein erstes Zittern gewesen sind, dann ist diese Ankündigung ein Beben, geeignet, die ganze Branche zu erschüttern. Wenn das in die Hose geht, das wissen Welteke und Schäfer, werden sie sich neue Jobs suchen müssen. Welteke würde dann Entwicklungshilfe in Afrika machen, witzelten sie. Und Schäfer? Für den fände sich sicherlich ein Job in der Poststelle.

Doch die Ministeriumspost, das wird schnell klar, wird ohne Schäfers Hilfe bearbeitet werden müssen. Der Börsenaufseher landet einen Treffer nach dem anderen. Gemeinsam mit zwei Redakteuren des *Frankfurter Finanzmarktbericht* gibt er im November 1992 eine kleine Kostprobe. Das von der Landeszentralbank in Hessen herausgegebene Blatt ist in der Branche vielbeachtet. Unter der Zeile »Dividenden-Stripping im Zwielicht« kann nun alle Welt nachlesen, welch zweifelhafte Geschäfte Banker und Makler getätigt haben.

Schäfer entlarvt verschiedene Modelle, darunter die krasseste Form, die »Produktion von Steuerbescheinigungen« – in Schäfers Augen eine Weiterentwicklung des Dividendenstrippings. Hierbei werden mehrere Steuerbescheinigungen für ein und dieselbe Aktie ausgestellt.

Steuerbescheinigungen sind vergleichbar mit Pfandbons am Getränkeautomaten. Wenn Aktienbesitzer diese Bescheinigungen beim Finanzamt vorlegen, können sie in Ausnahmefällen ihre Steuern zurückerhalten. Hierzu müssen sie nur ihren Pfandbon, die Steuerbescheinigung, vorlegen.

Doch, so schreibt Schäfer, würden Steuerbescheinigungen in manchen Fällen auch für Steuern gedruckt, »die überhaupt nicht gezahlt wurden«. Jemand geht mit Pfandbons zur Kasse, obwohl er die Flaschen nie besessen hat. Wegen der gefälschten Pfandbons wird also Geld erstattet, das vorher kein Mensch bezahlt hatte.

Schäfer durchschaut ein perfides System. Denn wer Steuerbescheinigungen ausstellen kann, der kann quasi Geld drucken. Zu praktisch für die Geldhäuser, dass der Staat die Aufgabe, die Steuerbescheinigungen auszustellen, an die Banken delegiert hat. Die Banken selbst drucken die Steuerbescheinigungen.

Am 4. Dezember 1992 dann, auf den Tag ein Jahr, nachdem SPD-Wirtschaftsminister Welteke eine Untersuchung angekündigt hat, legt August Schäfer seinen gefürchteten Abschlussbericht vor. 18 Seiten Sprengstoff. 179 fragwürdige Stripping-Geschäfte dokumentiert er penibel für das Jahr 1991.

Durchschnittlich seien bei jedem dieser Deals 33 000 Aktien gehandelt worden. »Bei diesen Geschäften muss also zwingend davon ausgegangen werden«, bilanziert er, »dass keine nachvollziehbaren außersteuerlichen, wirtschaftlichen Gründe vorliegen.« Mit anderen Worten: Geld lässt sich mit den Deals nur dann verdienen, wenn

Steuern erstattet werden. Steuergelder, die den ursprünglichen Besitzern gar nicht zustehen.

Es liege daher strafbarer Missbrauch von Steuergesetzen vor. Auf Maklerseite seien 19 Akteure beteiligt gewesen, sie hätten Dividendenstripping mit 27 Banken und vier zwischengeschalteten Freimaklern abgewickelt. Die Ausführungen enden mit einer für die beteiligten Banken bedrohlichen Information. Der Abschlussbericht werde, »mit allen relevanten Unterlagen«, auch der Staatsanwaltschaft Frankfurt übergeben. Genau dies geschieht am 16. Dezember 1992.

Und nicht nur die Strafverfolger, auch die Politik erreichen Schäfers Erkenntnisse umgehend. Der Gesetzgeber, so fordern es Hessen und Nordrhein-Westfalen im Bundesrat, müsse tätig werden. Und Bundesfinanzminister Theo Waigel von der CSU? Der hört sich die Sache im Finanzausschuss aufmerksam an.

Nach der Sitzung im Dezember 1992 kursiert in der Frankfurter Finanzszene sogleich ein vertraulicher Vermerk über den Finanzausschuss. Bankenlobbyisten pflegen gute Kontakte in die Bundeshauptstadt Bonn und unterrichten ihre Kollegen umgehend über neueste Entwicklungen. Was sie jedoch nicht ahnen: Auch Schäfer hat längst sein Adressbuch mit Informanten gefüllt. Und so spielt auch ihm jemand heimlich den Brief des Lobbyisten zu. Das Schreiben datiert vom ersten Weihnachtsfeiertag – der Bankenlobbyist hat seinen Kollegen ein Geschenk aus der Bundeshauptstadt zu vermelden. Handschriftlich notiert er: »Anliegend die abschließende Mitteilung ›Dividendenstripping‹, auf Bitte meiner ›Quelle‹ habe ich den Briefkopf abgedeckt – das Schreiben stammt aber aus derselben Ecke wie zuvor. Verstehe ich das richtig, haben unsere Ausführungen das BMF überzeugt und dürfte »Dividendenstripping« vielleicht stillschweigend weiter geduldet werden?«

Die folgende dreiseitige Zusammenfassung der Ausschusssitzung offenbart, warum der Mann frohlockt. Zwar würdigt laut Protokoll der Bundesfinanzminister Theo Waigel, CSU, die Untersuchungsergebnisse aus Hessen – ein beschriebener Fall lasse durchaus den Verdacht auf Beihilfe zur Steuerumgehung entstehen –, doch »eine grundsätzliche Lösung für das Dividendenstripping sieht das Finanzministerium nicht, weil sie letztendlich dazu führen müsste, dass der Handel sowohl in Aktien als auch in abgeleiteten Termingeschäften in gewissen Zeiträumen verboten werden müsste. Das wiederum könne nicht in Betracht kommen, weil mit Sicherheit eine weitgehende Verlagerung des Geschäfts ins Ausland und ein gravierender Schaden für den Finanzplatz Deutschland die Folgen wären.«

Schäfer kann nicht fassen, was er da liest. Die Ausführungen des Bundesfinanzministeriums sind nicht nur falsch. Schließlich gäbe es auch andere Lösungen, als den Handel gänzlich zu verbieten, und die steuergetriebenen Geschäfte könnten alles, nur nicht ins Ausland verlagert werden – geht es doch gerade darum, den *deutschen* Fiskus zu erleichtern. Die Aussage des Finanzministeriums treibt Schäfer aber auch aus einem anderen Grund die Sorgenfalten auf die Stirn: Sie entspricht eins zu eins der Argumentation der Bankenlobby. Allen voran der des mächtigen Deutschen Bankenverbandes, auf den vor allem die Deutsche Bank Einfluss nimmt.

Kurzum: Das Ministerium weiß alles – und unternimmt vorerst also nichts. Die Branche scheint zu mächtig. Die Politik, da ist sich Schäfer inzwischen nach vielen Gesprächen sicher, will den Finanzplatz Frankfurt als echten Konkurrenten zu London aufbauen. Da nimmt man offenbar ein paar entwendete Steuermillionen in Kauf.

Theo Waigel wird sich später auf Nachfrage nicht an die Vorgänge erinnern. Ebenso wenig Waigels einstiger Staatssekretär im Bundesfinanzministerium, Franz-Christoph Zeitler.

Doch für August Schäfer geht es zumindest an anderer Stelle vorwärts. Das Jahr 1993 ist noch nicht einmal einen Monat alt. Schäfer trifft sich in den Räumen des Frankfurter Landgerichts mit drei Steuerfahndern und zwei Staatsanwälten. Schäfer erläutert die Hintergründe seines Abschlussberichts. Er nennt Ross und Reiter. Etwa den Namen eines Maklers, dem im März 1992 rund 21,4 Millionen

D-Mark Steuern erstattet wurden. Steuern, die zuvor womöglich niemand abgeführt hatte. Es wird gestritten. Es wird debattiert. Am Ende sind sich die Männer einig: Hier könnte eine Straftat vorliegen. Es muss ermittelt werden.

Wie besprochen, weist die Staatsanwaltschaft wenige Wochen später die Steuerfahndung an, entsprechende Ermittlungsverfahren einzuleiten. Schäfer wähnt sich am Ziel. Die mutmaßlichen Verbrecher werden zur Rechenschaft gezogen.

Mit dem Wind im Rücken nimmt Schäfer auch einen erneuten Anlauf, für ein wirksames Gesetz gegen das Dividendenstripping zu sorgen. Tatsächlich soll im Standortsicherungsgesetz auch eine Regel gegen die steuergetriebenen Geschäfte verabschiedet werden. Doch die Bankenlobby hat im gleichen Frühjahr die Regierung offenbar derart bearbeitet, dass diese drauf und dran ist, ein Gesetz zu erlassen, das die Geschäfte nicht stoppt, sondern begünstigt.

Aufgebracht klingelt Schäfer am Pfingstsonntag 1993 bei einem *Handelsblatt*-Journalisten durch. Es trifft sich gut, dass der Reporter auch für die *Teleböse* arbeitet und Schäfer zusätzlich vor der Fernsehkamera interviewt. »Das Dividendenstripping wird künftig erleichtert« lautet die schmissige Schlagzeile. Den umstrittenen Geschäften würden durch die vom Bundestag beschlossene Gesetzesvorlage »Tür und Tor« geöffnet – und das, obwohl das Gesetz die Stripping-Geschäfte ursprünglich unterbinden sollte. Nur noch der Finanzausschuss des Bundesrats, so der Artikel, könne diese Fassung aufhalten.

Tatsächlich gelingt es, das Gesetz im Bundesrat zu stoppen und eine echte Verschärfung zu ermöglichen. Nicht ohne Stolz blickt Schäfer auf die neuen Regeln und anlaufenden Ermittlungsverfahren.

Schäfers Karriere nimmt nun wieder Fahrt auf. Er wird zum ersten Staatskommissar für die Frankfurter Börse befördert. Nun hat er andere Aufgaben, beobachtet jedoch immer noch aus der Ferne, was aus den Stripping-Geschäften wird. Und was er sieht, gefällt ihm gar nicht. Der »Strip in der Zockerstube«, wie ihn der *Spiegel* 1994 betitelt, läuft nach Schäfers Beobachtung einfach weiter.

Ob das neue Gesetz befolgt wird, so scheint es, kontrolliert schlicht niemand. Und auch von den Ermittlungen hört Schäfer nichts mehr. Am 4. April 1996 kann er das Treiben nicht mehr ertragen, setzt sich an den Computer und setzt ein zweiseitiges Schreiben an den Staatssekretär im hessischen Finanzministerium auf. Zwar ohne Namen zu nennen, jedoch mit zahlreichen Details schildert Schäfer Stripping-Geschäfte mit Siemens-Aktien, die rund um die Siemens-Hauptversammlung am 22. Februar 1996 zu sehen waren. Es gebe auch Insider, die bereit seien, mit der Staatsanwaltschaft zu sprechen. Er bekommt keine Rückmeldung.

Als Schäfer neun Monate später das *Handelsblatt* aufschlägt, platzt ihm endgültig der Kragen. In dem Artikel vom 26. September 1996 geht es um eine Maklerfirma, die 1992 mehr als 21 Millionen D-Mark Körperschaftssteuer erstattet bekam. Ausgerechnet jener Staatssekretär im hessischen Finanzministerium wird in dem Artikel zitiert, den Schäfer Monate zuvor gewarnt hatte. Und es geht ausgerechnet um jene Geschäfte, die Schäfer schon vier Jahre zuvor minutiös aufgearbeitet und den Finanzbehörden gemeldet hatte. Der Staatssekretär hingegen behauptet gegenüber dem *Handelsblatt*, dass 1992 schlicht keine Hinweise vorgelegen hätten und deshalb das Geld ausgezahlt werden *musste*.

In Schäfers Augen ist das eine glatte Lüge. Detailliert listet er in seinem Brief an ebendiesen Staatssekretär auf, was er wem alles 1992 vorgelegt hatte. Er wirft ihm Untreue im Amt vor und zeigt ihn sogar an. Doch auch hieraus wird nichts. Die Gründe erfährt er nicht. Er bekommt nur die trockene Mitteilung, dass nicht weiter ermittelt werde.

Die Jahre gehen ins Land, nichts passiert. Nach seinem vorzeitigen Ruhestand im Jahr 2001 ist Schäfer frustriert. Er kehrt seiner hessischen Heimat den Rücken und zieht in den hohen Norden. Hier genießt er die frische Meeresluft. Doch so sehr er auch versucht,

Abstand zu gewinnen, so sehr lassen ihn die alten Fragen nicht los. Warum in aller Welt wurden nicht zumindest die Fälle ermittelt, die er in seinem Abschlussbericht offengelegt hatte? Staatsanwaltschaft, Steuerfahnder und er waren sich doch einig gewesen, dass ermittelt werden müsse. Die Frankfurter Staatsanwaltschaft hatte wie besprochen die Steuerfahnder beauftragt, zwei Fälle exemplarisch zu ermitteln. Was also war geschehen?

Die Antwort erhält Schäfer Jahre später. Ein Informant spielt ihm ein Schreiben des Finanzamtes Frankfurt-Börse an die obere Steuerbehörde, die Oberfinanzdirektion Frankfurt, zu. Der Brief datiert vom 16.03.1993 – wenige Wochen, nachdem Schäfer mit Staatsanwaltschaft und Steuerfahndung zusammengesessen hatte.

Tatsächlich bestätigt das Schreiben, das Treffen mit Schäfer und den Anfangsverdacht gegen mehrere Makler, die doppelte Steuerbescheinigungen produziert hätten. »Die Staatsanwaltschaft hat insoweit die hiesige Steuerfahndungsstelle angewiesen, umgehend Ermittlungsverfahren einzuleiten.«

Doch was er dann liest, lässt Schäfer vom Glauben an die Steuergerechtigkeit abfallen. Von den Ermittlungsverfahren werde jedoch nach Absprache mit dem Oberstaatsanwalt zunächst abgesehen, schrieb die Finanzbehörde. Würde man jetzt mit Ermittlungen gegen zwei Makler beginnen, bedeute dies, »dass – aus jetziger Sicht – allein für das Jahr 1991 mittelfristig gegen weitere 17 Makler sowie gegen mindestens 4 Depotbanken [...] zu ermitteln ist.«

Schäfer ist konsterniert: Weil eine Ermittlung viel Arbeit macht, lässt man sie lieber ganz bleiben?

Sein Puls wird sich auch während der folgenden Absätze nicht beruhigen: Das Finanzamt, das in einem Strafverfahren nichts anderes ist, als die ausführende Ermittlungsbehörde, die ihre Anweisungen von der Staatsanwaltschaft bekommt, schreibt doch tatsächlich im folgenden Absatz, dass konkrete Ansatzpunkte für steuerstrafrechtliche Ermittlungen »nicht ersichtlich« seien.

Schäfer denkt an all die Details, die Dokumente und Anhänge, die er mit seinem Prüfbericht abgeliefert hatte. Eben jene Belege, die die Staatsanwaltschaft zu dem Schluss kommen ließen, dass ermittelt werden *müsse*. Widersprach hier etwa die Steuerfahndung der Einschätzung der Staatsanwaltschaft?

Das dreiseitige Schreiben endet mit der nüchternen Feststellung, dass im Bereich Dividendenstripping »Ermittlungstätigkeit in einem Umfang anfallen wird, die in Anbetracht der angespannten Personal- und Arbeitssituation von der hiesigen Steuerfahndungsstelle nicht allein zu leisten sein wird.«

Auf dem Tisch vor Schäfer liegt, so empfindet er das, ein Skandal. Die Staatsanwaltschaft hat Ermittlungen angeordnet. Und die Steuerfahndung wiegelt unter fadenscheinigen Gründen ab. Das ist in etwa so, als ob nach einem Mord am Tatort ein blutiges Messer gefunden wird, die Kriminalpolizei aber Ermittlungen verweigert, weil man gerade viel um die Ohren habe und das Messer ja auch aus einer Metzgerei stammen könne.*

Was sind das für Steuerfahnder, fragt sich Schäfer, die Hinweisen auf millionenfachen Steuerbetrug nicht nachgehen wollten? Wie ticken die Frankfurter Finanzbehörden? Wem fühlen sie sich verpflichtet – den Banken oder der Allgemeinheit?

Was Schäfer erst später begreift: Es waren exakt die Frankfurter Finanzbehörden, die in den Neunzigerjahren, einen Mann hervor-

---

* August Schäfers einstiger Arbeitgeber, das hessische Wirtschaftsministerium, wird später auf Anfrage angeben, aufgrund fehlender Akten die einzelnen Sachverhalte zwar nicht mehr im Detail nachvollziehen zu können. Allerdings lägen dem Ministerium keine Anhaltspunkte vor, dass die damaligen Bewertungen im Wesentlichen infrage zu stellen wären. Dies gelte insbesondere auch für die Einschätzung, dass es für die von Schäfer enttarnten Geschäfte keine plausible und nachvollziehbare wirtschaftliche, außersteuerliche Begründung gebe. Das hessische Justizministerium gibt an, es könne den Sachverhalt nicht mehr nachvollziehen, da Vorgänge aus der damaligen Zeit wegen der allgemeinen Löschungsfristen bereits vernichtet seien. Das hessische Finanzministerium wiederum lässt Fragen hierzu unbeantwortet.

brachten, der später eine große Rolle bei Cum-Ex-Geschäften spielen würde: einen gewissen Hanno Berger.

Schäfer hatte Berger nie getroffen und doch wirkten sie zur gleichen Zeit am gleichen Ort. Hat er womöglich den obersten Betriebsprüfer für Banken, Hanno Berger, der später die Seiten wechseln und Cum-Ex aufsetzen würde, mit seinen kritischen Aufsätzen und Berichten erst auf die Idee zu solchen Geschäften gebracht?

## Versteckspiel

Es ist etwas gewaltig schiefgelaufen. Normalerweise wäre Anne Brorhilker in diesem Winter 2013 in der »verdeckten Phase« ihrer Cum-Ex-Ermittlung. Sie würde sich in Ruhe in den Fall einarbeiten, ohne dass die Verdächtigen es ahnen. Doch das Bundeszentralamt für Steuern hat mit seinem Besuch im Herbst nicht nur die Staatsanwaltschaft informiert, die oberste Steuerbehörde hat auch gleich einige Verdächtige ins Bild gesetzt, dass ein Strafverfahren eingeleitet werde. Das Überraschungsmoment ist komplett dahin. Stattdessen hängen bei Brorhilker nun ständig die Rechtsanwälte der Beschuldigten in der Leitung oder löchern sie mit E-Mails, um den aktuellen Ermittlungsstand zu erfragen. Wie so etwas passieren konnte, kann sich Brorhilker nur mit der Unerfahrenheit der Finanzbeamten erklären.

Die Staatsanwältin muss Zeit gewinnen, unbedingt.

Denn es gibt zu viele Ungereimtheiten, die sie erst verstehen will, bevor sie weitere Ermittlungsschritte unternimmt. Da ist zum Beispiel dieses Steuergutachten. Die Unterlage stammt von einer beteiligten Bank. Das Gutachten soll offenbar beweisen, dass Cum-Ex-Geschäfte legal sind, dass die Beteiligten lediglich eine Gesetzeslücke ausnutzen. Doch je mehr sich Brorhilker einliest, desto öfter kommt ihr das Lieblingssprichwort ihres Vaters in den Sinn, dem erfahrenen Wirtschaftsprüfer: *There is no free lunch.* Auf den Finanzmärkten, so die Botschaft, gibt es nichts umsonst. Selbst wenn etwas kostenlos erscheint, so gibt es immer jemanden, der den Preis dafür zahlt – früher oder später. Der Gewinn des einen geht zu Lasten des anderen. Was in dem Dokument umständlich ausgebreitet wird, steht in einem geradezu grotesken Widerspruch zu dieser Regel. Sie liest das Gutachten eines Steueranwalts namens Hanno Berger noch einmal. Dutzende Seiten voller Bandwurmsätze und Paragraphenreihen. Schon die Überschrift klingt so verlockend wie Karies im Weisheitszahn: »Gutachten zur steuerlichen Bewertung einer Strategie zur Ausnutzung von Marktineffizienzen beim Handel mit Aktien über den Hauptversammlungsstichtag nach EStG / KStG.« Gewinne, so stellt es dieser Hanno Berger dar, erwachsen bei Cum-Ex-Geschäften aus »Marktineffizienzen«. Als würden sie vom Himmel fallen. Irgendwie magisch, wie das Kaninchen aus dem Hut.

Die Fahnderin ist misstrauisch. Woher stammt der Gewinn dieser Deals? Wer zahlt das Mittagessen? So sehr Brorhilker es auch dreht und wendet, sie kommt immer zu dem gleichen Verdacht: Die Cum-Ex-Geschäfte haben weniger mit dem geschickten Ausnutzen ineffizienter Märkte zu tun, als mit der schlichten Möglichkeit, sich in Deutschland eine Steuer erstatten zu lassen, die einem nicht zusteht – oder die im schlimmsten Fall niemals jemand zuvor bezahlt hat.

Nur, wenn dem so wäre: Warum spricht dieser Hanno Berger nebulös von »Marktineffizienzen«? Warum gibt ein Steueranwalt, der laut einer kurzen Internetrecherche einer der renommiertesten in Europa sein soll und früher sogar auf der Seite des Staates als wichtigster Bankenprüfer in Frankfurt unterwegs war, seinen Namen für derartig schwammige Gutachten her?

Hat der Anwalt des Drogeriemarkt-Milliardärs Erwin Müller, der die Staatsanwaltschaft mit Informationen versorgt hat, Recht mit seiner Vermutung, dass Hanno Berger Teil eines Netzwerks ist, das es auf die deutsche Steuer abgesehen hat? Dass Hanno Berger & Co möglicherweise sogar Millionensummen aus diesen Deals in die eigene Tasche wandern ließen?

Brorhilker realisiert schnell: Mit einfachen Mitteln der Steuerfahndung werden sich diese Fragen nicht klären lassen. So engagiert einige der Finanzbeamten auch sind, ihnen fehlt die kriminalistische Ausbildung. Und ihnen fehlen die Mittel. Steuerfahnder dürfen zwar kritische Nachfragen stellen und Unterlagen einfordern, aber Banken und ihre Berater schaffen meist eine makellos saubere Papierlage, die jedwedes Misstrauen aus der Welt schaffen soll. Ein Paradebeispiel liegt mit dem Berger-Gutachten womöglich gerade vor Brorhilkers Nase. Es bleibt nur eines: Die Staatsanwältin muss hinter die spiegelglatten Fassaden der Anwaltskanzleien, Banken und beteiligten Berater blicken und sich Insiderinformationen verschaffen. Nur sie verraten, welches Spiel hier tatsächlich gespielt wurde.

Mehr als 30 Beschuldigte, verteilt auf der ganzen Welt, in einem einzigen Fall – das ist ein Klassiker für das Landeskriminalamt. Da passt es bestens, dass Brorhilker bis vor Kurzem Seite an Seite mit dem LKA gegen die Gerüstbau-Mafia gekämpft hat. Man kennt sich, man schätzt sich, man kann sich aufeinander verlassen.

Im Winter 2013 ruft das Landeskriminalamt Düsseldorf, Dezernat 12, eine Ermittlungskommission ins Leben, tauft sie auf den Namen »Tax«. Doch Kommission ist ein großes Wort für die kleine Truppe. Neben dem Leiter der Gruppe gibt es nur drei Kriminalpolizisten, die allerdings sehr erfahren sind, wenn es um Vernehmungen und Durchsuchungen geht. Sie waren schon mehrfach in der Bankenwelt unterwegs. Für sie ist es Routine, im Ausland um Hilfe zu ersuchen. Alles Eigenschaften, die von Nutzen sein dürften.

Brorhilker und die Kripo-Spezialisten sind sich schnell einig. Es nützt alles nichts, sie müssen die Büros, Wohnungen und Häuser der Beschuldigten durchsuchen, jeden Stein dort zweimal umdrehen. Wie sollen sie sonst dahinterkommen, was wirklich geschehen ist? Ein großer Teil der dubiosen Geschäfte läuft im Ausland. In gleich mehreren Ländern. Die Ermittler wissen: Eine solche Aktion muss gut vorbereitet sein. Das braucht Zeit.

Zeit, die sich Brorhilker mit einem kleinen Trick verschaffen will, genauer genommen, mit einer zulässigen »kriminalistischen List«, die Ermittlern Fangfragen oder doppeldeutige Erklärungen erlaubt.

Dazu hat sie die beiden Cum-Ex-Anwälte, die im Auftrag ihrer verdächtigten Mandanten am penetrantesten bei ihr anfragen, zu einem Termin in Köln eingeladen, um mit ihnen über den aktuellen Stand zu sprechen. Bevor der Besuch eintrifft, leiht sich die Strafverfolgerin leere Kartons und dicke Aktenordner anderer Verfahren aus. Sie stellt ihr ohnehin schon kleines Büro fast vollständig damit zu. Die Bühne ist bereitet, Brorhilkers Rolle definiert: Sie will an diesem Tag die naive, orientierungslose Staatsanwältin inmitten eines Aktenmeers mimen. Der Besuch kann kommen.

Eine Rechtsanwältin und ein Rechtsanwalt zwängen sich in das Büro. Zwei Besucherstühle stehen bereit, mehr hätten ohnehin nicht Platz gefunden. Dass es in deutschen Beamtenstuben nicht so prätentiös zugeht, wie in einer großen Kanzlei, ist klar. Aber diese Enge? Die Anwälte kommen schnell zur Sache. Sie wollen das Treffen nutzen, um ihre Sicht auf die Vorwürfe zu schildern. Brorhilker wird an diesem Tag kaum etwas dagegenhalten, sie redet mit Verweis auf ihr überquellendes Büro von einer unübersichtlichen Aktenlage, noch zu lesenden Papieren, komplizierten Abläufen. Die zwei Anwälte scheinen das zu schlucken. Doch die Besucherin macht Brorhilker zunehmend nervös. Warum muss sie sich ausgerechnet an die leeren Kartons an der Wand anlehnen? Die wackeln bedrohlich. Stürzt der Turm ein, fällt auch die Fassade zusammen.

Aber der Stapel hält. Gerade noch. Und so können die Vorbereitungen für die weltweite Razzia beginnen. In aller Stille.

## Automatisierung

Nein, wirklich glamourös ist der Job in Deutschlands oberster Steuerbehörde nicht. Und so können die beiden Finanzbeamten ihr Glück wohl kaum fassen, als sie am 6. August 1998 das Foyer eines der größten Bürogebäude der Welt betreten, im Herzen New Yorks. Big Apple statt Bonn-Beuel. Die Zentrale des Unternehmens, das sie heute besuchen, ist in einem Wolkenkratzer mit 53 Stockwerken in Lower Manhattan, direkt am Ufer des East River, untergebracht.

Zur Feier des Tages hat sich der eine Finanzbeamte an diesem Sommertag für das beige Jackett und die gemusterte Krawatte entschieden, sein Kollege trägt einen schwarzen Anzug, kombiniert mit einem gepunkteten Schlips. Die beiden sind zu Gast bei einem New Yorker Finanzdienstleister namens DTC – und werden hofiert wie Staatsgäste. In einer Führung durch die Abteilungen bestaunen die deutschen Gäste das fortschrittliche EDV-System. Am Nachmittag geben sich einige Banker und Broker der Wall Street die Ehre, die Deutschen willkommen zu heißen.

Die Chemie stimmt. Die beiden Deutschen haben offensichtlich Spaß. Einer der Beamten gibt Anekdoten zum Besten, wie sein Vater im Zweiten Weltkrieg die Zeit in amerikanischer Gefangenschaft verbrachte. Die Geschichten klingen beinahe wie eine Umkehr der amerikanischen Erfolgsserie *Ein Käfig voller Helden*, in der US-Kriegsgefangene des Zweiten Weltkriegs ihre deutschen Bewacher zum Narren hielten. Die Amerikaner ihrerseits tragen zur Belustigung der Runde ein amerikanisches Sprichwort vor, nach dem vor zwei Dingen niemand sicher ist: vor dem Tod und vor der Steuer.

Und wo bitte schön, fragen die Amerikaner ihre Gäste, haben die Deutschen ihre oberste Steuerbehörde untergebracht? Kann man sich nicht ausdenken: in der Friedhofstraße.

Gemeint ist das Bundesamt für Finanzen (BfF). Die Behörde, die später in das Bundeszentralamt für Steuern (BZSt) umgewandelt wird, ist direkt dem Finanzministerium unterstellt – und eine wichtige Anlaufstelle für Amerikaner. Hier werden Fragen der Auslandsbesteuerung behandelt.

Die deutschen Beamten und amerikanischen Finanzdienstleister sind aber nicht nur zum Spaß zusammengekommen. Während des Besuches besprechen sie eine exklusive Zusammenarbeit, die jahrelang währen und weitreichende Folgen haben wird.

Ihren Anfang nimmt die Kooperation bereits ein Jahr vor dem New-York-Trip, mit dem Brief eines amerikanischen Rechtsanwalts an das Bundesamt für Finanzen, Friedhofstraße 1, Bonn-Beuel. Der Anwalt meldet sich im Winter 1997 im Auftrag der Depository Trust Company (DTC). Die Treuhandgesellschaft, die im Besitz einiger Banken ist, scheint in den USA eine große Nummer zu sein. Denn Tausende Banken hinterlegen ihre Wertpapiere bei der DTC. Deren Dienstleistung: Die Wertpapiere müssen bei Käufen und Verkäufen nicht mehr in Papierform hin- und hergeschickt werden. Sie liegen bei der DTC im Tresor. Wird ein Wertpapier verkauft, bucht die DTC es über ein Computersystem in das Depot des neuen Eigentümers. Das geht schnell und kostengünstig. Der Marktwert aller bei der DTC hinterlegten Wertpapiere, so rechnet es der Anwalt vor, beträgt dieser Tage rund 12,1 Billionen US-Dollar. Auch Aktienwerte von 41 deutschen Unternehmen sind hier hinterlegt, mit einem Marktwert von 8,1 Milliarden Dollar.

In einer Zeit, in der sich Deutschland verstärkt um ausländisches Kapital bemühe, schreibt der DTC-Anwalt, habe die Bundesrepublik einen großen Wettbewerbsnachteil. Denn im Gegensatz zu Kanada, Frankreich, der Schweiz oder Großbritannien müssten amerikanische Investoren in Deutschland ein manuelles, papieraufwendiges Verfahren durchlaufen, um Steuerrückzahlungen zu bekommen.

Tatsächlich regelt ein Doppelbesteuerungsabkommen, dass US-Bürger in Deutschland nur einen Teil der Kapitalertragssteuer entrichten müssen, da sie in den USA bereits einmal besteuert werden. Spezielle Einrichtungen, wie etwa Pensionsfonds, in denen unter anderem amerikanische Arbeiter eine private Altersvorsorge ansparen, sind sogar gänzlich von der Steuer in Deutschland befreit. Nur: Die Steuer wird in Deutschland schon bei der Auszahlung der Dividenden einbehalten. Oft dauere es Wochen oder gar Monate, bis Amerikaner ihr Geld zurückbekämen, berichtet die DTC. Das alles sei so kompliziert, dass einige US-Investoren sogar auf das Geld verzichteten – oder ihre Millionen lieber in Unternehmen aus anderen Ländern steckten.

DTC bietet nun Abhilfe. Der Vorschlag: »Elektronisch abgewickelte bedingte Vorauserstattungen«. Kurzum: Der deutsche Staat solle auf den ganzen Papierkram weitestgehend verzichten und die Steuererstattungen im Voraus an die DTC überweisen, diese verteile das Geld dann weiter an die betroffenen Investoren.

»Die DTC schlägt vor, die Dokumentationen zu verringern und sie nur noch für Stichprobenprüfung zu verlangen«, heißt es in dem Schreiben. Immerhin: Damit der Fiskus nicht auf dem Risiko sitzt, bietet DTC eine »für vier Jahre hundertprozentige Entschädigungszusage« an, falls Steuergelder zu Unrecht erstattet worden seien.

Weniger Papieraufwand – auch für die Verantwortlichen im Finanzministerium und im Bundesamt für Finanzen scheint das ein durchaus erstrebenswertes Ziel. Sie laden die DTC-Vertreter nach Bonn ein. In einer Besprechung am 1. Dezember 1997 gehen sie die Sache durch. Es gibt noch einige Knackpunkte. Schließlich würden die Deutschen die Kontrolle aus der Hand geben.

So kommt bei den Finanzbeamten frühzeitig die Frage auf, ob diejenigen, die über die DTC ihr Geld zurückverlangen, auch tatsächlich im Sinne des Doppelbesteuerungsabkommens antragsberechtigt sind. »Die unmittelbare Prüfung«, so protokolliert es ein Teilnehmer, »durch das Bundesamt für Finanzen ist nicht möglich.« Höchstens könne man sich in Stichproben von Depotbanken Listen mit den Namen und Anschriften der Endberechtigten geben lassen und sie dann von Deutschland aus prüfen.

Und wer sagt denn, dass amerikanische Anleger nicht versuchten, doppelt zu kassieren? Schließlich könnten sie einmal die Erstattung über das DTC-Verfahren beantragen und ein weiteres Mal direkt beim Bundesamt. Da die Bundesbehörde noch nicht einmal die Namen aller Endkunden im DTC-Verfahren kennt, würde ein solcher Kniff niemals auffallen. »In Einzelfällen«, so hält es der Protokollant des Treffens fest, »sei auch nicht auszuschließen, dass der eine oder andere Dividendenempfänger einen separaten Erstattungsantrag beim Bundesamt für Finanzen stellt und damit Doppelerstattungen zu befürchten seien.« Diese Risiken, einigt man sich, solle die DTC mithilfe einer Garantieerklärung »weitmöglichst« ausschließen. Was mit den Fällen geschieht, die zunächst gar nicht erst auffallen und somit nicht bei der DTC moniert werden können, hält man nicht fest.

Im Frühjahr 1999 steht der Deal, den die beiden Big-Apple-Besucher weiter vorangetrieben haben, kurz vor dem Abschluss. Ein deutscher Beamter reist erneut nach New York, um verbliebene kritische Fragen zu diskutieren. So will der Deutsche wissen, ob es eine Bestätigung nach den internationalen Rechenlegungsstandards gebe, dass die Antragsteller auch tatsächlich die Eigentümer der Wertpapiere sind. Die gebe es leider nicht, antwortet der DTC-Anwalt. Das »Know your customer«-Prinzip, also »Kenne deinen Kunden« sollte reichen. Demnach seien Banken verpflichtet zu wissen, mit wem sie Geschäfte machten. Das beinhalte auch die Frage, ob ihnen tatsächlich die Aktien gehörten.

Ähnlich schwammig antwortet der DTC-Anwalt, als es um die Frage geht, wie man eine Doppelerstattung vermeiden wolle. Schließlich könnten die Wertpapierbesitzer ja neben dem DTC-Verfahren auch noch Einzelanträge beim deutschen Fiskus stellen. Eine Steuerbescheinigung, also einen Beleg dafür, dass die Steuer tatsächlich abgeführt wurde, könne man jedenfalls nicht beibringen. Vielleicht könne der Makler aber ein Bescheinigungsformular »erstellen«. Die Warnung des deutschen Bankenverbandes, das System würde möglicherweise für fragwürdiges Dividendenstripping genutzt werden, wie es schon durch die hessische Börsenaufsicht in Deutschland beobachtet worden war, können die Amerikaner mit beschwichtigenden Worten nicht wirklich vom Tisch wischen.

Trotz der Unwägbarkeiten – dem Bund reichen diese Antworten offenbar. Er geht in den Vertragswerken nicht weiter auf die Probleme ein. Die gute Stimmung der Verhandlungsphase trägt Früchte. Am 7. Mai 1999 führt das Bundesfinanzministerium »mit sofortiger Wirkung« das vereinfachte Erstattungsverfahren ein. Konkret sieht das Verfahren so aus: Amerikanische Banken sammeln alle Erstattungsansprüche ihrer Kunden mit deutschen Aktien und melden sie über das computergestützte »Elective Dividend System« der DTC. Die DTC wiederum schickt die gesammelten Anträge an das Bundesamt für Finanzen. Die Bundesbehörde prüft nur rechnerisch, ob die Beträge richtig addiert wurden, und überweist die Summe zeitnah in die Vereinigten Staaten. Die DTC wiederum verteilt das Geld dann an die Banken. Vier Jahre lang haftet die DTC dafür, dass alle Anträge rechtmäßig sind. Die DTC wiederum lässt sich von den teilnehmenden Banken Garantien geben, dass diese nur Anträge von berechtigten Aktionären weiterleiten.

Viel Vertragswerk, fast keine Kontrollen.

Zwar behält sich das Bundesamt das Recht vor, Stichproben zu nehmen. Doch in diesen Kontrollen wird lediglich gecheckt, ob die DTC das Geld tatsächlich weitergeleitet hat, die Antragssteller tatsächlich in den USA gemeldet und von Steuern befreit sind. Ob sie die Steuer wirklich abgeführt haben oder ob sie die Erstattung wirklich nur einmal beantragen, lässt sich nicht prüfen. Ein Paradies für potenzielle Betrüger. Das Entdeckungsrisiko ist verschwindend gering.

Wer dann doch erwischt wird, das Verfahren zu missbrauchen, muss keine harten Strafen fürchten. Die DTC kann Betrüger vom Verfahren ausschließen. Und wer entdeckt wird, sich Steuern zu Unrecht erstatten zu lassen, muss sie wieder an den Fiskus in Deutschland zurückzahlen – plus Zinsen. Das wäre in etwa so, als wenn der Staat Ladendiebe lediglich damit bestraft, dass sie ihre Beute zurück ins Regal legen sollen, wenn sie ertappt werden. Abschreckende Strafen sehen anders aus.

Das neue System ist auf allen Seiten sofort beliebt. Wurde zuvor noch jeder einzelne Antrag geprüft, geht es jetzt ganz schnell.

Neun Jahre lang hält die besondere Beziehung zwischen der DTC und den deutschen Finanzbehörden. Bis das Bundeszentralamt für Steuern im Frühjahr 2008 dann plötzlich am Telefon Schluss macht. Zum Jahresende stelle man komplett auf ein eigenes digitales Verfahren um, das sogenannte Datenträgerverfahren, das im Finanzministerium schon 2002 parallel eingeführt worden sei. Die Amerikaner bitten umgehend um ein persönliches Gespräch, fragen, ob man die Übergangsfrist nicht zumindest um ein Jahr verlängern könne. Keine Chance, die Deutschen hatten sich festgelegt. Gleich nach dem Osterwochenende, am 27. März 2008, schickt die Bonner Behörde die »Mitteilung über Einstellung des Verfahrens« per Einschreiben mit Rückschein an die DTC.

Doch auch das Datenträgerverfahren des Finanzministeriums ist ein für Otto Normalsteuerzahler ungeheuerlich klingender Service. Bei dem Verfahren müssen sich Banken und andere Finanzfirmen lediglich registrieren, versichern, dass sie für Fehler haften und legale Dinge treiben – und schon wird ihnen auf der vollgestopften Autobahn der Steueranträge eine Überholspur eingerichtet. Sie dürfen ihre Anträge digital an das Bundeszentralamt für Steuern schicken. Und das Beste: Ihre Millionenforderungen müssen sie noch nicht einmal mit Belegen beweisen. Während normale Bürger, die ein Arbeitszimmer geltend machen wollen, teilweise vom Finanzamt um Fotos gebeten werden, ob in dem Zimmer auch tatsächlich kein Sofa steht, das eine private Nutzung nahelegt, genießen die Banken und Finanzfirmen einen Vertrauensvorschuss sondergleichen: Innerhalb von wenigen Tagen ist das Geld auf dem Konto. Millionen an Steuergeldern – per Knopfdruck.

In der Cum-Ex-Szene feiert man die Einführung des neuen Datenträgerverfahrens. Schnell spricht sich herum, dass es hierbei um einen Computervorgang geht, bei dem es nahezu keine Kontrollen gibt. Das Geld, frohlocken die Banker, fließe im Handumdrehen. Ein britischer Investmentbanker, der mit Cum-Ex-Geschäften auf der ganzen Welt Milliarden gemacht haben soll, hat sogar seinen eigenen Zugang zum System.

Und auch der erste Cum-Ex-Fall, der vom Bundeszentralamt für Steuern 2013 aufgegriffen und an die Staatsanwaltschaft weitergeleitet wird, lief über das Datenträgerverfahren. Ein System, das Cum-Ex-Akteuren jahrelang als vollautomatische Gelddruckmaschine gilt.

## Eurojust

Am frühen Morgen des 23. September 2014 lenkt Anne Brorhilker ihr Auto in die Garage der europäischen Justizbehörde Eurojust. Hell ist es hier wie in einem Wellnesshotel, alles mit Holz verkleidet, reduziertes Design vom Feinsten. Brorhilker ist mit einem weiteren Staatsanwalt und zwei Kriminalbeamten an die niederländische Nordseeküste nach Den Haag gereist. Das deutsche Grüppchen eilt über helles Stiftparkett die Treppe hinauf zum Empfang. Über die volle Breite der hohen Lobby erstreckt sich eine Fensterfront, die den Blick auf eine Dünenlandschaft freigibt.

Doch so offen die Architektur, so verschlossen der Zutritt. Der lichtdurchflutete Gebäudekomplex gleicht einem Hochsicherheitstrakt, nicht zuletzt, weil er neben Eurojust auch den Internationalen Strafgerichtshof beherbergt. Die Delegation aus Deutschland kommt erst nach einer Ausweiskontrolle durch. Wie am Flughafen wird das Gepäck durchleuchtet. Bei der folgenden Leibesvisitation sind die Sicherheitskräfte nicht zimperlich. Erst jetzt bekommen die Gäste den begehrten Besucherausweis – und damit die Möglichkeit, sich freier zu bewegen.

Die Europäische Agentur für justizielle Zusammenarbeit in Strafsachen, kurz Eurojust, unterstützt die Mitgliedstaaten im Kampf gegen Terrorismus und schwere organisierte Kriminalität. Jedes der 28 EU-Länder hat einen Entsandten in die Behörde geschickt, meist hochrangige, erfahrene Polizisten, Staatsanwälte oder Richter repräsentieren ihr Heimatland. Über ihre »Tische« werden internationale Ermittlungen koordiniert. Ihr Service: die

Abstimmung von Fahndungen, die mehr als zwei Mitgliedstaaten betreffen.

Genau aus diesem Grund ist Brorhilker mit ihren Kollegen heute hier. Sie suchen Unterstützung für die Cum-Ex-Großrazzia, die sie gerade planen. Der Besprechungsraum ist bereits bestens präpariert. Hinter Glaskabinen warten Simultandolmetscher auf ihren Einsatz. Auf jedem Platz steht ein Namensschild, teils mit stattlichen Berufstiteln der Teilnehmer beschriftet.

Um 8.45 Uhr geht es los. Eurojust stellt einen Koordinator. Der Mann steht kurz vor seinem Ruhestand. Er wirkt nicht wirklich interessiert, auf seine letzten Diensttage Ermittler in Sachen Finanzkriminalität zusammenbringen zu müssen. Schon im Vorfeld gab es Unstimmigkeiten. Als er Brorhilker nun persönlich trifft, quittiert er das mit einem despektierlichen »Da ist ja das Mäuschen«. Brorhilker, zu dieser Zeit »nur« Staatsanwältin, spricht heute vor Fahndern aus Österreich, den Niederlanden, Malta, Großbritannien, Belgien, Irland, Frankreich und Spanien. Sie will die Ermittler ins Bild setzen, worauf bei der anstehenden, weltweiten Cum-Ex-Razzia zu achten ist.

Per Beamer werfen die Deutschen ein beachtliches Schaubild an die Wand. Dutzende Kästchen und Pfeile darauf, dazwischen Männchen mit Namen darunter, Banken sind ebenso zu erkennen wie die Landesflaggen der Schweiz, Niederlande, von Irland, Frankreich und Großbritannien, auch Belgien, Spanien, Malta, die USA und Australien. Keine Frage, diese Masche ist wahrlich ein Fall für Eurojust. Ein international abgestimmtes Geschäft, dessen Pfeil-Wirrwarr am Ende beim obersten Kästchen endet: dem Bundeszentralamt für Steuern, das für die Erstattung von Steuern im Ausland zuständig ist. Jener Behörde, die auch im aktuellen Fall Hunderte Millionen Euro erstatten sollte.

Man habe schon gute Einblicke in die Geschäfte gewonnen, referieren die Deutschen. Nun gehe es darum, weitere Beweismittel zu finden, die den Tatverdacht erhärten. Wer wusste wann was? War der Verdächtige nur Mitläufer oder war er Anstifter? War er ein Protagonist dieses Prozesses? Gibt es Absprachen? Können diese Absprachen durch Sachbeweise belegt werden? Durch E-Mail-Verkehr, Chat-Verläufe? Lassen sich Kontobewegungen nachvollziehen?

Nach der deutschen Präsentation sind die Vertreter eines jeden Landes an der Reihe. Sein Ego hat manch erfahrener Fahnder nach Den Haag mitgebracht. Und so beginnen die meisten Vorträge mit ausgeprägten Vorstellungen der eigenen Person und Erfolge. Die Franzosen etwa starten ihren Wortbeitrag mit der Bemerkung, sie hätten bereits gegen den früheren französischen Premierminister Nicolas Sarkozy ermittelt und auch schon Etliches im Bereich der Finanzkriminalität erlebt. Die Malteser wirken dagegen grimmig, aber zumindest entschlossen, gerne auch Personen festzunehmen – falls gewünscht. Nein, ihnen sollte man den Zutritt zu den Durchsuchungsobjekten besser nicht verwehren. Spanien wiederum zeigt sich eher zurückhaltend, ob die Maßnahme überhaupt einen Sinn ergibt.

Aber es geht an diesem Tag auch intensiv um Fachliches. Etwa um die Frage, was zu tun ist, wenn die ermittelten Adressen nicht stimmen oder sich *während der Razzia* neue Ermittlungsansätze ergeben. Um 17 Uhr ist die Besprechung beendet. Gemeinsam, so das Ergebnis, werden die Ermittler aus NRW mit den ausländischen Partnern ein JIT, ein Joint Investigation Team, gründen. Eigens für die Razzia wird auf Zeit eine internationale Ermittlungsgruppe tätig.

Zurück in Deutschland laufen die Vorbereitungen für den weltweiten Schlag jetzt auf Hochtouren. Dank Eurojust sind die Kontakte nun geknüpft. Wie bei solchen Großrazzien üblich, richtet das Düsseldorfer Landeskriminalamt eine Planungsgruppe ein, die den Ermittlungskommissionsleiter entlasten und die internationale Maßnahme organisieren soll. Die Planer betreiben sogenanntes Kräftemanagement, sie suchen für die deutschen Orte der Maßnahme Kolleginnen und Kollegen, ordnen sie bestimmten Durchsuchungsobjekten zu und klären diese gleich ab: Sie überprüfen die

Adressen, checken, wie man reinkommt, welche Hintertüren es gibt. Sie verschicken Rechtshilfeanschreiben über die Staatsanwaltschaft. Sie sprechen mit ausländischen Dienststellen, um auch die Auslandsdurchsuchungen zu planen. Sie legen die Führungs- und Einsatzmittel fest, vom Auto bis hin zu technischen Details. Sie fordern Spezialisten an, um beispielsweise bei Servern die Daten sichern zu können.

Anne Brorhilker ist dieser Tage nicht minder beschäftigt. Für jede einzelne Durchsuchung weltweit muss sie beim Ermittlungsrichter einen Beschluss beantragen, in Papierform versteht sich, so ist es in deutschen Strafverfolgungsbehörden nach wie vor Pflicht. Hunderte Beschlüsse, jeder einzelne Dutzende Seiten lang. Brorhilkers Drucker hält dem Druck nicht stand, das Düsseldorfer LKA muss aushelfen. Es sind Umzugskisten voller Papier, die Brorhilker schließlich zum Richter karrt. Bis zur Razzia sind es nur noch wenige Wochen.

# Abgehört

Während Anne Brorhilker im Herbst 2014 die Razzia vorbereitet, rückt Steueranwalt Hanno Berger zunehmend in das Zentrum ihres Interesses. Ein Jahr dauern die Ermittlungen nun schon an. Die Staatsanwältin hat inzwischen erfahren, dass auch die Generalstaatsanwaltschaft Frankfurt am Main dem Mann auf der Spur ist, ebenfalls wegen eines Cum-Ex-Geschäfts, das Berger dem Immobilien-Milliardär Rafael Roth schmackhaft gemacht haben soll. Als die Frankfurter 2012 bei Berger eine Durchsuchung vornahmen, habe der Anwalt alles stehen und liegen lassen, sich in die Schweiz abgesetzt und sei nie wieder nach Deutschland zurückgekehrt. Der Vorfall liegt nun inzwischen fast zwei Jahre zurück. Wer, fragen sich Brorhilker und ihr Fahndungsteam, kehrt seiner Heimat so plötzlich den Rücken, wenn er nichts zu verbergen hat?

Berger, Sohn eines Pfarrers, genoss eine humanistische Bildung, glänzte mit Latein- und Griechischkenntnissen. Nach dem Abitur studierte Berger Rechtswissenschaft an der Goethe-Universität Frankfurt. Als Assistent arbeitete er für einen der führenden Forscher im Sachenrecht. Nach dem Zweiten Staatsexamen 1981 wechselte er in die hessische Finanzverwaltung. Im Jahr 1988 stieg er gar zum Sachgebietsleiter für Bankenprüfung auf. Und das in Frankfurt, dem wichtigsten Bankenstandort der Republik. Wie wurde ein Mann mit diesem Werdegang zu einem der gerissensten Steueranwälte des Landes? Einer, an dessen Lippen die Reichen und Mächtigen klebten, weil er ihnen nahezu steuerfreie Millioneneinkünfte versprach oder sie mit üppigen Renditen von zwölf Prozent lockte?

Berger war zwar über alle Berge – zumindest jenseits der Alpen – die E-Mail-Konten seiner Kanzlei Berger, Steck und Kollegen lagen jedoch nach wie vor auf Servern in der Bundesrepublik. Die Frankfurter beschlagnahmten die Mails. Im Rahmen einer sogenannten Anschlussbeschlagnahme fanden die Daten ihren Weg nach Köln.

Die drei Fahnder des LKA Düsseldorf, die inzwischen durch einen Steuerfahnder der Sondereinheit Ermittlungsgruppe Organisierte Kriminalität und Steuerhinterziehung (EOKS) unterstützt werden, durchforsten die E-Mail-Dateien – und stoßen auf eine mutmaßliche Erpressung. Unter dem Betreff »Kundenzuführungsvereinbarung« wechselten Hanno Berger, Vertreter der Schweizer Privatbank Sarasin sowie ein unter dem Pseudonym Jürgen A. Schmidt auftretender Anlageberater im Herbst 2010 bemerkenswerte Mails. Schmidt, vertreten durch einen Treuhänder, forderte eine Vermittlerprovision. Er habe einen millionenschweren Kunden für einen von Bergers Cum-Ex-Fonds gewonnen – und fühlte sich dafür nicht ausreichend entlohnt. Als Berger nicht zahlen wollte, drohte Schmidt 2010 damit, den Finanzbehörden die Geschäfte offenzulegen. Nun geschah Erstaunliches: Nach einigem Hin und Her schlossen die Privatbank und Schmidts Treuhänder eine Vertraulichkeits- und Gütevereinbarung über einen »einvernehmlichen Gütebetrag« in Höhe von 1,2 Millionen Euro. Tatsächlich floss eine Summe in Höhe von mehreren Hunderttausend Euro an den Treuhänder.

Warum, fragen sich Brorhilker und die Fahnder in Nordrhein-Westfalen jetzt, zahlt jemand so viel Schweigegeld, wenn er ganz legale Geschäfte betreibt?

Die Kriminalpolizisten in Düsseldorf regen an, diesen Berger genauer ins Visier zu nehmen, ihn abhören zu lassen. Und zwar vor, während und nach der anstehenden Großrazzia. Angesichts ihres kleinen Teams muss Brorhilker abwägen. Denn einerseits zählen Telekommunikationsüberwachungen (TKÜs) zu den wichtigsten Werkzeugen der verdeckten Ermittlung, andererseits kosten sie auch viel Geld und noch mehr Zeit.

Im Fernsehen sehen solche Abhöraktionen meist spektakulär aus: umgebaute Lieferwagen, die Scheiben verdunkelt, rollen vor, im Inneren sitzen die Ermittler vor dampfenden Kaffeebechern, lauschen mit dicken Kopfhörern mit, was auf Handys und Telefonen gesprochen wird – und schlagen sofort zu, wenn sich die Täter am Telefon verplappern.

Für Fahnder im realen Polizeileben gestaltet sich eine TKÜ meist weniger abenteuerlich. Statt direkt vor Ort auf der Lauer zu liegen, sind die TKÜ-Maßnahmen für die Kriminalbeamten ein belastender Schreibtischjob im Schichtdienst. Wird ein Verdächtiger abgehört, kommen schnell Hunderte Überstunden zusammen. Selten werden Gespräche live mitgehört, die Gesprächsmitschnitte kommen oftmals nachträglich per Datei vom Telekom-Anbieter. Ob »live« oder per Aufzeichnung: Von ihrem Arbeitsplatz aus hören die Ermittler die Gespräche ab über eine spezielle Software.

Anders als es Drehbuchautoren in Fernsehkrimis ersinnen, sprechen die Beschuldigten im echten Leben auch nur selten, manchmal gar nicht am Telefon offen über ihre Taten. Für die Ermittler bedeutet das, Tausende, manchmal Zehntausende Gespräche mitzuhören, bei denen sie Belangloses, Privates, teils Intimes erfahren. Da sich wichtige Informationen auch in Nebensätzen verbergen können, müssen sie auf jedes Wort achten, die Daten eines jeden Gesprächs erfassen. Dann heißt es filtern: Alles, was für die Ermittlung relevant sein könnte, muss protokolliert und an den Leiter der Ermittlungskommission gemeldet werden. Alle unwichtigen Privatgespräche hingegen sind zu löschen. So will es die Strafprozessordnung.

Anne Brorhilker fürchtet im Fall Berger eine sogenannte konspirative Tatbegehung – und beantragt beim Ermittlungsrichter eine TKÜ-Maßnahme, für deren Genehmigung es generell hohe rechtliche Hürden gibt. Schließlich ist das geheime Abhören des nichtöffentlich gesprochenen Wortes ein schwerwiegender Eingriff in die Grundrechte. Es muss eine »Katalogtat« vorliegen, eine besonders schwere Straftat. Dazu zählen unter anderem Mord und Totschlag, Kinderpornografie, Erpressung. Steuerhinterziehung ist im Herbst 2014 noch nicht Teil des Katalogs. Brorhilker findet dennoch einen Weg und beantragt die Maßnahme deshalb wegen des Verdachts auf Anlegerbetrug. Schließlich scheint sich die Angabe des Anwalts von Drogeriemarktmilliardär Erwin Müller zunehmend zu bestätigen, dass Müller und andere Investoren in das Cum-Ex-Geschäft gelockt worden seien, ohne dass ihnen die Bank Sarasin oder der Berater Berger offengelegt hätten, dass die üppigen Gewinne aus einem Griff in die Staatskasse resultierten. Das Amtsgericht Köln bewilligt die TKÜ.

Kurz vor der Großrazzia schalten sich die Fahnder auf. Da Berger in der Schweiz weilt, kommt nur eine »Auslandskopfüberwachung« infrage, will heißen, sobald Berger von der Schweiz aus nach Deutschland anruft, wird er abgehört. Gespräche innerhalb der Schweiz mitzuschneiden ist dagegen tabu. Doch Berger hat viel mit seinen Geschäftspartnern in Deutschland zu besprechen. Die Fahnder hören einen Steueranwalt, der von der Schweiz aus umtriebig die Strippen zieht.

Hanno Berger ahnt offenbar noch nichts von der bevorstehenden Razzia. Er zerbricht sich vielmehr den Kopf über ein wegweisendes Urteil des Bundesfinanzhofes, das zu dieser Zeit veröffentlicht worden ist. Das höchste Finanzgericht hat nämlich einen Cum-Ex-Fall einer Hamburger Gesellschaft geprüft und festgestellt: Es könne neben dem echten Besitzer der Aktie keinen weiteren »wirtschaftlichen« Eigentümer geben, der berechtigterweise eine Steuererstattung fordern darf. Dieses Urteil widerspricht einer essenziellen Grundannahme der profitorientierten Cum-Ex-Branche.

Nun melden sich also bei Bergers Geschäftspartnern besorgte Investoren, die um ihr Geld fürchten. Berger spricht von seinem Schweizer Exil aus mit einer Vertrauten. Er nennt die Namen von Universitätsprofessoren und sogar eines ehemaligen Regierungsdirektors in der Finanzverwaltung, die er an die Sache setzen wolle. Sie alle sollten Aufsätze schreiben. Wer das alles bezahlen solle, fragt

Berger rhetorisch. Natürlich: Er, Berger, müsse für die ganzen Aufsätze aufkommen.

Berger scheint jedoch bereits klar zu sein, dass er vor einem größeren Problem in Deutschland steht. Er müsse seiner Heimat fernbleiben, sagt er einer Vertrauten am Telefon. Dauerhaft. Jetzt sei der richtige Zeitpunkt für diese Entscheidung.

Den mithörenden Fahndern dämmert langsam, warum derart viele Rechtsgutachten und Aufsätze namhafter Experten in der Welt sind, die Cum-Ex-Geschäfte als legal darstellen. Und Brorhilker treibt die Frage um, ob sie nicht nur auf ein einzelnes krummes Geschäft gestoßen ist, sondern vielmehr auf eine ganze, mutmaßlich kriminelle Bande. Wenn Berger schon wissenschaftliche Fachaufsätze in Auftrag gibt, die über Medien die öffentliche Meinung beeinflussen, wie weit reicht sein Einfluss noch? Sind Verwaltung und Politik in die Geschäfte auch verwickelt? Sind das die ersten Beweise für ein mafiöses Netzwerk, professionell und international aufgesetzt, getrieben von grenzenloser Gier?

In diesem Kontext geht Brorhilker auch dieser Erpressungsfall nicht aus dem Kopf. Speziell dieses Pseudonym, das der mutmaßliche Erpresser, den die Bank Sarasin womöglich ausgezahlt hat, verwendete: Jürgen A. Schmidt. Unter dem gleichen Namen hatte sich 2010, ein paar Monate vor dem Erpressungsfall, ein Whistleblower an das Bundesfinanzministerium gewandt. Brorhilker kennt den Vorgang aus den Akten.

Demnach meldete sich am Montag, den 15. November 2010, im Berliner Ministerium der Hinweisgeber Jürgen A. Schmidt. Er warnte vor einem möglichen Steuerbetrug. Es bestehe »Zeitdruck, wegen der aktuellen Dividendensaison und wegen … CUM/EX trades über neue Strukturen« – die Rede war von »irischen Fondsgesellschaften sowie US-Pensionsfonds«, es bestehe »massiver Handlungsbedarf«. Der Whistleblower wies auf Absprachen hin und darauf, dass es sich um »abgestimmtes Handeln mehrerer Beteiligter zur gezielten Durchführung von deutschen CUM/EX handele. Bei den Beteiligten, über die vielzählige Einzeldetails vorliegen, handelt es sich um ein mafiaähnlich organisiertes Netzwerk, nicht um zufällige Einzelbeteiligte.« Hinweisgeber Schmidt bot eine Stichprobe von konkreten Falldaten an – gegen Geld würden dann umfassende Informationen fließen.

Der Whistleblower schickte damals seine Informationen auch an hessische Finanzbehörden – hier allerdings mit einem Zusatz: »Die Vorabinformationen sollten keinesfalls – im Detail dem [Bundesfinanzministerium] – Referat Gierlich zugänglich gemacht werden, da die Initiatoren über einen direkten, sehr guten Kontakt zu einem Mitarbeiter des Referats verfügen.« In einer späteren Mail zeigte er sich hochgradig irritiert: Details aus seiner Nachricht »sind inzwischen fragwürdiger Weise zu Teilen der Cum/Ex-Beteiligten durchgedrungen«.

Am Ende verzichteten die Finanzbehörden lieber darauf, sich eine Stichprobe anzuschauen und den Hinweisen nachzugehen. Die Verhandlungen brachen ab, der Hinweis versandete.

Brorhilker fragt sich nun, ob es sich bei den beiden Jürgen A. Schmidts womöglich um ein und dieselbe Person handelt? Kann es sein, dass aus einem potenziellen Whistleblower ein Erpresser geworden ist? Wie kam es dazu? Und: Gab es tatsächlich ein Leck im Bundesfinanzministerium, in dem benannten Referat Gierlich?

# Lobby

Michael Gierlich hat Stress. Nicht nur, weil Weihnachten kurz bevorsteht, sondern vor allem, weil es in diesem Winter 2002 in seiner Abteilung drunter und drüber geht. Gierlich leitet das Referat IV C 1 im Bundesfinanzministerium, das sich um die Frage kümmert, wie Einkünfte aus Kapital besteuert werden. Der zurückliegende Bundestagswahlkampf hatte die Arbeit an geplanten Steuergesetzen stillgelegt. Erst jetzt, nachdem die Sozialdemokraten unter Gerhard Schröder mit nur 6000 Stimmen Vorsprung vor der Union die Wahl für sich entscheiden konnten, steht fest: Hans Eichel von der SPD darf Finanzminister bleiben. Die liegengebliebenen Gesetzesvorhaben sollen umgesetzt werden.

Doch Gierlich fehlt es an Personal. Seine Abteilung war mit zwei Referenten ohnehin nicht gerade üppig besetzt. Und dann haben die beiden noch ihre Jobs geschmissen. Der eine ging zurück in die Abteilung, aus der er gekommen war. Den anderen zog es gleich zurück in sein Heimatland. Beide gaben ein unmissverständliches Feedback: Wir schaffen das nicht.

Gierlich hat das »Glück« ein Referat zu leiten, dessen Materie kein normaler Mensch versteht. Um wirklich mitreden zu können, muss man sich in seiner Abteilung schließlich tief in die Finanzwelt hineindenken. Man muss deren Produkte bis ins Detail verstehen, um sie dann steuerlich bewerten zu können. Doch welcher Mitarbeiter eines deutschen Finanzamtes kann das schon? Wer kennt die Gepflogenheiten an der Börse? Wer kennt die Rechtssituation in anderen Ländern? Wer spricht überhaupt so gut Englisch, dass er versteht, was an den wichtigen Finanzplätzen der Welt getrieben wird? In Gierlichs Referat prallen Welten aufeinander.

Und so ist Gierlich Chef eines Referats ohne Referenten. Er hockt mehrere Jahre lang allein mit einer Sachbearbeiterin da, die mit der Materie nicht wirklich vertraut ist. Am 20. Dezember 2002 landet auch noch das Schreiben des Bundesverbandes deutscher Banken (BdB) auf seinem Schreibtisch. Kurz vor den Feiertagen hat die Bankenlobby etwas auf dem Herzen. Die Sprache ist technisch. Die Banken fordern ein neues Gesetz. Das Ganze habe mit Aktiengeschäften rund um den Tag der Dividendenausschüttung zu tun. Es gehe um einen »Sonderfall«.

Das Schreiben ist eine Warnung – und womöglich eine Falle zugleich.

Nach »internationalen Gepflogenheiten« an den Finanzmärkten, so schreiben die Lobbyisten, sei es möglich, dass es gleichzeitig zwei Eigentümer einer Aktie geben könne: den echten Eigentümer, der die Aktie am Tag der Hauptversammlung eines Konzerns besitzt, sowie den »wirtschaftlichen Eigentümer«, einen Käufer der Aktie, der bereits einen Vertrag geschlossen hat und noch auf die Lieferung des Papiers wartet. Dies könne dazu führen, dass zwei Besitzer vorgeben, Anspruch auf eine Steuererstattung vom deutschen Fiskus zu haben, obwohl nur der echte Besitzer die Steuer vorher tatsächlich abgeführt hat. Unterm Strich könne es also sein, dass mehr erstattet werde als eingenommen. »Deshalb sind in diesem Fall zusätzliche Regelungen notwendig, um dem Fiskus die Kapitalertragssteuer betragsmäßig zur Verfügung zu stellen, die dem Anrechnungsanspruch entspricht«. Was technisch klingt, ist einfache Mathematik: Ohne neue Gesetze, so der Bankenverband, werde mehr Geld erstattet, als den Antragstellern zusteht. Ein Minusgeschäft.

Was Michael Gierlich hier im Detail und mit Schaubild versehen als »Einzelfall« vorgelegt wird, ist: Cum-Ex. Eigentlich könnte die Geschichte dieses Finanzmodells, die sich zu einem Jahrhundertskandal entwickeln sollte, an exakt dieser Stelle im Jahr 2002 enden.

Denn für die Erstattung einer Steuer ist maßgeblich, dass sie zuvor bezahlt worden ist. Und dies geschieht nur bei demjenigen, der die Aktie zum Zeitpunkt der Hauptversammlung auch tatsächlich besitzt. Nur der echte Eigentümer bekommt vom Unternehmen die Dividende, nur er zahlt die entsprechende Steuer. Egal, ob es irgendwo auf der Welt einen Käufer seiner Aktie gibt, der sie ein paar Tage später geliefert bekommt.

Es ist wie mit einem Rasenmäher. Vielleicht gehört der Rasenmäher zwei Menschen gleichzeitig, das mag sein. Doch nur einer kann zu einem konkreten Zeitpunkt mit dem Gerät Rasen mähen. Es ist schlicht unmöglich, dass zwei Personen den gleichen Rasenmäher an zwei verschiedenen Orten zur gleichen Zeit benutzen. Genauso verhält es sich mit Steuerrückforderungen. So will es das deutsche Sachenrecht.

Hier wären also keine neuen Gesetze notwendig. Vielmehr wären zusätzliche Kontrollen angebracht, um schwarze Schafe zu entdecken. Schließlich sprechen die Bankenlobbyisten von einer »gängigen Praxis«.

Aber vielleicht liegt es an der technischen Sprache des Briefes, vielleicht an der Überlastung. Referatsleiter Michael Gierlich versteht die Bedeutung des Briefes offenbar nicht – und lässt ihn liegen.

Der hohe Finanzbeamte realisiert nicht, dass die Banken ihm im Grunde einen fatalen Systemfehler offenlegen, der es überhaupt erst möglich macht, dass zwei Menschen *unentdeckt* für ein und dieselbe Aktie den Finger heben.

Der Systemfehler liegt darin, dass zwei wesentliche Schritte in Deutschland getrennt voneinander ablaufen. Abgeführt wird die Steuer nämlich von dem Konzern, der die Dividenden an seine Aktionäre ausschüttet. Die Bestätigung, dass eine Steuer bezahlt wurde, die Steuerbescheinigung, wird hingegen von den Banken der Aktionäre ausgestellt. Die Banken sehen dabei eingehende Zahlungen, bewerten diese als Nettodividenden und stellen die Bescheinigungen aus. Ob der Zahlung eine echte Dividende zugrunde liegt oder auf dem Konto lediglich eine Zahlung in der exakten Höhe der Dividende eingegangen ist, können sie offiziell nicht wissen. Im schlimmsten Fall weiß die rechte Hand nicht, was die linke Hand tut – und falsche Steuerbescheinigungen kommen in Umlauf.

Ganz klar, ein Fehler im System. Die Banken fürchten offenbar nun, für fehlerhafte Steuerbescheinigungen vom Staat haftbar gemacht zu werden – und fordern deshalb bei Gierlich vorsorglich rechtliche Klarheit.

Hinter dem Schreiben des Bankenverbandes steckt vor allem die Initiative der Deutschen Bank, die bereits seit 1997 über dieses Thema nachdenkt. Dem Bankenverband ist die Sache äußerst wichtig. Bereits am 9. Januar 2003 legt er nach – und schickt einen elaborierten »steuergesetzlichen Formulierungsvorschlag« eines fertigen Gesetzes gleich mit.

Die beiden Schreiben des Lobbyverbandes hätten die Alarmglocken im Bundesfinanzministerium schrillen lassen müssen. Immerhin melden sich wiederholt jene Banken, auf die der Staat das Ausstellen der Steuerbescheinigungen übertragen hatte, und geben unumwunden zu, in der Praxis Steuern zu bescheinigen, die zuvor womöglich niemand gezahlt hat. Das System, auf dem Erstattungen in Milliardenhöhe fußen, ist außer Kontrolle geraten. Für Referatsleiter Gierlich ist das indes kein Grund, in Hektik zu verfallen. Schließlich sagen die Banken ja selbst, dass es sich bei den fehlerhaften Bescheinigungen eher um »Irrläufer«, denn um eine große Sache handele. Und so bleibt das Ganze fast zwei Jahre liegen. Unbearbeitet.

Die Falle ist gestellt, zuschnappen wird sie erst, wenn das Finanzministerium versuchen wird, für den genannten »Sonderfall« ein neues Gesetz zu schreiben.

## Brandbeschleuniger

Seinen vermeintlichen Retter lernt der einsame Referatsleiter Michael Gierlich auf einem jener Termine kennen, die er meidet, wo er nur kann. Im Winter 2004 sitzt der Bundesbeamte in einem Zweckbau in Berlin-Mitte, im »Haus der deutschen Wirtschaft«. Selbst ein Ministeriumsmitarbeiter wie er muss sich ab und an in der Szene blicken lassen.

Offiziell wird heute beim »Berliner Steuergespräch« über ein Gesetz diskutiert, das seit wenigen Wochen in Kraft ist. Rund 300 Menschen aus Politik, Wirtschaft, Wissenschaft, Steuerberatung und Finanzverwaltung nehmen an der Veranstaltung teil. Unter der Moderation eines Richters des Bundesfinanzhofes tauscht man sich aus. So fachkundig die Diskussion auch sein mag, viele Anwesende haben vor allem eines im Blick: die Kaffeepausen. Beste Gelegenheiten der Kontaktpflege. Wie Geier kreisen manche Steuerberater, Professoren und Anwälte um Menschen wie Gierlich herum, die wichtige Steuergesetze schreiben. Doch zu Gierlichs größter Überraschung ist er es, der an diesem Tag einen hilfreichen Kontakt knüpft. Während der Vorträge sitzt er neben dem Düsseldorfer Finanzrichter Arnold Ramackers. Sie kommen in der Pause über das neue Investmentsteuergesetz ins Gespräch, das Gierlich im Ministerium mitgestaltet und Ramackers versiert kommentiert hat.

Sein Gesprächspartner hat schon einige Behörden von innen gesehen. Nach dem zweiten Staatsexamen verschlug es Ramackers in die nordrhein-westfälische Finanzverwaltung. Über das Finanzamt und die Oberfinanzdirektion in Köln landete er in der Haushaltsabteilung des NRW-Finanzministeriums. Ab dem 1. Dezember 1984 wurde er schließlich zum Richter am Finanzgericht Düsseldorf berufen.

Nun steht der stattliche Richter vor Gierlich und doziert voller Leidenschaft und Fachwissen über die Finessen der Investmentsteuergesetze. Dabei ist gerade das Investmentsteuerrecht ein Stoff, an dem selbst die Experten im Finanzministerium regelmäßig verzweifeln. Und jetzt ereifert sich Ramackers wegen dieser trockenen Materie, als ob er von seinem Lieblingsverein im Fußball schwärmt. Klar, findet Gierlich, jeder hat so seine Leidenschaft. Der eine hat einen Schrebergarten. Sein früherer Chef spielt in einer Jazzband. Und dieser Ramackers, dieser beschlagene Richter, geht eben im Investmentsteuerrecht auf. Dieser Passion dürfte er sich unter gut 82 Millionen Deutschen nahezu exklusiv hingeben. Dass dieser Mann hier sein Sitznachbar ist, grenzt schon an Schicksal. Eine einmalige Gelegenheit, endlich jemanden für diesen Bereich zu rekrutieren.

Gierlich frotzelt, ob der Richter nicht mal etwas anderes machen wolle, als den Staub von alten Gerichtsakten zu pusten? Ob Ramackers nicht einmal dort arbeiten wolle, wo die Vorschriften gemacht werden? Der Finanzrichter schäkert, nach 19 Jahren bei Gericht hätte er tatsächlich mal wieder Lust auf etwas anderes. Aus dem Smalltalk wird ein Bewerbungsgespräch.

Kurze Zeit später wird Ramackers vom Finanzgericht Düsseldorf ins Bundesfinanzministerium abberufen. Am 1. April 2004 richtet Ramackers sein Büro in der Bonner Nebenstelle des BMF ein, Abteilung IV C 1, Steuerreferat.

Ramackers eilt sein Ruf voraus. Bei seinem früheren Arbeitgeber, am Düsseldorfer Finanzgericht, sagte man ihm ein fotografisches Gedächtnis nach. Befasste sich ein Kollege etwa mit einer strittigen Frage des Steuerrechts, war es Ramackers, der ihm wie aus der Pistole geschossen antwortete: »Schau mal, da hat der Bundesfinanzhof 1993 etwas entschieden. Du müsstest das auf Seite 285 finden. Rechts oben steht der Absatz, der dich interessieren dürfte.« Und tatsächlich: Die Fundstellen stimmten.

Mit diebischer Freude lief er über die Flure des Finanzgerichts, wenn der Gesetzgeber bei einer neuen Regelung mal wieder Querverbindungen zu anderen Gesetzen vergessen hatte und er, Ramackers, es war, der den Finger in die Wunde legen konnte. Auch in der Beraterbranche schätzte man die Kreativität des »Investmentsteuer-Papstes«.

Im Ministerium gilt er schnell als gutmütig und hilfsbereit. Und dass er eine Spitzenkraft ist, daran zweifelt niemand. Sichtlich streichelt es sein Ego, wenn er mit seinem Detailwissen glänzen kann. Neben dem Investmentsteuergesetz soll sich Ramackers nun auch um die Frage der Kapitalertragssteuer kümmern. Ganz anders, als es Referatsleiter Gierlich beim »Berliner Steuergespräch« noch vollmundig verkündet hat, gibt es offensichtlich auch im Bundesfinanzministerium Akten, die Staub ansetzen.

Vor Ramackers liegt im Spätsommer 2004 ein beinahe zwei Jahre alter Vorgang. Der Steuerexperte hält zwei Schreiben des Bundesverbandes deutscher Banken vom Dezember 2002 und vom Januar 2003 in den Händen.

Gierlich bestimmt: Ramackers soll das regeln. Tatsächlich ist Ramackers auch auf dem Gebiet der Kapitalertragssteuer bewandert. Seit den Neunzigerjahren bereits schreibt er regelmäßig Kommentare zu jenen Paragraphen im Einkommenssteuerrecht, die die Kapitalertragssteuer betreffen.

Gemeinsam informieren Ramackers und Gierlich im Sommer 2004 die Bundesländer, die das Ganze später womöglich rechtlich umsetzen müssen. Das Schreiben vom Januar 2003 des Bankenverbandes scheint ihnen eine geeignete Diskussionsgrundlage zu sein. Sie verschicken den Lobbybrief an die Bundesländer und setzen das Thema bei der nächsten Bund-Länder-Sitzung im Oktober auf die Tagesordnung.

Die Antwort auf die komplex klingende Materie ist vielerorts schmallippig. Nicht so in NRW. Ilona Knebel ist im Finanzministerium Nordrhein-Westfalens noch nicht lange in der Abteilung Einkommenssteuer. Als Außenstehende blickt sie fassungslos auf den Brief des Bankenverbandes, stimmt in ihren Augen doch nicht einmal die Grundannahme. In ihrer Stellungnahme schreibt sie: »Hinsichtlich der ausgeschütteten Dividende für eine Aktie kann nur einmal Kapitalertragssteuer entstehen: nur eine Person kann zu diesem Zeitpunkt wirtschaftlicher Eigentümer an dieser Aktie sein. Es kann nicht sein, dass zum selben Ausschüttungstermin für eine Aktie eine ›echte‹ und eine ›künstliche‹ Dividende zu versteuern sind.« Mit komplizierten Regelungen, so ihre Einschätzung, »soll offenbar lediglich die bisherige Bankenpraxis, die meines Erachtens ohne zivilrechtliche Rechtsgrundlage ist, legalisiert werden.« Auch Stephan Rau, ein findiger Finanzbeamter aus Hessen moniert, man müsse auf das zivilrechtliche Eigentum abstellen. Und da sei die Regel klar: Es könne nur einen geben. In diesem Fall: einen Eigentümer. Doch diese Gedanken verwerfen Gierlich und Ramackers im BMF. Käme man dem Bankenverband nicht entgegen, würden die Börsengeschäfte ins Ausland abwandern, lautet ihre Befürchtung. Damit folgen sie dem Argument, das seit den Neunzigerjahren von der Bankenlobby erfolgreich verbreitet wird.

Im Oktober 2004 schickt BMF-Referatsleiter Gierlich sodann die Einladung für die turnusmäßige Sitzung der Einkommenssteuer-Referatsleiter von Bund und Ländern raus. Im Anhang findet sich eine Power-Point-Präsentation mit dem Titel »Aktiengeschäfte in zeitlicher Nähe zum Ausschüttungstermin«. Was da nicht geschrieben steht: Die Präsentation, mit der sich alle auf den Termin vorbereiten sollen, stammt aus der Feder des Bundesverbandes deutscher Banken.

Die Sitzung läuft vom 26. bis zum 28. Oktober 2004. Ramackers spricht das Problem der doppelten Steuerbescheinigungen an. Zurzeit komme es mitunter vor, dass in größerem Umfang Kapitalertragssteuern bescheinigt würden als zuvor abgeführt. Den kritischen Stimmen aus NRW und Hessen zum Trotz sind sich am Ende alle Anwesenden einig, dass ein Gesetz dies stoppen müsse.

Die Finanzbeamten präferieren nun plötzlich einhellig den Vorschlag des Bankenverbandes aus dem Jahr 2003 als beste Lösung: Auch diejenigen sollen laut des Vorschlags eine Steuer an das Finanzamt abführen, die zum Zeitpunkt der Hauptversammlung die Aktie gar nicht besitzen. Dann wäre es kein Problem, wenn sie die Steuer am Ende erstattet bekämen – sie hätten sie ja auch abgeführt.

Für das Jahressteuergesetz 2005 kommt der Beschluss vom Oktober allerdings zu spät. Und auch im kommenden Jahr wird er nicht umgesetzt: Nachdem die SPD die Landtagswahl in NRW verloren hat, kündigt Kanzler Gerhard Schröder Neuwahlen für den Bund an. Im September 2005 werden die Deutschen zur Urne gebeten. Für die Steuergesetze bedeutet das: erneuter Stillstand. Im Herbst übernimmt schließlich die Große Koalition aus Union und SPD. Peer Steinbrück löst Hans Eichel als Bundesfinanzminister ab. Erst dann laufen die Beratungen zum neuen Gesetz wieder an.

Die Finanzbranche und ihre Berater sind derweil über jeden Schritt in Berlin informiert, etwa die Anwaltskanzlei Freshfields Bruckhaus Deringer, eine der größten Juristenfirmen der Welt. Freshfields-Steuerexperte Ulf Johannemann schreibt am 8. Dezember 2005 eine Mail an seine Klienten aus der Bankenwelt. Der deutsche Gesetzgeber plane gerade, bestimmte Geschäfte um den Dividendenstichtag neu zu regeln. Der Hintergrund sei komplex. Ganz offen und unverhohlen bringt Johannemann den Zweck hinter den Deals dann doch auf den Punkt: Sicherlich, so schreibt er es den Empfängern, wüssten diese, dass die betroffenen Geschäfte mit dem Ziel umgesetzt würden, eine einbehaltene Kapitalertragssteuer zwei Mal angerechnet zu bekommen.

Und nicht nur bei Freshfields ist man dieser Tage bestens im Bilde. Auch Steueranwalt Hanno Berger hat viele Ohren in der Hauptstadt. Zum Beispiel die eines Steuerexperten des Sparkassen- und Giroverbandes. Im Februar 2006 berichtet der Sparkassen-Lobbyist, das BMF plane ein Gesetz zur Besteuerung künstlicher Dividenden.

Hintergrund seien Steuerausfälle bei Cum-Ex-Leerverkäufen, bei denen Kapitalertragssteuern bescheinigt wurden, die zuvor niemand abgeführt hatte. Berger ist für den Sparkassen-Mann nicht nur ein spannender Gesprächspartner, er bessert auch dessen Haushaltskasse auf. Bis zu 1000 Euro im Monat überweist Bergers Kanzlei an den Lobbyisten für Beratungsdienstleistungen. Eine Einflussnahme wird Berger später bestreiten. Es habe nur kleinere Zuwendungen gegeben, »um die Beziehung zu festigen«.*

Am 18. Juni 2006 vermeldet Berger einen Teilerfolg an seine Kollegen in der Kanzlei. Zwei sichere, voneinander unabhängige Quellen hätten es ihm bestätigt: Der Referentenentwurf zum Jahressteuergesetz werde nicht wie geplant am folgenden Mittwoch eingebracht. Die Sache sei bis auf Weiteres verschoben. Man habe Zeit gewonnen, schreibt Berger, das Gesetz noch nach den eigenen Vorstellungen zu beeinflussen.

Ramackers im BMF folgt letztlich dem Vorschlag der Bankenbranche, was die Ausformulierung des Gesetzes anbelangt. Ramackers, der als Finanzrichter eine kindische Freude daran hatte, neue Gesetze kritisch zu hinterfragen und Schwachstellen offenzulegen, sieht das Ganze nun plötzlich pragmatisch. Wenn man eine Materie hat und selbst keine besseren Einfälle, dann macht es ja keinen Sinn, sich etwas aus den Fingern zu saugen. Schließlich liegt da ja schon ein hübscher Text, ganz fertig, an dem man jetzt auch nicht so viel auszusetzen hat.

Also nimmt Ramackers den Vorschlag des Bankenverbandes von 2003 – und schreibt ihn in großen Teilen wortwörtlich, bis auf die Zeichensetzung, so in den Gesetzesentwurf. Im ersten Satz unter

* Der Deutsche Sparkassen- und Giroverband wird später angeben, dass er erst durch Presseanfragen davon erfahren habe, dass der Steuerexperte des Verbandes Hanno Berger im Rahmen einer Nebentätigkeit beraten habe. Das Beratungsmandat habe nach Aussage des Steuerexperten bis März 2013 bestanden.

»Allgemein« hält Ramackers fest: »Die Regelung dient der Verringerung von Steuerausfällen«.

Verringerung. Ohne dass es seinen Vorgesetzten, Kollegen in den Bundesländern, der Finanzverwaltung oder Politik übel aufstößt, wählt Ramackers diese bemerkenswert ehrliche Formulierung. Weiß er doch, dass das systemische Problem mitnichten beseitigt wird. Nein, es wird lediglich »verringert«. Die Regel gilt nämlich nur für inländische Fälle. Sobald die Geschäfte über ausländische Depotbanken abgewickelt werden, das ist ihm klar, würde es weiterhin zu Steuerausfällen kommen.

Als Rechtfertigung für die lückenhafte Regelung macht sich Ramackers einmal mehr die Sicht des Bankenverbandes zu eigen, der behauptet, man könne ausländische Geldhäuser nicht zur Abführung einer deutschen Steuer verpflichten. Dass es durchaus Wege gäbe, das Problem auch für ausländische Banken zu lösen, ziehen offenbar weder Ramackers noch die anderen Experten der Bundesländer mehrheitsfähig in Betracht. Dabei hätte nur ein Blick in den Nachbarstaat Schweiz genügt. Dort nimmt der Staat schon seit geraumer Zeit auch ausländische Banken in die Pflicht. Sie müssen den Nachweis erbringen, dass die Steuer auch tatsächlich gezahlt wurde, und sollte ein solcher Nachweis falsch sein, haften sie dafür. Kein Wunder, dass die Banken selbst an solch aufwändigen und teuren neuen Spielregeln kein Interesse haben. Und so kommt es, dass in der deutschen Regelung eine »Auslandslücke« klafft.

Bei der Deutschen Bank ist man sich der Gesetzeslücke offenbar sehr bewusst. Kurz nach Inkrafttreten entbrennen dort intern Diskussionen, ob der Bank Risiken drohen. So stellen die internen Kontrolleure der Deutschen Bank in London offenbar kritische Nachfragen zu einem Cum-Ex-Geschäft. Per E-Mail vom 23. März 2007 meldet sich der Steuerchef für Großbritannien sodann bei den Steuerexperten in der Frankfurter Zentrale. Er beschreibt das Geschäftsmodell und bilanziert: Das Ergebnis sei, dass eine Rückerstattung von Steuern erfolge, die nie bezahlt worden seien. Könnten die Steuerexperten in den Frankfurter Bankentürmen daher bitte bestätigen, dass sie wissen, was da abgeht? Er freue sich auf eine Rückmeldung aus der Zentrale. Womöglich auch, um sich selbst zu entlasten.

Es wird ein Meeting anberaumt im Londoner Büro von Garth Ritchie, der einer der Topleute im Aktiengeschäft der Deutschen Bank ist und später bis zum Co-Chef der Bank und Vorstand für den Bereich Unternehmens- und Investmentbank aufsteigen wird. Offenbar diskutieren nun auch die Steuerexperten aus der Frankfurter Zentrale mit, denn in einer Mail vom 26. März 2007 fasst der Chef der britischen Steuerabteilung der Deutschen Bank ein Gespräch mit ihnen zusammen. Darin hält er erneut fest, dass bei den Geschäften Steuern erstattet würden, die zuvor niemand bezahlt hat. Die deutschen Steuerexperten hätten bestätigt, dass eine große Zahl von Menschen diese Geschäfte betreiben und es um riesige Summen gehe. Sie seien aber entspannt, was die Risiken für die Deutsche Bank anbelange, das deutsche Geldhaus werde kein Ziel für Klagen sein.*

Das Jahrgangssteuergesetz 2007 ist keine fünf Monate alt, da rattert ein Fax durch das Gerät des CSU-Bundestagsabgeordneten und Finanzpolitikers Georg Fahrenschon. Ausführlich beschreibt darin ein Finanzbeamter aus Bayern, dass durch die Einschaltung ausländischer Depotbanken bei Leerverkäufen erhebliche Steuerausfälle entstehen könnten. Er schlägt vor, ausdrücklich noch einmal ins Gesetz zu schreiben, was ohnehin schon geltende Rechtslage sei: dass nur Steuern erstattet werden dürften, auch an Ausländer, die zuvor abgeführt worden waren.

Fahrenschon wendet sich damit ans Finanzministerium. Seine

* Das Institut wird später einräumen, dass interne Kontrolleure den Finger gehoben haben. Deshalb habe man bei Cum-Ex einen »zurückhaltenden Geschäftsansatz« verfolgt. Die Deutsche Bank sei »aus heutiger Sicht zu kurz gesprungen« und beurteile die eigene Rolle inzwischen kritisch.

Eingabe landet letztlich auf Ramackers' Schreibtisch. Der wiegelt ab. Am 4. Mai 2007 schreibt er an seinen Chef Gierlich und einen weiteren Kollegen. Der Fahrenschon-Vorschlag würde entweder nur zur Rechtsunsicherheit führen oder sich darauf beschränken, die Missbilligung bestimmten Verhaltens durch den Gesetzgeber zu dokumentieren. Er stelle »keine Verbesserung« dar. »Auf keinen Fall lassen sich mit ihm bezifferbare Mehreinnahmen zur Gegenfinanzierung erzielen«, so lautet Ramackers' milliardenschwere Fehleinschätzung.

Tatsächlich wird das neue Gesetz wie ein Brandbeschleuniger wirken. Die Falle hat zugeschnappt. Der Bundestag hat ganz im Sinne der Finanzwelt ein Gesetz verabschiedet, in der eine Sache geregelt wird, die nach Einschätzung vieler Experten ohnehin verboten ist – und damit Unklarheit geschaffen. Ungeachtet der Tatsache, dass sich niemand Steuern erstatten lassen darf, die er zuvor nicht gezahlt hat, nutzt die Branche das Gesetz als Beleg dafür, der Staat habe das Problem erkannt und bewusst eine Lücke gelassen. Und zwar für Cum-Ex-Geschäfte, die über das Ausland gelenkt werden. 2007 explodiert die Cum-Ex-Branche in Deutschland regelrecht. Der Griff in die Staatskasse, so die Lesart der Geldjäger, sei vom Staat gebilligt und gewollt.

# Zugriff

Dienstag, der 14. Oktober 2014, es ist der Tag der großen Razzia. Anne Brorhilker sitzt an einem kleinen Tisch in der Einsatzzentrale des Landeskriminalamtes Düsseldorf. Noch schweigt das Telefon vor ihr, noch stehen die Ampeln der großen Leinwand, die den Fortgang der Razzia weltweit anzeigen, auf Rot. Brorhilker hält sich bereit, für den Fall, dass es an einem der weltweiten Durchsuchungsorte Ärger gibt – oder Nachfragen der Fahnder. So ruhig wie um 7.25 Uhr, in den letzten Minuten vor dem großen Sturm, wird es sicher nicht bleiben. Das Telefon wird für den Rest des Tages nicht stillstehen.

Kurz darauf springen die Ampeln auf Gelb: Die Polizisten sind in den Gebäuden.

Die Durchsuchungsorte in Deutschland erstrecken sich über die ganze Republik. Vom gediegenen Hamburger Bankenviertel im Norden bis in den Süden, wo vier Ermittler im exklusiven Münchner Bürogebäude »Lehel Carré« den Mitarbeitern der australischen Großbank Macquarie Fragen stellen und Beweismaterialien sichern.

Das Epizentrum der Razzia jedoch ist in Frankfurt. Wie Dartpfeile schlagen die Ermittler im Zentrum der deutschen Finanzwelt ein. Viele der bekanntesten Hochhäuser der Frankfurter Skyline sind Schauplatz der Aktion. Der Messeturm zum Beispiel. Wie ein Bleistift ragt das Gebäude, eine Zeit lang das höchste Frankfurts, in den Himmel. Auf der 40. Etage residiert das Management der Deutschlandtochter der amerikanischen Bank of New York Mellon. In einem Besprechungsraum stellen Fahnder den Verantwortlichen ihre Fragen.

Den Westhafen-Tower im Frankfurter Gutleutviertel haben die Einheimischen liebevoll »Geripptes« getauft, weil er sie wegen seiner rautenförmigen Außenhaut an ein Glas des allseits beliebten Apfelweins erinnert. Im Inneren herrschen weniger warme Gefühle, als Fahnder den Aufzug verlassen und eine dort ansässige Anwaltskanzlei ansteuern. Gegen Anwälte der Kanzlei wird allerdings gar nicht ermittelt. Die Polizisten haben es auf eines abgesehen: Sie wollen Ordner finden, die Material zur Kanzlei »Berger, Steck und Kollegen« enthalten. Der Einsatz stößt auf erbitterten Widerstand. Wütend greift ein Anwalt zum Telefon, platziert seine Beschwerde bei Anne Brorhilker. Der Jurist besteht vehement darauf, dass die beschlagnahmten Unterlagen sofort zu versiegeln seien und nur in seinem Beisein und dem seines Mandanten geöffnet werden dürften. Brorhilker lässt ihn abblitzen. Der Anwalt versucht, mit Klebeband selbst Fakten zu schaffen. Mit lautem Ratschen umwickelt er die Kartons mit dem Band, will sie mit einem hauseigenen Stempel »versiegeln«. Seine Sekretärin, die die Schere reichen soll, verletzt in der Aufregung unabsichtlich eine Kriminaloberkommissarin an der Hand, die Blutung muss gestillt werden. In der sonst so gediegenen Anwaltskanzlei kochen die Emotionen über.

Den »Skyper«, ein 40-stöckiges Hochhaus im Frankfurter Bankenviertel, betreten um 8.30 Uhr eine Polizeihauptkommissarin und ein Oberkommissar. Hier war einst der Sitz der inzwischen insolventen Kanzlei »Berger, Steck und Kollegen«. Eine Werbetafel am Eingang weist noch auf die frühere Firma Hanno Bergers hin. Mit dem Aufzug geht es rauf in den 32. Stock. Auf rund 1000 Quadratmetern arbeiteten hier Hanno Berger und Kai-Uwe Steck mit ihrem Team. Jetzt steht alles leer. Die komplette Etage. Es gibt nichts mehr zu finden. Lediglich im Bereich der Aufzüge bezeugen Logos der Kanzlei eine vergangene Zeit.

Etwas außerhalb, in Eschborn, werden weitere Kommissare ebenfalls an einem prestigeträchtigen Ort vorstellig. Sie betreten die 80 Meter hohe Eingangshalle des Hochhauses »The Cube«, ein moderner Würfel aus Stahl und Glas, in dem die Deutsche Börse untergebracht ist. Konkret suchen die Steuerfahnder eine Tochterfirma der Deutschen Börse auf. Clearstream wickelt Aktiengeschäfte in Deutschland ab und verwahrt die Wertpapiere. Bei Clearstream laufen die Fäden des deutschen Aktienhandels zusammen. Dort erkennt man früh Entwicklungen auf dem Markt. Was hat man dort zu fragwürdigen Geschäften rund um den Dividendenstichtag zu sagen?

Und auch am Stadtrand von Frankfurt schlagen weitere Fahnder an diesem Morgen zu. Das Gelände ist umzäunt und durch ein verschließbares Rolltor abgeschirmt. Überwachungskameras zeichnen jeden Winkel auf. In den Hallen, die früher ein Buchlager beheimateten, finden sich zehn Meter hohe Regale. Auf fünf Ebenen bietet die Halle rund 60 Regal-Kilometer Stellfläche. Irgendwo hier, in den Hochregalen der Aktenaufbewahrungs- und Aktenvernichtungsfirma mit dem vielsagenden Namen »Reisswolf«, muss das Firmenvermächtnis der Kanzlei Berger, Steck und Kollegen vergraben sein. Im Sommer 2013, nach einer Razzia durch Frankfurter Fahnder, war die Kanzlei zwar aufgelöst worden, doch die einst aufstrebende Beratungsfirma verschwand nicht spurlos vom Erdboden: Auch für sie gelten gesetzliche Aufbewahrungsfristen. Und so wanderten unzählige Aktenordner in die Reisswolf-Hallen.

Akten aus einem Archiv holen? Was nach einem spröden Einsatz klingt, wird dann doch noch unterhaltsam. Der Geschäftsführer des Archivs ist über den unerwarteten Besuch keinesfalls erfreut. Die gesuchten Akten seien »chaotisch« eingelagert worden, gibt er zu Protokoll. Sprich: Die Kanzlei-Unterlagen seien nicht gebündelt an einem Ort in der Halle, sondern, wie in der Logistik üblich, auf viele Regale verteilt. Um alle Akten der Kanzlei zu finden, brauche man mindestens 14 Tage. Das Archiv könne für die Suche leider nur einen Mitarbeiter und auch nur am Wochenende zur Verfügung stellen.

Die Beamten halten Rücksprache mit der Einsatzzentrale, wo rund 70 Beamte wild durcheinandersprechen, Informationen der Polizisten vor Ort aufnehmen, Anweisungen rausgeben. In diesem kontrollierten Chaos ist nun Brorhilker in Sachen Reisswolf gefragt. Die Staatsanwältin fackelt nicht lange, als sie von dem widerspenstigen Archivbetreiber hört. Kurzerhand verfügt sie, das gesamte Archiv so lange zu verschließen und zu versiegeln, bis auch der letzte Ordner der Berger-Kanzlei gefunden ist. Kooperiere das Archiv nicht, droht Brorhilker, werde man eine Hundertschaft der Polizei abstellen, das Gebäude mit Leitern stürmen. Die Ansage der Staatsanwältin sitzt. Wie von wundersamer Hand geht jetzt plötzlich alles ganz schnell. Innerhalb weniger Stunden finden sich die eingelagerten Unterlagen nun doch. Und die Firma Reisswolf stellt netterweise auch noch einen LKW mitsamt Fahrer zur Verfügung.*

Beschaulicher geht es im hessischen 16 000 Einwohner-Ort Schlüchtern zu. Hier besitzt Hanno Berger einen Holzhof. Oben, auf dem Hügel des Bergerschen Anwesens, thront das Wohnhaus. Am Fuße des Hanges steht die Holzscheune mitsamt Büroräumen.

Die fünf Kriminalbeamten und der für Durchsuchungen vorgeschriebene Zeuge, ein Mitarbeiter des Ordnungsamtes Schlüchtern, werden von der Buchhalterin des Holzhofes unwillig im Büro in Empfang genommen. Es dauert nicht lange, da reicht die Angestellte den Kriminalpolizisten den Telefonhörer. Am anderen Ende ein aufgebrachter Hanno Berger. Der Steueranwalt befindet die Razzia als eindeutig rechtswidrig. Die Aktion habe faschistische Züge. Er droht mit Strafanzeigen und Dienstaufsichtsbeschwerden. Seit über zwei Jahren lebe er nicht mehr in Deutschland. Durchsucht wird trotzdem, aber um 11.30 Uhr sind die Fahnder wieder raus. Keine verdächtigen Funde in Bergers Büros.

Brüskiert und abweisend zeigt sich auch Bergers 85-jährige Mutter gegenüber den Polizeibeamten an der Tür des Haupthauses. Sie

---

* Das Unternehmen wird später Nachfragen zu dem Vorgang unbeantwortet lassen.

wohnt im ersten Stock, schimpft über die Razzia der Frankfurter Fahnder im Sommer 2013 – und lässt niemanden herein. Die Ermittler belassen es bei einem Gespräch. Schließlich wurde das Haus bereits auf den Kopf gestellt. Die Hausherrin lässt die Beamten immerhin nicht mit ganz leeren Händen gehen. Sie drückt den Polizisten gesammelte Zeitungsartikel über das jüngste Urteil des Bundesfinanzhofs in die Hand. Etwa eine *Handelsblatt*-Geschichte unter der Überschrift »Finanzrichter rügen das Finanzministerium«, worin steht, dass das jüngste Cum-Ex-Urteil Spielraum für mehrfache Steuererstattungen lasse. Einen ähnlichen Ton schlägt der *Welt*-Artikel an, den Mutter Berger reicht. Überschrift: »Aktientricks der Banken könnten auch legal sein«. Abgerundet wird das Informationspaket mit der *Spiegel*-Titelgeschichte »Die Übergriffigen«, die von Staatsanwälten handelt, die dem Jagdfieber verfallen seien. Fett angestrichen ist eine Zwischenzeile: »Immer, wenn der Staat mal wieder Geld in der Kasse braucht, langen die Staatsanwälte zu.«

Frostig ist die Stimmung an diesem Morgen auch in einem freistehenden Einfamilienhaus bei München. Die Doppelgarage ist noch in Bau, auf der glatten Wasseroberfläche des 10 mal 15 Meter großen Außenpools spiegelt sich der Himmel an diesem milden Herbstmorgen. Keine Frage: Wer hier wohnt, hat Geld auf dem Konto. An diesem Morgen versucht ein Team aus Düsseldorfer und Münchner Kriminalbeamten herauszufinden, ob der Reichtum ausschließlich legalen Ursprungs ist. Und sie sind nicht nur gekommen, um Beweismaterialien zu sichern. Sie haben auch einen Haftbefehl in der Tasche.

Die Ehefrau öffnet den Fahndern die Tür, geleitet die Beamten hinauf ins Schlafzimmer. Der Mann, der in Verdacht steht, unter dem Pseudonym »Jürgen A. Schmidt« Hanno Berger erpresst zu haben, schläft noch, als die Kriminalbeamten eintreten. Er darf sich noch etwas überziehen, dann wird er auch schon belehrt. Um 11.15 Uhr trifft der Gerichtsvollzieher ein, um die Grundstücksbriefe zu pfänden. Um 12 Uhr wird »Schmidt« in der Polizeidienststelle Fürstenfeldbruck in Gewahrsam genommen. Um 15.15 Uhr steht er vor dem Haftrichter, danach wird er inhaftiert.

Anne Brorhilker ist erleichtert, als sie erfährt, dass die einzige Festnahme des Tages problemlos abgelaufen ist. Der entscheidende Tipp kam, einmal mehr, vom Anwalt des Drogeriemarktmilliardärs Erwin Müller. Dieser Anwalt, Eckhart Seith, geht ungewöhnliche Wege, um seinem Mandanten das Geld aus einem verunglückten Cum-Ex-Geschäft zurückzuholen, und er hat wahrlich das Zeug zum Ermittler. Über seine Quellen hatte er den echten Namen des mutmaßlichen Erpressers herausgefunden und Brorhilker gemeldet. Weitere Ermittlungen ihrerseits haben den Verdacht erhärtet. Und nun sitzt der Mann, der ehemalige Whistleblower, wegen Erpressung im Gefängnis. Ein paar Wochen später wird der Mann die Erpressung gestehen und aus der Untersuchungshaft entlassen. Das Amtsgericht Fürstenfeldbruck wird ihn zu elf Monaten auf Bewährung verurteilen, zudem wird er das erpresste Geld an den Fiskus zurückzahlen.

Auch im Ausland verläuft die Cum-Ex-Razzia vielversprechend. Die mühsame Vorbereitung über Eurojust zahlt sich aus.

Das Villenviertel im Speckgürtel Londons ist fein säuberlich gepflegt. Eine Backsteinvilla reiht sich an die nächste. Hohe Hecken verbergen den Einblick auf die üppigen Grundstücke. Vor dem angepeilten Gebäude parken drei Fahrzeuge, ein schwarzer Lexus, ein schwarzer Landrover und ein weißer Fiat 500. Der Beschuldigte selbst öffnet die Tür zu seinem 400 Quadratmeter großen Haus, als die Ermittler der britischen Finanzbehörden HMRC und die deutsche Begleitung klingeln. In seinem Arbeitszimmer, schwere Stehlampe, Ledersofa mit passendem Hocker, Bücherwand, überreicht der Beschuldigte den Fahndern anstandslos die gewünschten Unterlagen.

Im Zentrum Londons werden um 7.20 Uhr Ortszeit weitere Polizisten und britische Finanzfahnder aktiv. Ihr Durchsuchungsobjekt: der repräsentative Gebäudekomplex, 200 Aldersgate. Das 17-geschossige Gebäude beheimatet zahlreiche Firmen, unter anderem die ZFP Equity Limited, die in der ersten Etage untergebracht ist. Der Concierge bringt die Ermittler hinauf, dort stehen sie vor verschlossenen Türen. Der Arbeitstag beginnt bei der Finanzfirma offenbar deutlich später. Nach fast zwei Stunden Wartezeit taucht ein Mitarbeiter auf und lässt die Wartenden herein. Dort finden sie ein Großraumbüro vor, vier Arbeitsplätze, ein Drucker auf einem Rollcontainer. Ein Whiteboard wurde zu einer Tischtennisplatte umfunktioniert. Ein weiteres Whiteboard hängt noch an der Wand – wie sich später herausstellt, ist es Gold wert. Es zeigt ein weit verzweigtes Firmengeflecht mit Firmen auf Malta, in Irland, Dubai, Kanada und in der Schweiz. Die Initialien zweier Beschuldigter prangen über allem, sie stehen vermutlich für die Initiatoren. In den Stapeln loser Papiere finden die Polizisten zudem Verträge mit US-Pensionsfonds, die für Cum-Ex-Geschäfte genutzt wurden, Unterlagen beteiligter Banken, Verträge über Kurssicherungsgeschäfte, wie sie bei Cum-Ex nötig sind, sowie Antragsdokumente des Bundeszentralamtes für Steuern. Keine Frage: Diese Razzia ist ein Volltreffer.

Im irischen Dublin durchsuchen die Fahnder indes fünf Orte, darunter eine Firma der französischen Großbank BNP Paribas, der Bank of Ireland und mehrerer Finanzfirmen.

Auf Malta sind deutsche Beamte an diesem Morgen gemeinsam mit Mitarbeitern der Economic Crime Unit unterwegs. Sie nehmen gleich mehrere Zeugen mit und vernehmen sie im Büro eines Inspektors der maltesischen Geldwäsche-Einheit. Die Fahnder erfahren Details über mutmaßlich beteiligte Firmen auf der Mittelmeerinsel, über die mögliche Cum-Ex-Gewinne abgeflossen sein könnten. Die Zeugen nennen immer wieder einen Namen: Kai-Uwe Steck, der wichtigste Kanzleipartner von Hanno Berger.

Beim LKA in Düsseldorf fährt um 21.15 Uhr – der Marathon ist für Anne Brorhilker längst nicht beendet – ein Lastwagen vor. Der Fahrer lädt elf Paletten Unterlagen ab, die laut des Archivbetreibers Reisswolf angeblich schwer auffindbar waren. Allein diese Lieferung würde ein ganzes Klassenzimmer vom Boden bis zur Decke mit Aktenordnern füllen.

Die Ermittlung ist mit diesem Tag der Großrazzia von der verdeckten in die offene Phase übergegangen. Der Schlagabtausch mit den Beschuldigten und ihren teuren Anwälten beginnt erst jetzt.

## Wut

Die Wut muss raus. Von seinem Domizil im Schweizer Skiort Zuoz aus verfolgt Hanno Berger am 14. Oktober 2014, wie seine Welt aus den Angeln gehoben wird. Auf 1800 Metern Höhe hat er Zuflucht gefunden – und findet doch keine Ruhe. Brorhilkers Cum-Ex-Razzia läuft noch keine drei Stunden, da ruft Hanno Berger um 10.50 Uhr eine Vertraute in Deutschland an. Das Telefonat dauert 4 Minuten und 26 Sekunden – und gleicht einer Hasstirade. Berger schimpft, »die Kuh« habe Stellungnahmen und Gutachten gar nicht gelesen und schlicht von Tuten und Blasen keine Ahnung. Gemeint ist offenkundig Staatsanwältin Anne Brorhilker, die »Madame«, die sich im Sommer noch nicht einmal eingearbeitet habe in den Fall, wie Bergers Gesprächspartnerin ergänzt. Beide sind sich einig, die Staatsanwältin sei eine »kleine Tante«, ein »graues Mäuschen«.

Was Berger nicht weiß: Die Fahnder hören jedes Wort mit, das gesprochen wird. Die Telekommunikationsüberwachung gegen Berger und seine Vertraute läuft planmäßig während der Razzia und noch einige Tage länger weiter. Neben vielen Kraftausdrücken bekommen die Ermittler aufschlussreiche Details zu hören – zum Beispiel über weitere Teile seines Netzwerks.

Der Schock des Steueranwalts ist spürbar zu erkennen. Ob die Fahnder tatsächlich in London gewesen seien, bei einer der größten Wirtschaftsprüfgesellschaften der Welt? »Ach du scheiße«. Durchsuchungen in Luxemburg? Eine »schöne Scheiße«. Der Laden dort, das wiederholt Berger gleich vier Mal hintereinander, hätte in seinen Augen schon frühzeitig geschlossen werden müssen. Berger ist sich sicher, dass »die« in Luxemburg etwas finden würden. Was ihm auch Sorgen macht, ist der Geschäftsführer in dem Zwergstaat, der nicht aus dem Ruder laufen dürfe.

Berger treibt aber auch zunehmend seine eigene Lage um. Wegen Fiskalsachen, sagt der Jurist während eines Telefonats, werde die Schweiz ihn nicht ausliefern. Tatsächlich schützt der sogenannte »Fiskalvorbehalt« Einwohner des Alpenlandes davor, ausgeliefert zu werden, solange sie »nur« direkte Steuern hinterzogen haben sollen. Anders verhält es sich, so Bergers Sorge, mit dem Betrugsvorwurf. Der ist ein echtes Problem. Wenn er wegen Betrugs angeklagt würde, das schwant Berger, droht ihm die Auslieferung nach Deutschland.

Hinter den umfassenden Ermittlungen wähnt Berger indes nicht »die Kleine«, sondern die große Politik. Schäuble habe es auf ihn, Berger, abgesehen, weil er einen ausgeglichenen Haushalt brauche. Mit Steinbrück habe es angefangen. Das Ganze, so spricht Berger es in sein Telefon, laufe wie im Nationalsozialismus ab. Mit Rechtsstaatlichkeit habe das alles nichts mehr zu tun.

Noch während die Razzia läuft, startet Berger eine Medienkampagne. Am späten Nachmittag ruft der Steueranwalt einen Investigativjournalisten vom *Handelsblatt* an, erklärt ihm, dass die Vorwürfe Schwachsinn seien und dass er keinen Cent an Provisionen für die Cum-Ex-Geschäfte erhalten habe. Man verabredet sich zu einem Treffen für die kommenden Tage in Zürich. Ein weiteres Date macht Berger mit Journalisten des *Spiegel* aus. Mit der *Neuen Zürcher Zeitung* soll ein Mittelsmann Kontakt aufnehmen. Es besteht auch ein Draht zur *Welt am Sonntag*, der nun genutzt wird. Bergers Botschaften sind immer die gleichen: Die Geschäfte seien rechtmäßig, Cum-Ex nutze lediglich eine Gesetzeslücke aus, er habe keine Provisionen bekommen, Deutschland sei kein Rechtsstaat mehr.

Tatsächlich erscheint wenige Wochen später in der *Welt am Sonntag* der Artikel »Jagd in der Grauzone«. Eine Gesetzeslücke, heißt es wohl zu Bergers Freude, koste den deutschen Fiskus Milliarden. Nun wolle sich der Staat das Geld zurückholen. »Dabei zählt Moral manchmal mehr als das Gesetz«, konstatieren die *Welt*-Journalisten – und folgen damit der Weltsicht des im Exil lebenden Steueranwalts. Auch die *Neue Zürcher Zeitung* schreibt von einer »Gesetzeslücke als Geschäftsgrundlage«.

Doch nicht alle Journalisten äußern sich so, wie Berger es sich wünscht. Vor allem Klaus Ott von der *Süddeutschen Zeitung* ist ihm besonders ein Dorn im Auge. Aber auch andere hätten es einfach nicht verstanden – zumindest nicht so, wie Berger es ihnen geflüstert hat.

Bergers Rechtsanwalt empfiehlt seinem Mandanten offenbar nun, in die Offensive zu gehen, die Dinge in der Öffentlichkeit selbst zu erklären. Bergers Anwalt ist selbst ein Mann markiger Worte: Es ist Wolfgang Kubicki, der stellvertretende Parteivorsitzende der FDP. Während eines Telefongesprächs, das die Fahnder mithören, erfahren sie, dass Kubicki Hanno Berger als Gast für die ARD-Talkshow »Günther Jauch« empfohlen habe. Die Sendung läuft gleich nach dem »Tatort«, beste Sendezeit, Millionenpublikum. Doch Kubickis Vorschlag wird abgelehnt. Zu groß sei für Berger die Gefahr, in Deutschland festgenommen zu werden. Und so zieht dieser weiter im Hintergrund die Fäden, ohne deutschen Boden zu betreten.

Womöglich, um von sich selbst abzulenken, legt der Steueranwalt in seinen Hintergrundgesprächen mit den Journalisten noch eine andere Fährte, die zumindest in Nebensätzen in den darauffolgenden Artikeln Erwähnung findet. Es gibt zwar keine handfesten Belege, aber die staatliche Landesbank WestLB sei ebenfalls tief in Cum-Ex-Geschäfte verwickelt. Das wisse jeder in der Branche.

Ausgerechnet die mächtige Landesbank, die bestens in die nordrhein-westfälische Politik hinein vernetzt ist. Im Verwaltungsrat der Bank sitzen stets Vertreter der NRW-Landesregierung, meist der Finanzminister selbst. Der Sozialdemokrat Peer Steinbrück, der zum Zeitpunkt der Whistleblower-Eingabe bei der BaFin der Bundesfinanzminister ist, war bis 2002 als NRW-Finanzminister stellvertretender Vorsitzender des Verwaltungsrats und Mitglied im Präsidialausschuss der WestLB. Sein Nachfolger Helmut Linssen von der CDU saß bis 2010 im Verwaltungsrat der WestLB. Linssens politische Karriere als CDU-Schatzmeister endete vier Jahre später, als bekannt wurde, dass die Familie des ehemaligen NRW-Finanzministers Vermögen über Briefkastenfirmen in Steueroasen versteckt hatte. Dass Linssens krumme Geldgeschäfte überhaupt aufflogen, hat der Unionspolitiker seinem Nachfolger Norbert Walter-Borjans, SPD, zu verdanken, der als Steuerjäger mehrere Datenträger von Informanten kaufte, um Steuerhinterzieher zu überführen. Auf einer der Steuer-CDs fand sich Linssens Familienkonto in Luxemburg.

# BaFin

Die Schlagzeilen, die im April 2007 über die WestLB erscheinen, passen so gar nicht zum Image der biederen staatlichen Landesbank. Das Geldhaus, an dem neben Sparkassenverbänden auch das Land NRW maßgeblich beteiligt ist, muss waghalsige Spekulationsgeschäfte einräumen, bei denen die Bank mehr als eine halbe Milliarde Euro verzockt hat. Und nur wenige Tage nachdem dieser Skandal öffentlich wird, überrascht die Landesbank erneut. Dieses Mal mit der Meldung, dass sie – quasi über Nacht – mit 14 Prozent der Aktien zum größten Anteilseigner des Autokonzerns Daimler-Chrysler aufgestiegen ist. »WestLB plötzlich Daimler Groß-Aktionär«, berichtet die *Welt* über den spektakulären Coup. Der Nachrichtensender n-tv stellt die Bank als »Daimlers neuen Großaktionär« vor.

Das Erstaunliche: So recht mag die WestLB ihren Coup nicht erklären. Es habe sich um eine »reine Finanztransaktion« gehandelt, lautete die karge Auskunft, alles sei mit »Termingeschäften« abgesichert.

Während die Öffentlichkeit rätselt, begreifen hinter den Glasfassaden von Bankentürmen und Anwaltskanzleien einige sofort, was der Hintergrund der Geschäfte ist: Cum-Ex. Damit Steuererstattungen in dreistelliger Millionenhöhe fließen können, müssen kurz vor der Hauptverhandlung riesige Aktienpakete bewegt werden. Normalerweise achten deshalb alle Beteiligten tunlichst darauf, unter bestimmten Meldeschwellen zu bleiben – und damit unter dem Radar von Aufsichtsbehörden.

Doch nun sind solche Cum-Ex-Aktienbewegungen plötzlich in

aller Öffentlichkeit sichtbar. Und die Amateure der WestLB sind daran schuld. Die Dummheit der WestLB treibt Eingeweihten gleichermaßen Lach- und Sorgenfalten ins Gesicht. Zwei Anwälte der Kanzlei Freshfields etwa diskutieren den Fauxpas per E-Mail. Einen Tag vor der Hauptversammlung, schreibt der eine Jurist, hätten die Jungs von der WestLB wohl ordentlich zugeschlagen. Sein Freshfields-Kollege weiß zu berichten, dass sich die amerikanische Investmentbank Lehman Brothers bereits in die Hosen mache. Die sei auch mit ein paar Prozent an dem Deal beteiligt gewesen und hätte nun Angst vor den Finanzbehörden. Schließlich könne ans Tageslicht kommen, dass hier etwas Unanständiges geschehe.

Ohne dass es die Branche bemerkt, wird kurze Zeit später tatsächlich ihr schlimmster Albtraum wahr. Heimlich wendet sich ein Hinweisgeber, offenbar aus dem Inneren der Finanzindustrie, an Deutschlands oberste Bankenaufsichtsbehörde. Die E-Mail, die am 7. Mai 2007 um 10.07 Uhr auf dem Bildschirm eines Bankenaufsehers aufploppt, entstammt der Welt des großen Geldes. Bei der Bundesanstalt für Banken- und Finanzdienstleistungsaufsicht (BaFin) meldet sich der Hinweisgeber mit vertraulichen Informationen. Es gehe um die riesigen Aktienpositionen der WestLB bei Daimler. Der Whistleblower schickt der BaFin ein fünfseitiges Dokument, das die wahren Hintergründe erklären soll.

Möglicherweise, schreibt der Informant auf Englisch, bestehe bei der Bundesbehörde ja Interesse. Schließlich stünden hinter den Transaktionen in Wahrheit riesige Aktiengeschäfte, die den deutschen Staat in den letzten Jahren Hunderte Millionen Euros gekostet hätten. Zum Beleg hängt der Informant ein Dokument aus dem Inneren einer belgisch-niederländischen Bank namens Fortis an. Streng vertraulich. In dem internen Bericht ist die Aussage eines Fortis-Mitarbeiters der Abteilung Global Securities Lending & Arbitrage in Amsterdam dokumentiert. Was der Mann mit Detailwissen und einem Schaubild kenntnisreich beschreibt, ist nichts anderes als Cum-Ex.

Er benennt auch ein konkretes Beispiel, ein Milliarden-Aktiengeschäft aus dem Jahr 2004, bei dem sich die Beteiligten in Deutschland Steuern in Höhe von rund 100 Millionen Euro hätten erstatten lassen. Eine wichtige Rolle nehme die NRW-Landesbank WestLB ein, der letztlich die Steuern ausgezahlt worden seien. Der »Gewinn« sei unter den Beteiligten aufgeteilt worden: Zehn Millionen Euro der mutmaßlichen Steuerbeute habe die WestLB selbst kassiert, Fortis 60 Millionen Euro, zwischengeschaltete Finanzfirmen rund 30 Millionen Euro.

Die BaFin scheint anzubeißen. Kurze Zeit später meldet sich ein BaFin-Mitarbeiter des Bereichs Bankenaufsicht, BA 22, Standort Bonn. Der Whistleblower solle nicht zögern, schreibt der Aufseher, sollte er weitere Informationen haben. Wenige Tage später schickt der Hinweisgeber tatsächlich ein weiteres Dokument.

Intern prüft die BaFin den Fall sofort. Handschriftlich vermerkt ein Aufseher auf der ausgedruckten Whistleblower-Mail, die Leitung sei informiert worden. In einer ersten Einschätzung halten die BaFin-Experten fest, dass es sich um Steuerhinterziehung handeln könne. Die BaFin könnte sich nun die Handelsdaten der Daimler-Aktien besorgen, um der Sache nachzugehen, oder sogar die Staatsanwaltschaft oder Steuerfahndung einschalten. Doch die BaFin meldet sich: ausgerechnet bei der WestLB. Der Bauer fragt den Fuchs.

In seinem Schreiben an die WestLB vom 11. Mai 2007 trägt der BaFin-Prüfer vor, ihm seien Informationen anonym zugetragen worden. Demnach habe die WestLB gemeinsam mit der Fortis-Bank Aktiengeschäfte entwickelt, die als Steuerhinterziehung zu werten seien. Er bitte darum, die Landessbank möge dazu detailreich Stellung nehmen.

Lange lässt sich die WestLB nicht bitten. Zwei Wochen später gibt die Landesbank wortreich Entwarnung. Man habe den Sachverhalt geprüft. Rechtlich sehe man keine Probleme, zudem habe man eher Hinweise auf Geschäfte gefunden, die als strafrechtlich weniger kritische Cum-Cum-Geschäfte eingestuft werden könnten. Eine in

Zeilen gegossene Beruhigungspille, die die BaFin offenbar schluckt – der Fall, so scheint es, ist für die Aufseher damit erledigt. Keine Nachfragen, kein weiterer Austausch: Der Whistleblower hört nun nichts mehr von der Behörde. Der Vorgang wird bei der BaFin als Geschäftsgeheimnis eingestuft und kommt unter Verschluss.

Dabei wären die Aufseher auf Erstaunliches gestoßen, hätten sie ihre Nachforschungen auf die Niederlande ausgeweitet. Hier beschäftigte der Fortis-Fall bereits das Zivilgericht in Amsterdam, das zu dem Schluss kam, die Schilderungen des Fortis-Mitarbeiters träfen zu. Und während der deutsche Gesetzgeber 2007 ein lückenhaftes Cum-Ex-Gesetz verabschiedet, das nur inländische, nicht aber ausländische Fälle regelt, war das Thema in den Niederlanden sogar schon in der Öffentlichkeit bekannt.

Der erste Artikel erschien am 6. Juli 2005 in der angesehenen Wirtschaftszeitung *Het Financieele Dagblad.* Demnach gebe es bei der Fortis-Bank eine interne Untersuchung fragwürdiger Geschäfte um den Dividendenstichtag. Mehrere spezialisierte internationale Banken, darunter Fortis, strichen Hunderte Millionen Euro an Steuern ein, darunter aus Deutschland, der Schweiz und möglicherweise den Niederlanden. Die auf dem Aktienmarkt tätigen Banken böten ihren Kunden ein Produkt an, bei der die Dividendensteuer zweimal zurückgefordert wird, während die Steuer nur einmal gezahlt wird. Kunden zahlten den Banken dafür eine großzügige Gebühr. Fortis habe die zwei für die Geschäfte verantwortlichen Mitarbeiter entlassen, beide hätten in den vergangenen Jahren durchschnittlich jeweils drei Millionen Euro im Jahr verdient. Laut Fortis habe die Entlassung jedoch nichts mit der internen Untersuchung zu tun.

Der Zeitungsartikel in den Niederlanden erreichte die deutsche Öffentlichkeit nicht. Dafür kursierte die Geschichte nur zwei Wochen nach Erscheinen in der weltweiten Finanzszene. Am 18. Juli 2005 leitete ein neuseeländischer Investmentbanker, der nach einigen Stationen bei der deutschen Hypovereinsbank in London gelandet war, einem Kollegen den Artikel weiter, verbunden mit der ungläubigen Frage, ob das rechtens sei? »Is all that allowed?« Auf der ständigen Suche nach einer neuen Masche, aus Millionen Milliarden zu machen, hatten die Finanzhaie nun Witterung aufgenommen. Die Hypovereinsbank stieg später unter Beteiligung der beiden Mailschreiber in Cum-Ex-Geschäfte ein. Es sollten keine 15 Jahre vergehen, bis beide für Schlagzeilen sorgen. Der eine, weil er als geständiger Kronzeuge im ersten Cum-Ex-Prozess zu einer milden Strafe verurteilt werden wird. Der andere, weil mit internationalem Haftbefehl und Steckbrief nach ihm gefahndet werden wird. Fotos des Neuseeländers werden an Tausenden Flughäfen und Bahnhöfen zu sehen sein, rot gerahmt, Steuerhinterziehung, die Staatsanwaltschaft bitte um Hinweise.

Und es blieb nicht bei dem einen Artikel in der niederländischen Presse. Im Sommer 2006 legte der Investigativjournalist Eric Smit im Magazin *Quote* nach. Der Reporter erzählte darin die Geschichte eines 32-jährigen Derivatehändlers namens Stefan Stanciu. Der Franzose mit rumänischen Wurzeln habe für die belgisch-niederländische Bank Fortis gearbeitet – und Geschäfte beobachtet, die er für möglicherweise illegal hielt. Stanciu sammelte Informationen und meldete sich schließlich als Whistleblower bei der internen Revision seines Arbeitgebers, also jener Abteilung, die sich um die Einhaltung von Recht und Gesetz kümmern und Hinweisgeber schützen müsste. Doch die Fortis-Bank schien wenig begeistert über die vielen kritischen Fragen. Statt Stanciu als Whistleblower zu schützen, setzte Fortis ihn kurzerhand vor die Tür.

Nachdem der Journalist Eric Smit seine Geschichte 2006 veröffentlichte, rechnete er mit einem großen Knall in Deutschland. Beinhaltete der Artikel doch zahlreiche Details darüber, dass auch die deutsche Landesbank WestLB in einen Deal im Jahr 2004 involviert war, bei dem Aktien der Deutschen Bank in Milliardenhöhe gehandelt wurden, um vom deutschen Fiskus eine ungerechtfertigte Steuererstattung zu kassieren. Die Fortis-Bank dementierte die Deals zu seinem Erstaunen nicht, sondern sagte nur, dass diese rechtens gewesen seien. Smit bereitete sich darauf vor, nach Deutschland zu reisen, vielleicht sogar von Behörden befragt zu werden. Doch es geschah: nichts.

Im Mai 2007 findet die Geschichte von Stefan Stanciu doch noch ihren Weg nach Deutschland zur Bankenaufsicht BaFin. Der Whistleblower schickt der BaFin den Beleg für das, was in den Niederlanden bereits presseöffentlich ist. Doch selbst jetzt bleibt der Hinweis folgenlos. Die BaFin lässt sich mit der Antwort der WestLB abspeisen. Viele lange Jahre lagert die Eingabe in den Beständen der Behörde als Geheimsache.

Im Frühjahr 2021 jedoch enthüllen Journalisten von WDR, *Süddeutscher Zeitung* und dem niederländischen Portal *Follow the Money*, das Eric Smit heute betreibt, dass die BaFin die brisante Eingabe bereits 2007 erhalten, sie aber nicht an die Staatsanwaltschaft weitergegeben hat.

Die BaFin bestätigt nun auf Anfrage, der Hinweis sei »durch das zuständige Fachreferat bankaufsichtlich aufgegriffen« worden. Jedoch sei damals die Weitergabe von Informationen »an andere Behörden, insbesondere Steuerbehörden« wegen der Verschwiegenheitspflichten des Kreditwesengesetzes nicht erlaubt gewesen. Erst 2015, so die BaFin, sei dies durch eine Gesetzesänderung möglich geworden.

Die Staatsanwaltschaft Köln widerspricht dem deutlich. Eine Verschwiegenheitspflicht für mutmaßliche Steuerhinterzieher »besteht weder aktuell noch hat sie in der Vergangenheit bestanden«. Es habe auch im Jahr 2015 keine relevante Änderung des Gesetzes gegeben, wie ein Sprecher mitteilte. Konfrontiert mit der klaren Ansage aus Köln schweigt die BaFin.

Womöglich aus gutem Grund. Der Hinweis von 2007 war geeignet, die damals noch unentdeckt agierende globale Cum-Ex-Industrie auffliegen zu lassen. Eine weit verzweigte und hochlukrative Industrie, bei der Banker, Aktienhändler und Berater mithilfe komplexer Aktiengeschäfte skrupellos Steuern stahlen. Ihre Beute wird auf mindestens zehn Milliarden Euro geschätzt – allein an deutschem Steuergeld. Milliarden, die der Staat in den letzten Jahren dringend gebraucht hätte für Schulen, Kindertagesstätten, Gesundheits- und Sozialfürsorge, für eine moderne Infrastruktur, bezahlbaren Wohnraum und vieles mehr.

Dass es in Sachen WestLB überhaupt noch zu Ermittlungen kommt, ist übrigens einem weiteren Insider zu verdanken, der sich »Paul Smith« nennt. Der Mann meldete sich im Sommer 2014 bei den Wuppertaler Steuerfahndern, um Daten zu Cum-Ex-Geschäften anzubieten. Die »Wuppertaler« hatten sich beim Ankauf von Steuer-CDs einen Namen gemacht und zogen seitdem unzählige Finanzinsider, die geheime Bankdaten zu Geld machen wollten, nahezu magnetisch an. NRW-Finanzminister Norbert Walter-Borjans hatte die umstrittenen Ankäufe immer wieder genehmigt. Seinen Kritikern, nach denen der Finanzminister Datendiebstahl und Hehlerei fördere und sich daran mitschuldig mache, hielt der Sozialdemokrat gerne die Statistiken vor. Nicht nur die überführten Steuerhinterzieher brächten dem Staat Milliarden an Steuereinnahmen zurück. Aus Angst, den eigenen Namen ebenfalls auf einer CD wiederzufinden, zeigten sich zwischen 2010 und 2015 fast 40 000 Steuerbetrüger selbst an.

Nach der Überprüfung einer Stichprobe kamen die Steuerfahnder auch mit Paul Smith ins Geschäft. Für vier Millionen Euro plus eine weitere Million später kauften sie die Cum-Ex-Daten. Damit das Geld nicht unversteuert beim Whistleblower landete, bemühten die Ermittler eine Regelung, die sonst für Künstler aus dem Ausland zur Anwendung kommt, die in Deutschland Auftritte haben. Demnach wurden dem Hinweisgeber 15 Prozent Ertragssteuer angerechnet – genauso viel also wie Lady Gaga oder Ed Sheeran zu entrichten haben, wenn sie deutsche Stadien füllen. Auf dem Datenträger fanden sich rund 100 Banken, die in Cum-Ex-Geschäfte verwickelt waren. Darunter: die WestLB.

Für fünf Millionen Euro Steuergeld hatte der Staat nun jene Information erhalten, die die BaFin bereits sieben Jahre lang als Geschäftsgeheimnis hütete. Und es wird beinahe noch einmal so lange dauern, bis sich die Ermittlungen intensivieren. Denn die Daten, gespeichert auf einem USB-Stick, sind zwar kostbar, lassen sich aber nicht in schnelle Fahndungserfolge ummünzen. Vielmehr sind umfangreiche Ermittlungen nötig, um die mutmaßlichen Täter zu überführen. Die Finanzverwaltung hatte diesen Aufwand offenbar unterschätzt. Die Fälle wurden zunächst auf alle möglichen zuständigen Provinzfinanzämter verteilt, die sich sichtlich schwertaten, die raffinierten Cum-Ex-Gestaltungen auszuermitteln. So auch im Fall WestLB. Nachdem das Verfahren bei der Staatsanwaltschaft Düsseldorf eingeleitet wurde, ohne dass sich in den folgenden Jahren erkennbare Ermittlungserfolge zeigten, landete der Fall im Sommer 2020 schließlich bei der Schwerpunktstaatsanwaltschaft in Köln. Seitdem wird er in Brorhilkers Team bearbeitet.

Indessen sind die Steuerbehörden schon einen Schritt weiter. Das Düsseldorfer Finanzamt forderte bereits von der Rechtsnachfolgerin der inzwischen insolventen WestLB, der Portigon, wegen der Verstrickung in Cum-Ex-Geschäfte Steuergelder in Höhe von mehr als 450 Millionen Euro zurück. Portigon hat Einspruch eingelegt. Das Unternehmen erklärte auf Anfrage: »Ohne die nur der Staatsanwaltschaft und Steuerfahndung zur Verfügung stehenden Mittel und Möglichkeiten war weder in 2007, noch ist heute für die WestLB bzw. Portigon erkennbar, ob es sich um kritische Geschäfte handelte.«

Ob bei der WestLB wirklich niemand die Natur der Cum-Ex-Geschäfte gekannt hat, wird nun Brorhilker mit ihrem Team untersuchen. Dreizehn Jahre nach dem ersten Whistleblowerhinweis.

## Deal

Nach der weltweiten Razzia gleicht das Landeskriminalamt Düsseldorf zeitweise einem Speditionsunternehmen. Mehrere Lastwagen entladen auf Paletten die »Asservate«, sichergestellte Unterlagen, die für das Verfahren noch wichtige Beweismittel werden könnten. Die Dokumente werden im LKA in speziellen Asservatenräumen eingelagert, wo sie vor Feuer- und Wasserschäden geschützt und streng bewacht sind. Nur Mitglieder der Ermittlungskommission »Tax« kommen hinein.

Noch dramatischer als der sich auftürmende Papierberg sind für Brorhilker und die Fahnder die Informationsmengen, die auf den USB-Sticks schlummern. Durch die Razzia kommen beschlagnahmte Daten im zweistelligen Terabyte-Bereich zusammen. Welche Mengen das sind, zeigt eine Berechnung der Computerplattform »Computerweekly«. Das Gesamtwerk Shakespeares lässt sich demnach auf fünf Megabyte abspeichern. Ein Kleinlaster, vollgepackt mit Büchern, entspricht dem Inhalt von einem Gigabyte. Der gesamte Bestand der weltgrößten Bibliothek, der US-amerikanischen Kongressbibliothek, lässt sich auf zehn Terabytes speichern. Und die Daten, die nun von den Ermittlern in Sachen Cum-Ex auszuwerten sind, übersteigen dieses Volumen nochmals um ein Vielfaches. Die LKA-Beamten stehen folglich vor der Aufgabe, sich durch mehrere US-Kongressbibliotheken zu arbeiten. Wer soll das alles lesen? Wie sollen die Fahnder in diesem Heuhaufen die entscheidenden Beweise finden?

Es ist ähnlich wie bei einer ausgekippten Kiste Legosteine. Zunächst liegt da ein buntes Chaos. Doch je mehr einzelne Steine heraussortiert werden, zum Beispiel nach Farbe und Funktion, desto erkennbarer wird, was man mit diesen Steinen bauen kann. Und so bringen auch die Ermittler eine Struktur in das, was sie sichergestellt haben. Sie versuchen, ein Gefühl dafür zu bekommen, welche Beweismittel sie suchen, wo sie diese Beweismittel finden könnten. Ein Cum-Ex-Geschäft, da sind sich die LKA-Fahnder inzwischen sicher, setzt Absprachen voraus. Im besten aller Fälle lassen sich diese Absprachen rekonstruieren. Über E-Mails, Verträge oder die bei Aktienhändlern beliebten Bloomberg-Chats.

Über das Computersoftwaresystem »Bloomberg« beobachten Finanzprofis auf der ganzen Welt gerne Finanzdaten in Echtzeit, werten sie aus und platzieren ihre Geschäfte. Die zur Verfügung gestellten Daten sind unabdingbar – und haben deshalb ihren Preis. Für die Software und die dazugehörigen Terminals müssen Profis mehrere Zehntausend Dollar im Jahr berappen. Dafür haben die Händler neben den Informationen auch einen geschützten Raum, in dem sie kommunizieren können: die Bloomberg-Chats. Auch diesen Kommunikationskanal haben die Fahnder nun im Blick, könnten hier doch Cum-Ex-Geschäfte abgesprochen worden sein.

Die Fahnder versuchen auch, Muster zu erkennen: Werden in einem Unternehmen die E-Mails nach einem bestimmten System abgelegt? Verrät ihnen das Unternehmen, wie diese E-Mail-Struktur entstanden ist? Können die Fahnder die E-Mails dann auch öffnen? Sind sie technisch auswertbar? IT-Spezialisten unterstützen die Ermittler bei der Arbeit, bereiten Datenbanken auf, in denen die sichergestellten Daten sauber abgelegt und nach bestimmten Schlagworten mithilfe einer speziellen Software systematisch durchforstet werden können. Schritt für Schritt kommt Ordnung in das Chaos. Neue Spuren werden sichtbar und auch Zufallstreffer erscheinen auf den Bildschirmen der Ermittler.

Zum Beispiel der Vorgang aus der Kanzlei Dewey & LeBoeuf, für die Hanno Berger und einige seiner Cum-Ex-Mitstreiter arbeiteten, bevor sie sich selbstständig machten. Im Frühjahr 2009 nahm die Kanzlei den Kontakt zu einem ehemaligen Finanzrichter namens Arnold Ramackers auf. Es ging um einen Vertrag. Die Kanzlei wollte Ramackers für einen Kommentar in einem Fachbuch zum Investmentsteuerrecht gewinnen, das Hanno Berger herausgab. Für 100 Seiten, so geht es aus internen Mails vom 12. Februar 2009 aus Bergers Kanzlei hervor, bot der Steueranwalt dem einstigen Finanzrichter 25 000 Euro. Ein für einen einzelnen Beitrag in einem Fachbuch horrend hohes Honorar. Man kam ins Geschäft.

Ramackers wird später aussagen, er habe auf das üppige Honorar verzichtet, weil die Kanzlei kurz vor der Pleite stand, und nur das Übliche vom Verlag kassiert. Berger wird betonen, für einen derartigen Fachaufsatz sei das Angebot keinesfalls zu hoch gegriffen. Er habe mit Ramackers auch niemals über Cum-Ex-Geschäfte gesprochen.

Brorhilker interessiert sich dennoch für den Vorgang. Was hat es mit diesem Richter auf sich? Schließlich findet sich eine weitere Mail, in der Ramackers eine Rolle spielt. Am 1. September 2009 schrieb ein Anwalt der Kanzlei Dewey & LeBoeuf seinem damaligen Chef Hanno Berger unter dem Betreff »Arnold Ramackers«. Gerade habe er erfahren, berichtet der Anwalt, dass Ramackers seit heute Rentner sei. Der Mann sei ein Genie, voller Kreativität. Ob er der Kanzlei nicht als externer Berater von Nutzen sein könne?

## Handschlag

Arnold Ramackers' Zeit im Bundesfinanzministerium neigt sich nach vier Jahren dem Ende entgegen. Der Richter ist vom Finanzgericht Düsseldorf nur abgeordnet, eine »Leihgabe«. Anfang 2008 will ihn das Gericht wiederhaben, da die Behörde Ramackers' Planstelle während seiner Abstinenz nicht nachbesetzen darf. Der Finanzrichter hat jedoch andere Pläne. Er will nicht auf den Richterstuhl zurück. Bis zu seiner Pensionierung ist es noch ein Jahr und so lässt er sich unbezahlten Sonderurlaub geben. Ramackers ist raus – zumindest vorerst.

Doch wo sich eine Tür schließt, da öffnet sich eine andere. Nicht nur im Finanzministerium ist Ramackers beliebt – auch die wichtigsten Bankenlobbyisten schätzen ihn so sehr, dass ihm die Verbände im April 2008 ein Angebot machen. Die Lobbyorganisationen wollen Ramackers bezahlen, damit dieser im Bundesfinanzministerium weiterhin mitmischen kann. In einer Mail vom 8. April 2008 an Ramackers schicken sie ihm die interne Begründung, die sie erarbeitet haben. Mit dieser wollen sie nun Gelder organisieren, um den guten Mann zu beschäftigen: »Die kreditwirtschaftlichen Verbände haben deshalb Überlegungen angestellt, Herrn Ramackers über einen eigenständigen Status (als Sachverständiger) für eine weitere Mitarbeit im BMF zu motivieren. Dies würde aber voraussetzen, dass die kreditwirtschaftlichen Spitzenverbände die Finanzierung für die Zeit der Tätigkeit von Herrn Ramackers im BMF als Sachverständiger tragen. Die Finanzierung soll nach einem noch zu definierenden Kostenumlageschlüssel zwischen den kreditwirtschaftlichen Verbänden aufgeteilt werden. Aus Sicht des Unterzeichners handelt es sich hierbei im Interesse unserer Institute um eine sinnvolle Investition, da Herr Ramackers durch sein positives Wirken in der Vergangenheit bereits nachgewiesen hat, dass die Entscheidungsfindung im Finanzministerium erheblich beschleunigt werden kann. Hierdurch sparen die Kreditinstitute bei der Umsetzung Zeit und damit auch Kosten.«

Arnold Ramackers willigt ein. Per Handschlag wird der Deal besiegelt. Der Deutsche Sparkassen- und Giroverband, der Bundesverband deutscher Banken, der Bundesverband der Deutschen Volksbanken und Raiffeisenbanken und der Bundesverband Investment und Asset Management »investieren« zu gleichen Teilen insgesamt 80 000 Euro (zuzüglich Umsatzsteuer) als jährliches Honorar.

Ramackers wird später einräumen, dass er trotz seines Engagements bei den Bankenverbänden weiter für das Bundesfinanzministerium gearbeitet und an Gesetzen mitgewirkt habe. An seiner Doppelrolle sieht der ehemalige Finanzrichter nichts Anrüchiges. Er habe dem Ministerium lediglich als »interessierter Bürger« geholfen. 2019 verstirbt er. Sein Chef, Referatsleiter Gierlich, wird behaupten, er habe nicht gewusst, dass Ramackers von den Bankenverbänden bezahlt wurde, als er ihn bei Beratungen des Ministeriums weiter heranzog.

Der Vorgang wird später als Skandal im Fernsehen zu sehen, in Zeitungen zu lesen sein. Für eine Ermittlung wegen des Verdachts der Korruption ist es da aber schon zu spät. Und so wird niemals mit den Möglichkeiten der Staatsanwaltschaft geklärt werden, ob im Finanzministerium wirklich niemand von der fragwürdigen und einmaligen Doppelrolle wusste – und ob der ehemalige Finanzrichter Ramackers gegen Bezahlung auf Gesetze eingewirkt hat.

## Erwachen

Berlin, Jahresanfang 2009, wieder eine dieser Steuerveranstaltungen, auf der die Szene die Köpfe zusammensteckt. Gezielt steuert ein Mann den Leiter des Steuerreferates im Bundesfinanzministerium, Rolf Möhlenbrock, an. Er stellt sich als Insider aus der Steuerszene vor – und möchte sein Wissen zu Cum-Ex loswerden. Um Milliardensummen gehe es da. Das Jahressteuergesetz von 2007 habe alles nur noch verschlimmert. Jetzt, in der weltweiten Finanzkrise, seien es vor allem ausländische Investmentbanken, die deutsche Steuergelder vereinnahmten. Möhlenbrock bleibt verdutzt zurück. Der Bundesbeamte bittet den Hinweisgeber, er möge seine Erkenntnisse doch bitte per E-Mail schicken.

Die Information ist dieser Tage besonders brisant. Die Pleite der amerikanischen Investmentbank Lehman Brothers ist nur wenige Wochen alt. Die globale Finanzbranche schlittert in eine nie dagewesene Krise. Auch deutsche Banken müssen in Folge mit Steuermilliarden gerettet werden. Die Weltwirtschaft droht, mit abzustürzen. Kanzlerin Angela Merkel und Finanzminister Peer Steinbrück treten mit ernster Miene vor die Mikrofone, sie stehen so eng, dass sich ihre Ärmel berühren, und versuchen, die Bundesbürger zu beruhigen: »Wir sagen den Sparerinnen und Sparern, dass ihre Einlagen sicher sind.« Und das alles nur, so wird es allen zunehmend klar, weil eine Gruppe von Investmentbanken mit US-Immobilienkrediten zu wild gezockt hatte.

Und in dieser aufgeheizten Situation kommt ein Informant und behauptet Ungeheuerliches: Inmitten dieser größten anzunehmenden Finanzkrise sollen ausgerechnet ausländische Investmentbanken, die der Welt dieses Schlamassel eingebrockt haben, deutsche Steuerzahler um Milliarden prellen?

Am 6. März 2009 erscheint tatsächlich eine Mail auf Möhlenbrocks Bildschirm. Der Whistleblower hat ihn nicht vergessen. Durch Leerverkäufe deutscher Aktien kurz vor dem Hauptversammlungstermin werde der Fiskus in dieser Dividendensaison (April bis Juli) um geschätzte zwölf Milliarden Euro erleichtert. Vornehmlich ausländische Banken und Hedgefonds würden dieses Geld kassieren – aber auch deutsche Investmentfonds, die eigens hierfür aufgesetzt würden.

»Das Beste hierbei ist«, so der Insider, »dass der deutsche Fiskus diese Lücke zwar erkannt hat, diese aber im Jahre 2007 nur für Transaktionen geschlossen hat, die über eine deutsche Bank abgewickelt werden.« Laufe der Leerverkauf über eine ausländische Bank, greife das Gesetz nicht. »Die Sicht im Markt und bei Beratern ist nunmehr, dass mit der Gesetzänderung in 2007 Transaktionen, die über eine ausländische Bank abgewickelt werden, als steuerlich unangreifbar gelten. Ausländische Banken und Hedgefonds nehmen den deutschen Fiskus mit dessen Einverständnis systematisch aus!« Andere Länder wie die Schweiz und die Niederlande hätten dem Treiben längst ein Ende gesetzt.

»Da die Mehrzahl der Investmentbanker in vielen Bereichen ihre Finger verbrannt haben«, warnt der Hinweisgeber, »stürzen sie sich nun auf diese ›risikolose‹ Steuerarbitrage, um sich hier in den nächsten zwei Jahren zu Multimillionären zu machen.« Einige seien schon nach Dubai gezogen, um die erzielten Erträge auch steuerfrei vereinnahmen zu können.

In den Anhang packt der Informant noch einen Fachaufsatz, geschrieben von Alexander Storg aus der Steuerabteilung des Bundesverbandes der Deutschen Volksbanken und Raiffeisenbanken, einem der Verbände, die Ramackers' Urlaubsjahr finanzieren.

Zwölf Milliarden Euro, gestohlen aus der Staatskasse? Möhlenbrock ist alarmiert – aber nicht zuständig. Noch am gleichen Tag, um 17.28 Uhr schickt er die Nachricht weiter an das zuständige Referat IV C 1, der Abteilung von Michael Gierlich, versehen mit nur fünf Worten: »Es geht um Mrd.-Beträge!« Am folgenden Montag kursiert die Mail im ganzen Referat. Sie nährt eine bange Frage: »Böse Gestaltung?« Ein womöglich illegales Steuermodell?

Das zuständige Gierlich-Referat jedenfalls scheint ahnungslos zu sein und bittet bei Alexander Storg um Hilfe, den Verfasser des Fachaufsatzes, den der Whistleblower mitgeschickt hatte. Die Bundesbeamten fragen den Steuerexperten des Bundesverbandes an, ob er kurzfristig zu einem Gespräch bereit sei. Wie das bei Leerverkäufen in der Praxis überhaupt ablaufe, wollen sie wissen. »Besteht für das Erstellen einer Steuerbescheinigung eine Rechtsgrundlage«, fragen die beiden für das Recht zuständigen Bundesbeamten und entblößen damit ungehemmt ihre Ahnungslosigkeit. Mit großen Augen bestaunen die deutschen Finanzbeamten jetzt auch die Schweizer Regeln, die bereits in Kraft getreten sind und genau das gleiche Problem lösen. Man vereinbart mit Storg ein Treffen in Berlin.

Tatsächlich wird das BMF jetzt aktiv. Sofort leitet das zuständige Referat den Hinweis an Experten ausgewählter Bundesländer weiter. Für den 17. März 2009 beraumt man eine Bund-Länder-Besprechung ein. Dort halten alle die Schätzung eines Steuerschadens von zwölf Milliarden Euro für realistisch. Man beschließt kurzfristig eine Verwaltungsanweisung, ein sogenanntes BMF-Schreiben, herauszugeben. Gleichzeitig soll ein neues Gesetz erarbeitet werden. Zwei Mal nimmt auch Arnold Ramackers, der beurlaubte und vom Bankenverband bezahlte Sachverständige an Bund-Länder-Arbeitsgemeinschaften teil.

Und einmal mehr wendet sich das Finanzministerium: an die Bankenverbände. Am 20. März schreibt das Ministerium, es seien »Gestaltungen« an das Finanzministerium herangetragen worden, die ein erhebliches Potenzial an Steuermindereinnahmen hätten. »Befürchtungen aus einschlägigen Beraterkreisen gehen dahin, dass die Beträge weit über der Milliarden-Grenze liegen könnten.« Schnellstmöglich wollten Bund und Länder dies nun unterbinden. Das BMF schickt gleich einen Entwurf der Verwaltungsanweisung mit und bittet um Stellungnahme der Lobbyisten. Ihm sei bewusst, schreibt der Bundesbeamte, dass die neuen Regeln mit einem Mehraufwand verbunden seien. »Unabhängig davon, dass in die oben beschriebenen Gestaltungen möglicherweise verschiedene Investmentbanken eingeflochten sind und der Urheber der Gestaltungen somit aus der Bankenbranche stammt, erscheinen mir diese Maßnahmen angesichts des drohenden Steuerausfalls verhältnismäßig.«

Die drohende Änderung erfährt Steueranwalt Hanno Berger umgehend von seinen Zulieferern, die ihn im »strengen Vertrauen« füttern. Bergers Informanten sitzen in den Bankenverbänden, jenen Lobbyisten, mit denen das BMF sich gerade zur neuen Regelung berät. Schon am 23. März 2009 liegt ihm die Erstfassung der geplanten neuen Regelung aus dem BMF vor. Berger verfügt über Besprechungsprotokolle und sogar Zusammenfassungen des *inner circle* im BMF.

Jetzt schmeißt Berger den Motor an. Am 24. März 2009 schreibt er Herrn M. vom Bundesverband Investment und Asset Management (BVI) an. Der Verband, so die Bitte Bergers, solle sich gegen die Pläne des BMF wenden. Allerdings, wenn es denn möglich sei, ohne den Namen Bergers oder den seiner Kanzlei zu erwähnen. Ein ähnliches Schreiben geht am selben Tag an einen Professor vom Deutschen Aktieninstitut (DAI) raus. Berger wird deutlicher. Das geplante BMF-Schreiben sei verfassungswidrig, weil die Regelung rückwirkend gelten solle. Außerdem würde der gesamte Aktienhandel zum Erliegen kommen.

Der Professor macht mit und schickt das Schreiben an Finanzminister Steinbrück sowie Staatssekretär Asmussen. In seinem Brief zeichnet der Lobbyist denn auch das Berger'sche Horrorszenario. Er habe Verständnis dafür, dass eine Gesetzeslücke geschlossen werden solle. Die Regelung würde jedoch im Extremfall dazu führen, »dass der Handel rund um den Dividendenstichtag insbesondere durch inländische Steuerpflichtige vollständig zum Erliegen kommt. Damit wäre ein immenser Schaden für die Funktionsfähigkeit des deutschen Aktienmarktes verbunden.«

Immerhin ein Verantwortlicher im Ministerium scheint zu erkennen, dass die Geschichte von der Gesetzeslücke dem Reich der Märchen entstammt. Dass die Sache eher ein Fall für den Staatsanwalt denn für die Steuergesetzgebung ist. Am 30. März 2009 nimmt der Leiter der Steuerabteilung, Florian Scheurle, den zweiseitigen Lobbybrief an Minister Steinbrück zum Anlass, von seinen Untergebenen mehr Details zu den Gestaltungen einzufordern. »Wer hat die Gestaltungen ›erfunden‹ (Namen?) Über welche konkreten Institute wird das Modell vertrieben (gibt es Unterlagen hierzu)? Wie wird es beworben?« Und das Misstrauen des Beamten geht noch weiter: »Ist das ein Fall der Beihilfe zur Steuerhinterziehung? Müssen wir die Fahndung einschalten?« Er ist der Erste, der hier eine Sache für den Staatsanwalt sieht. Seine Fragen werden unbeantwortet bleiben.

Tags darauf geht im Bundeskanzleramt die Kleine Anfrage des FDP-Abgeordneten und Vizepräsidenten des Deutschen Bundestages, Hermann Otto Solms, ein. Der Liberale fragt forsch nach, ob die Bundesregierung seine Auffassung teile, dass das geplante BMF-Schreiben gegen das Grundgesetz verstoße. Was Solms für sich behält: Sein Büro steht dieser Tage im engen Austausch mit Hanno Berger; der Steueranwalt war ebenfalls einmal FDP-Mitglied, hat eine Nähe zu den Liberalen. Als die Antwort der Bundesregierung vorliegt, schickt das Solms-Büro diese umgehend an Berger weiter.

Die Antwort dürfte dem Steueranwalt kaum gefallen haben. Das BMF-Schreiben sei eine Sofortmaßnahme gegen eine grenzüberschreitende Steuergestaltung, heißt es darin, »die auf eine ungerechtfertigte Erstattung von Kapitalertragssteuer abzielt und durch die Steuerausfälle in Milliardenhöhe befürchtet werden«.

Am 31. März 2009 treffen sich schließlich die wichtigsten Lobbyisten mit den BMF-Mitarbeitern, um die geplanten Änderungen zu diskutieren. Hanno Berger ist nicht eingeladen. Doch nur kurze Zeit später hat er die Gesprächsvermerke auf dem Schreibtisch, die Notizen stammen von einem Freshfields-Anwalt, der beim Treffen im Ministerium dabei war. Auch sein Bürokollege Kai-Uwe Steck hat seine Zuträger. Ein Lobbyist vom Bundesverband öffentlicher Banken schickt Steck seine Mitschriften. Das sei »richtig vertraulich«. Steck solle das Dokument nicht aus der Hand geben.

Nach dem Meeting ist allen Beteiligten klar, dieses Mal will der Staat ernst machen. In vielen Punkten lässt er nicht mit sich reden. Doch darauf ist Berger vorbereitet, er hat seine Strukturen längst weiterentwickelt. Gemeinsam mit seinen Geschäftspartnern wird er die Cum-Ex-Deals künftig über Publikumsfonds abwickeln. Denn tatsächlich überzeugen Branchenvertreter das Finanzministerium nicht nur davon, lediglich Spezialsondervermögen und Spezialinvestmentaktiengesellschaften zu regulieren, sondern auch davon, den Lobbyisten in einem entscheidenden Punkt zu folgen: »Für Publikums-Fonds bedarf es keiner Regelung.« Eine Gefahr von Absprachen sei nicht zu erkennen.

Berger wird später erklären, Publikumsfonds seien nicht genutzt worden, weil sie von der neuen Regelung ausgenommen waren. Vielmehr habe man auf sie zurückgegriffen, weil die Erstattung der Kapitalertragssteuer durch das Bundeszentralamt für Steuern »taggleich« mit dem Kauf der Aktien erfolgt sei und die Cum-Ex-Akteure entsprechend nicht auf das Geld warten müssten.

Noch bevor das BMF-Schreiben veröffentlicht wird und damit verbindlich von den Finanzbehörden umgesetzt werden muss, informiert Berger Anfang April seine Geschäftspartner, dass die von ihm geplanten Geschäfte außerhalb der neuen Norm seien. Die neue Struktur passe »perfekt« in die neuen Vorschriften des Bundesfinanzministeriums. Gemeint ist wohl, dass die neuen Strukturen perfekt die neuen Vorgaben umschifften.

Am 15. Mai 2009 tritt das BMF-Schreiben schließlich mit Veröffentlichung in Kraft. Darin ist auch eine weitere vermeintliche Betrugsabsicherung vorgesehen: Jeder, der Leerverkäufe über den Dividendenstichtag getätigt hat und eine Steuer zurückfordert, muss nun bestätigen, dass es keine Absprachen zwischen den Beteiligten gegeben hat. Diese »Berufsträgerbescheinigungen« sollen von Wirtschaftsprüfgesellschaften ausgestellt werden. Die Macher im BMF hoffen, dem Treiben damit ein Ende bereitet zu haben. Denn ohne Absprachen, das haben sie nun begriffen, ist ein Betrug dieses Ausmaßes nicht möglich.

Nun wird Cum-Ex zur Chefsache im Ministerium. Finanzminister Peer Steinbrück lässt sich auf den Stand bringen. Seine Steuerexperten fassen den Vorgang zusammen. Das Ministerium kennt inzwischen Details: »Dem Fachreferat wurden Hinweise gegeben, dass z. B. in der Kanzlei Freshfields derartige Produkte kreiert wurden und größere deutsche Banken (Commerzbank, Dresdner Bank) sowie andere Banken (JP Morgan, zumindest eine Landesbank) beabsichtigt hatten, in diese Geschäfte einzusteigen. Der ›Gewinn‹ – die zu Unrecht erhaltenen Steuererstattungen – sollten zwischen dem Leerverkäufer und dem Aktienkäufer aufgeteilt werden.« Die Whistleblower, die sich gemeldet haben, hätten verschiedene Motive, sich an das Ministerium zu wenden. »So trug ein Angehöriger der steuerberatenden Berufe vor, dass es nicht sein dürfe, dass der Staat ausgeplündert werde. Ein Vertreter aus der Bankenbranche meinte, dass sein Haus solche Geschäfte nicht machen würde (code of conduct), er jedoch aber auch verhindern wollte, dass andere Häuser sich diese Geschäfte zu Nutze machen.«

Ein paar Wochen später verlangt der Minister erneut ein Update in Sachen Cum-Ex. Am 7. August 2009 schreibt Gierlich an Steinbrück, dass gegenwärtig auch Gesetzesänderungen geprüft würden. »Die Bankenverbände wollen verschiedene Lösungsvorschläge erarbeiten und anschließend – voraussichtlich im Frühherbst – dem Fachreferat im BMF vortragen. Bisher sei unter anderem eine ›radikale Umstellung des Kapitalertragssteuerverfahrens‹ diskutiert worden. Der Steuereinbehalt soll nicht mehr durch den Emittenten durchgeführt werden, sondern durch die depotführende Bank. Damit könnte (...) eine klare Zuordnung erfolgen, bei welchem Steuerpflichtigen ein Kapitalertragssteuereinbehalt erfolgte und wer somit einen Anspruch auf die Steuererstattung besitzt.« Mit anderen Worten: Künftig soll nur noch die Bank die Steuer an den Fiskus abführen – und dann sehenden Auges Steuererstattungen ausstellen. Der Systemfehler ist erkannt. Aber er ist noch lange nicht gebannt.

Was Referatsleiter Gierlich Peer Steinbrück schonend beizubringen versucht, ist inzwischen in der Presse deutlich markiger nachzulesen. Unter der Überschrift »Hase und Igel« berichtet das Nachrichtenmagazin *Der Spiegel* darüber, dass mitten in der Wirtschaftskrise Investoren versuchen, Milliarden aus der Staatskasse zu ergaunern. Dabei bemühen die Journalisten die Grimm'sche Erzählung vom Wettlauf zwischen Hase und Igel. Während der Hase lossprintet, läuft der Igel nur ein paar Schritte, platziert am Zielort seine genau wie er aussehende Frau. Der Hase kann rennen, wie er will, wenn er am Ziel ankommt, ist der Igel immer schon da. Durch eine List ist der Igel stets einen Schritt voraus. Zum Ärger des Finanzministers ist die Rollenverteilung nach Meinung der Journalisten klar verteilt. Der Staat ist der Hase, der sich vergebens abstrampelt und immer einen Schritt zu langsam ist. Und so fragt das Magazin: »Hat Steinbrücks Truppe also geschlafen? Werden kleine Steuerzahler gepiesackt, während man die mächtigen Sünder laufen lässt?«

Im Lager der Igel läuft derweil alles ungestört weiter. Das BMF-Schreiben ist einige Wochen in Kraft, da schreibt ein Banker der australischen Macquarie-Bank an Hanno Berger triumphierend per Mail, dass ein »Riesen-Scheunentor« offen geblieben sei.

Der berüchtigte Steueranwalt hätte seinen Ruf zu Unrecht, wenn ihm nicht noch eine weitere Umgehung des BMF-Schreibens eingefallen wäre: Statt durch Leerverkäufe sollen die Deals künftig über Futures, also Termingeschäfte, abgewickelt werden. Es werden keine Aktien mehr gehandelt, sondern lediglich Kaufoptionen. Das für den Fiskus fatale Ergebnis bleibt gleich: Ihm werden Steuererstattungsanträge untergejubelt, von Menschen, die die Steuern nie gezahlt hatten.

## Phalanx

Sachbeweise haben so ihre Tücken, besonders im Bereich groß angelegter Wirtschaftskriminalität. Das weiß auch Staatsanwältin Anne Brorhilker aus leidvoller Erfahrung. Oft ist die Papierlage mutmaßlicher Gauner blitzeblank. Verträge sind makellos gestaltet, Gutachten und Belege, dass alles gesetzeskonform sei, fein säuberlich in Aktenordnern abgeheftet, gerne auch gleich zur Mitnahme kopiert, falls die Polizei anrücken sollte. Bitte schön, viel Spaß beim Lesen!

Über offensichtlich krumme Dinge existiert meist kein Schriftverkehr. Ermittler haben schon Büros mächtiger Firmenvorstände durchsucht, in denen sich kein einziges Blatt Papier fand, nicht einmal ein gelbes Post-It. Getreu dem Motto: Schrift ist Gift.

Und finden sich doch einmal vermeintlich aussagekräftige Dokumente, kann es bei Gericht zu einer erbitterten Schlacht der Gutachter kommen. Experten werden dann herangezogen, um zu bewerten, ob die Beweise tatsächlich so aussagekräftig sind, wie die Strafverfolger meinen, und ob sie überhaupt das belegen, was die Fahnder unterstellen.

Zu diesem Übel kommt noch, dass auch sogenannte Personalbeweise, also Zeugenaussagen oder sogar Geständnisse von Beschuldigten, Nachteile mit sich bringen können. Was sich im Verhörraum unmissverständlich und glasklar anhört, kann im Gerichtssaal zu einer trüben Brühe zusammenkochen, wenn sich Zeugen, einmal im Kreuzverhör unter Druck gesetzt, in Widersprüche verstricken. Da in Deutschland bei Gericht ausschließlich das gesprochene Wort gilt, sind Verhörprotokolle aus den Ermittlungen für die Urteilsfindung wertlos. Nur, was bei Gericht gesagt wird, darf beim Urteil berücksichtigt werden.

Um daher vor Gericht als Ankläger mit der bestmöglichen Beweislage erfolgreich zu sein, ist eine Kombination von beidem unabdingbar: Sach- *und* Personalbeweise, sie zusammen haben Durchschlagkraft. Das Vertrackte ist: Nach der großen Razzia kann Anne Brorhilker zwar mit Unmengen von Sachbeweisen aufwarten, doch sie braucht auch Aussagen von Personen, die bestätigen, was die Papiere vermuten lassen. Dringend.

Draußen zeigt sich der Sommer 2015 von seiner extremen Seite. Hitzerekorde jenseits der 40 Grad, Böden trocknen aus – und die Ernten gleich mit und dann noch die extremen Stürme, die über NRW hinwegfegen. Drinnen, in der Staatsanwaltschaft Köln, herrscht ebenfalls Dürre. Anne Brorhilker hat über Wochen alle möglichen Leute, darunter auch sehr vermögende, verhört, die in Cum-Ex-Fonds von Hanno Berger investiert hatten. Sie alle beschreiben glaubhaft, dass sie zu keinem Zeitpunkt gewusst hätten, mit ihrem Investment in die Staatskasse zu greifen. Dass die Millionen, die sie als Milliardäre vereinnahmten, auch aus den Einkommenssteuern von Straßenfegern, Krankenschwestern oder Bauarbeitern stammten. Dass dieser Diebstahl ein Verbrechen sein könnte, das mit bis zu zehn Jahren Gefängnis geahndet wird.

Und auch bei den Beschuldigten selbst beißt Brorhilker auf Granit. Alle scheinen sich abgesprochen zu haben. Niemand trägt wirklich zur Aufklärung bei. Stattdessen fahren sie mithilfe ihrer Anwälte eine Attacke nach der nächsten. Juristische Schriftsätze, teils Hunderte Seiten dick, zwingen die Staatsanwältin zur fristgerechten Erwiderung, rauben ihr wertvolle Zeit, die sie dringend bräuchte, um die drängende Frage zu beantworten, was genau bei Cum-Ex in der Praxis abgelaufen ist.

Das Schreiben eines Berger-Verteidigers, das kurz nach der Razzia bei Brorhilker eingeht, verdeutlicht paradigmatisch den Ton und die Strategie. Energisch und angriffslustig argumentiert der Anwalt im

Kern seiner Beschwerde damit, dass der Gesetzgeber doch genau gewusst hätte, was abgelaufen sei. Dass der Staat die Geschäfte bewusst geduldet hätte. Die Staatsanwaltschaft handele also rechtswidrig, wenn sie der Sache nun nachgehe. Sie ermittele komplett »ins Blaue hinein«. Und das Bundesfinanzministerium handele »autistisch« und »skandalös«, wenn es die Angelegenheit ähnlich sehe wie die Staatsanwaltschaft. Im Grunde handele es sich noch nicht einmal um eine Gesetzeslücke, da der Gesetzgeber genau gewusst habe, was er 2007 und 2009 geregelt habe. Schon einmal, in den Neunzigerjahren habe der Staat mit medialer Unterstützung Unschuldige verfolgt, als es um das »Dividendenstripping« gegangen sei. Diese Geschichte, so Hanno Bergers Strafverteidiger, wiederhole sich nun, »es ist eine Schande für einen Staat, der Rechtsstaat sein will«. Unschuldige würden verfolgt, Existenzen vernichtet, Familien belastet. Und: Steuermittel in »exorbitanter Höhe« verschwendet.

Steuergelder in exorbitanter Höhe? Das kommt Brorhilker bekannt vor. Genervt blickt sie auf das aggressive Schreiben, dem fast regelmäßig neue von Seiten der angestachelten Strafverteidiger folgen. Viele der Angaben darin dürften glatt gelogen sein, mutmaßt Brorhilker. Etwa wenn es um die Frage geht, ob Berger und sein Partner nicht nur Gutachten geschrieben haben, sondern selbst auch direkt an den Deals verdient haben. Aber noch hält die Phalanx der Strafverteidiger, noch richtet sich jeder gegen die lästige Strafverfolgerin.

Und Hanno Berger legt medial nach. Im gleichen Sommer empfängt er ein Kamerateam des WDR. An einem strahlenden Sommertag fährt der Journalist Jan Schmitt durch eine schweizerische Postkartenidylle. Durch das Tal schlängelt sich ein roter Regionalzug, auf den umliegenden Feldern ist das Heu gemacht, dahinter thront das Hochgebirge. Bergers Bleibe Zuoz liegt im Kanton Graubünden und zählt etwas mehr als 1000 Einwohner. Fünf Skilifte gibt es hier und einen 18-Loch-Golfplatz. Das Örtchen schmückt eines der besterhaltenen Dorfkerne aus dem 16. Jahrhundert und beheimatet eines der renommiertesten Internate der Welt, das Lyceum Alpinum Zuoz.

Seinen Gast empfängt Hanno Berger auf dem sonnigen Balkon mit Blick auf die Berglandschaft. Berger wirkt gelassen, vor ihm steht eine Flasche Coca-Cola. Ohne lange Vorrede kommt er zum Kern. Brorhilkers Ermittlungen hält er für einen Skandal. »Weil, wie gesagt, alle, auch in unserer Sozietät, der Meinung waren, wir haben völlig legal gehandelt. Es ist ja auch in unserer Sozietät nie eine Einzelentscheidung gewesen, eine Einzelperson, wir haben sehr sorgfältig, alle Juristen, das geprüft.« Die Razzia aus dem vorangegangenen Oktober empört ihn noch immer. Sehr harte Worte seien da gefallen. »Meine Tochter war hochschwanger, meine alte Mutter mit 86 war zugegen, und da wurden Töne geäußert wie zum Beispiel: ›Wenn Sie nicht kooperativ sind, werden hier die Wände aufgehackt.‹«

Der Steueranwalt lässt nicht nur seinem Unmut freien Lauf. Er spricht auch seine Sicht auf die Vorwürfe in die Kamera. So sehr ihn der Reporter, der für das ARD-Politmagazin »Monitor« arbeitet, auch konfrontiert, Berger lässt sich nicht aus der Ruhe bringen. Jeder sei der Meinung gewesen, dass Cum-Ex ein legales Modell sei. »Wir hatten die Auffassung, generell war die unangefochten, dass ein Rechtsstaat voraussetzt, dass man, gerade im Steuerrecht, die Dinge tun kann, die gesetzlich erlaubt sind, die nicht ausdrücklich verboten sind. Steuerrecht ist Eingriffsrecht. Steuerrecht erlaubt dem Staat, den Bürgern, ich sage mal, etwas wegzunehmen, nämlich die Steuern, die der Bürger erst mal aus seinem Einkommen erwirtschaftet hat.« Cum-Ex, so argumentiert Berger weiter, sei nicht ausdrücklich verboten gewesen. Er habe das ausgenutzt. »Es ist aus meiner Sicht ein rechtsstaatlicher Skandal, wenn der Gesetzgeber ein bestimmtes Vertrauen erweckt und dann diejenigen inkriminiert, die auf sein Wort vertraut haben, und mit dem schärfsten Schwert verfolgt, was ein Staat zur Verfügung hat, nämlich mit dem Strafrecht.«

Nach Bergers Lesart sind nicht seine Geschäfte zu Lasten des Fiskus der Skandal, sondern, dass er, Hanno Berger, sich nun strafrechtlich verantworten müsse. Berger steht bei dem Dreh nicht nur Rede und Antwort. Er gibt dem WDR-Team auch zahlreiche Bilder mit auf den Weg. Berger am Steuer, Berger bei der Lektüre der *Frankfurter Allgemeinen Zeitung*, Berger in den Abendstunden am Handy.

Während Brorhilker seine Rolle Schritt für Schritt entschlüsselt, sprechen die Filmaufnahmen aus der Schweiz eine klare Sprache: Hanno Berger hat nichts zu verbergen, er ist nach wie vor ein angesehener Jurist – und er wird keinen Millimeter von seiner Rechtsauffassung zu Cum-Ex abweichen. Die Staatsanwältin lässt sich nicht irritieren. Brorhilker ist vielmehr gespannt, was geschieht, wenn die Anwälte Akteneinsicht bekommen. Wenn sie schwarz auf weiß in den sichergestellten Beweismitteln lesen, was tatsächlich Sache ist. Wenn sie sehen, welche Fleißarbeit die Ermittlungskommission »Tax« im Landeskriminalamt bereits geleistet hat, und anerkennen müssen, dass die Beweislast gegen ihre Mandanten erdrückend ist.

Brorhilker ist auch gespannt, wie die Beschuldigten selbst reagieren werden. Sie weiß, dass sie es hier mit sehr intelligenten Menschen zu tun hat. Menschen, die etwas zu verlieren haben. Die etwas darstellen in ihrer Nachbarschaft, in ihrer sozialen Gemeinschaft. Die ein Renommee zu verteidigen haben. Wenn solche Menschen plötzlich den heißen Atem der Strafverfolgung im Nacken spüren, wenn sie merken, dass ihre vermeintliche Unangreifbarkeit wackelt, wenn sie begreifen, dass sie in Untersuchungshaft gehen könnten und mit großer Wahrscheinlichkeit zu einer Haftstrafe verurteilt werden, dann, so hofft Brorhilker, kommt manch einer von ihnen doch noch ins Grübeln.

## Akademie

Für die 352 Euro Honorar, die es an diesem Donnerstagnachmittag für die beiden Gastdozenten in der Bundesfinanzakademie zu verdienen gibt, stehen die Topjuristen normalerweise nicht einmal aus dem Bett auf. Doch für Freshfields-Anwalt Ulf Johannemann und seinen erfahrenen Kollegen bietet der 5. November 2009 etwas anderes, Unbezahlbares: Sie gehen auf Tuchfühlung mit den wichtigsten Bankenprüfern der Republik.

Für sie ist der Auftritt in der Akademie beinahe schon ein Heimspiel, so oft sind sie hier zu Gast. Selbstbewusst und bemerkenswert offen sprechen sie über die Trends und Tricks der Finanzbranche. Offenbar scheinen sie keine Sorgen zu plagen, dass sie Bankenprüfer womöglich auch auf Geschäfte stoßen könnten, mit denen ihre eigene Kanzlei selbst Millionen macht.

Seit 1951 ist die Finanzakademie als Einrichtung des Bundesfinanzministeriums mit der Aus- und Weiterbildung von Deutschlands Finanzbeamten betraut. Hier werden Finanzrichter, Steuerfahnder und Bankenprüfer, die Speerspitze im Kampf gegen Steuerdelikte, unterrichtet. Jedes Bundesland schickt regelmäßig eine Auswahl von lernhungrigen Experten nach Brühl, und so sitzen auch an diesem Wintertag 25 bis 30 Personen im Hörsaal H1, um den Ausführungen der beiden Gäste zu lauschen.

Wie eine Mahnung der Vergangenheit begrüßt jeden Besucher des Seminargebäudes der altehrwürdigen Bundesfinanzakademie eine beachtliche Sammlung an Exponaten aus 5000 Jahren Steuer- und Abgabengeschichte. In Schaukästen und Plastikrahmen sind die

Ausstellungsstücke im Foyer zu besichtigen. Münzen und Karikaturen erzählen nicht nur die historische Entwicklung des Steuergeschäfts, sondern auch die Geschichte der Steuerhinterziehung – und die ist genauso lang wie die der Steuer selbst. Da gibt es zum Beispiel den Fall der »Spatzensteuer«. Im 18. Jahrhundert verpflichtete das Kurfürstentum Hannover seine Bürger, Jahr für Jahr eine bestimmte Zahl an Spatzen-, Elstern- und Krähenköpfen abzuliefern. Wer unter den Vorgaben blieb, musste eine Steuer zahlen. Ziel der Herrscher war es, die Zahl der Vögel zu verringern, um das kostbare Saatgut auf den Feldern zu schützen. Doch was machten die Bürger? Sie züchteten kurzerhand die Spatzen selbst, um der Steuer möglichst ohne Aufwand zu entgehen. Die Vogelplage wuchs, statt dass sie in den Griff zu bekommen war.

Doch in der Bundesfinanzakademie wird nicht nur Geschichte gelehrt. Viele der Fortbildungen für Finanzbeamte drehen sich um die Gegenwart und Zukunft. Genau aus diesem Grund sind auch die beiden Freshfields-Anwälte im November 2009 eingeladen. Sie sollen, wie das Tagesprogramm verrät, über die »Bankenkrise und aktuelle Bilanzierungsfragen« dozieren. Der Titel der Veranstaltung ist weit gefasst – und so nutzen Johannemann und sein Kollege den Spielraum auch, um über Cum-Ex-Geschäfte zu sprechen.

Dass die beiden Dozenten aus der Freshfields-Kanzlei wissen, wovon sie reden, daran zweifelt im Raum wohl kaum jemand. Freshfields beschäftigt Tausende Anwälte rund um den Globus und macht Milliardenumsätze. Anwaltliche Beratung auf höchstem Niveau für Konzerne und Regierungen gibt es hier vom Fließband. Jetzt, da die Finanzkrise tobt, kann sich die Kanzlei vor Aufträgen kaum retten. Das Bundesfinanzministerium etwa hat unlängst das Gesetz zur Finanzmarktstabilisierung von Freshfields-Anwälten maßgeblich mitschreiben lassen. Für die Kanzlei ein Jackpot: Auf der einen Seite haben die Juristen Zugang zu den Schaltstellen der Republik, andererseits wissen auch die vielen Kunden in der Finanzbranche um die exponierte Stellung Freshfields' und deren außerordentliches Knowhow.

In der Anwaltsfabrik ist Ulf Johannemann schon seit zwei Jahren Partner – und damit auf der höchsten Stufe angekommen. Der Steuerexperte verdient zu dieser Zeit mehr als 700 000 Euro im Jahr. In seinem Job spielt er in der Champions League – und hat damit das erreicht, was ihm in seinem Leben zuvor als Torhüter verwehrt geblieben ist. Mit 20 Jahren schaffte es der gebürtige Westfale bis in den Kader des Zweitligisten Preußen Münster. Sieben Mal hütete er das Tor des Bundesligavereins, sechs Mal in der Zweiten Bundesliga (zwei Siege, drei Unentschieden, zwei Niederlagen) und einmal im DFB-Pokal (Niederlage). Dann endete die Fußballkarriere. Vier Jahre später legte Johannemann das erste Staatsexamen ab, das zweite folgte 1999. Ab dem 1. November 2000 heuerte der Jurist bei Freshfields an, wo er es in nur sieben Jahren bis zum Partner an die Spitze schaffte. Seitdem übt sich der einstige Mannschaftssportler im Einzelkampf. Nur unter einer Bedingung, so gibt er es gegenüber seinem Arbeitgeber in einem Personalgespräch 2005 zu Protokoll, mache es ihm Spaß, im Team zu arbeiten: wenn er das Team leite. Johannemann – in der Steuerszene erklingt sein Name wie ein Donnerhall.

Im November 2009 steht also dieser Johannemann zusammen mit seinem erfahrenen Kollegen vor den Bankenprüfern in der Bundesfinanzakademie und trägt unterhaltsam vor, dass es selbst nach der neuen Regelung aus dem Mai 2009 möglich sei, sich eine Steuer mehrfach erstatten zu lassen, die zuvor nur einmal gezahlt wurde. Und zwar, wenn das Geschäft über einen ausländischen Leerverkäufer abgewickelt werde. Es ist nicht das erste Mal, dass er vor Finanzbeamten über Cum-Ex- spricht. Bereits am 21. März 2006 erklärte Ulf Johannemann Seminarteilnehmern der Akademie ausführlich, wie die Geschäfte ablaufen. Auf Folie 42 seines Vortrages fasste er damals nüchtern und verständlich zusammen, was vielen als dreister Steuerraub gilt: Steuern würden zweifach erstattet, die nur einmal gezahlt worden seien.

Ähnlich im Inhalt, aber deutlich lockerer in der Sprache traten die Feshfields-Anwälte in diesen Zeiten auf, wenn sie nicht gerade vor Bankenprüfern standen. So geschehen am 6. Juni 2008 in Mainz. Ein Kollege Johannemanns begann seine Power-Point-Präsentation mit einer scherzhaften Folie. Zu sehen war laut Überschrift die »Fünfte Jahreszeit«. Neben »Düsseldorf« war ein Clown mit roter Nase abgebildet. Neben »Köln« lachten zwei Karnevalisten mit Perücken. Und neben »Frankfurt« erschien das Foto von einer Hauptversammlung, darunter ein Pfeil, der auf ein weiteres Bild mit zwei Händen voller Geld wies. Als Bildunterschrift war die vorfreudige Bemerkung zu lesen: »It's Dividend Season!«. Jene Jahreszeit, so könnte man die Folie interpretieren, in der man mit beiden Händen in die Staatskasse greifen könne.

Über die Vorträge in der Bundesfinanzakademie werden sich später die Geister scheiden: Die einen, darunter Freshfields selbst, werden sagen, die Großkanzlei habe den Staat doch mit derart transparenten Präsentationen vor der drohenden Gefahr gewarnt. Schließlich hätten die Anwälte klar gemacht, was in der Finanzbranche ablaufe. Dass die Finanzbeamten selbst eine solche Warnung nicht alarmiere, sei nicht Freshfields anzukreiden. Die anderen, Kritiker wie der ehemalige Grünen-Bundestagsabgeordnete Gerhard Schick, werden die Auftritte argwöhnisch bewerten. Die Anwälte, so deren Sicht, hätten eben nicht die kompletten Sachverhalte geschildert; dazu gehörten zum Beispiel auch die Absprachen zwischen den Akteuren. Sie hätten nicht gewarnt, sondern die Masche vielmehr als legal dargestellt – und somit früh eine Interpretation der Gesetze in die Köpfe jener Bankenprüfer gepflanzt, denen sie womöglich einmal gegenüberstehen würden. Die Bundesfinanzakademie als Teststrecke für mutmaßlich illegale Cum-Ex-Geschäfte? Nach dem Motto: Mal sehen, ob es die Bankenprüfer durchschauen?*

---

* Johannemanns Anwalt wird später Fragen zu den Vorträgen und weiteren

Offenbar behält Johannemann bei seinen Vorträgen eine wichtige Information für sich: Der Anwalt berät zu dieser Zeit selbst zahlreiche Banken in Sachen Cum-Ex.

Er schreibt Gutachten, die Teile des Cum-Ex-Kreislaufes als legal bestätigen und verdient damit Millionen. Zu seinem Klientel zählt dieser Tage gerade die Maple Bank. Aber auch andere Cum-Ex-Akteure wie die britische Barclays Bank, das US-Institut Bank of America, die niederländisch-belgische Fortis oder die australische Macquarie werden später Freshfields-Gutachten zücken, wenn Fahnder durchaus unangenehme Fragen zu Cum-Ex-Geschäften stellen.

In Deutschlands wichtigster Fortbildungsstätte für Finanzbeamte, der Bundesfinanzakademie, jedenfalls werden Johannemann und seine Kanzleikollegen zwischen 2006 und 2019 Dauergäste bleiben. Mindestens 37 Mal in dieser Zeit halten sie Vorträge. Johannemann ist mindestens 26 Mal einer der Dozenten, selbst dann noch, als die Rolle Freshfields' im Cum-Ex-Skandal bereits Zeitungsseiten füllt und seine Verstrickung offenbar wird.*

Johannemanns Karriere aber scheint das nicht zu erschüttern. Im Gegenteil. Seit 2012 ist er Einkommensmillionär, im Sommer 2016 befördert ihn Freshfields zum globalen Leiter der Steuerabteilung, 2017 verdient er laut seiner Einkommenssteuerbescheide 1,9 Millionen Euro. Sein Anteil als Partner der Kanzlei, rund 1,25 Millionen Euro jährlich, wird im Jahr 2017 und in den Vorjahren nach dem

---

Verstrickungen im Cum-Ex-Skandal nicht beantworten. Man beschränke sich auf die Kommunikation mit Behörden und Gerichten. Einen Brief mit entsprechenden Fragen ließ Johannemann ebenfalls unbeantwortet.

* Freshfields wird später betonen, aufgrund rechtlicher Verschwiegenheitsverpflichtungen und vor dem Hintergrund laufender Verfahren könne man sich nur eingeschränkt äußern: »Wir nehmen die Kritik sehr ernst. Die Beratung im Cum-Ex-Kontext war sicher kein Ruhmesblatt für uns.« Keiner der in der Sache beratenden Rechtsanwälte, so die Kanzlei, sei mehr für Freshfields tätig.

Doppelbesteuerungsabkommen mit Großbritannien hierzulande als steuerfrei behandelt. Auf diese Weise unterliegt das Millionensalär nur den britischen Steuersätzen.

Doch wer hoch fliegt, kann auch tief fallen.

## Schein

Die beiden Herren, die Anne Brorhilker am Vormittag des 25. Novembers 2015 im Verhörraum des LKA empfängt, hätten mit ihrem Look und Auftreten mühelos dem Filmset des Blockbusters *Wall Street* entstiegen sein können. Ähnlich wie die Hauptdarsteller im Film, die zwei skrupellose Spekulanten mimen, tragen der Beschuldigte und sein Anwalt die Haare streng zurückgekämmt, die schnittigen Anzüge sitzen tadellos. Zu Gast sind der Schweizer Topbanker Eric Sarasin sowie der Frankfurter Wirtschaftsstrafrechtler Bernd Groß, der regelmäßig die Belange der Finanzbranche verteidigt.

Die Akten, die Staatsanwältin Brorhilker in Vorbereitung der Vernehmung durchgearbeitet hat, sind in jeder Hinsicht filmreif. Sie geben seltene Einblicke in die verschlossene Welt der Reichen und Superreichen. Eindrücklich zeigen sie, wie Banker à la Sarasin Jagd auf eine besonders begehrte Spezies machen: steinreiche Kunden, die aus ihren Milliarden weitere Millionen pressen wollen, ohne dabei ins Schwitzen zu geraten. Im vorliegenden Fall geht es um den Gründer des umstrittenen wie erfolgreichen Hannoveraner Finanzvertriebs AWD, Carsten Maschmeyer.

Im August 2005 kam es demnach zu einem Treffen der beiden. Per E-Mail bedankte sich der Schweizer Privatbankier bei Carsten Maschmeyer für das nette Kennenlernen in Hannover. Gerne werde er dem deutschen Unternehmer eine Offerte zukommen lassen. Diese landete ein paar Wochen später in Maschmeyers Briefkasten, Adresse: AWD-Platz 1, Hannover. Ein Baum prangte auf dem Briefpapier. Darunter stand in Versalien »Sarasin« geschrieben. Die eidgenössische Bank, gegründet 1841, ist eines der traditionsreichsten Geldhäuser der Alpenrepublik. Der Baum spielt auf die einstige Adresse des Stammhauses der Bank an, das Haus »Zum Eichbaum«. Die Eiche ist auch das Markenzeichen der Bank. Sie symbolisiere, so betont es Sarasin im Geschäftsbericht, feste Wurzeln, einen starken Stamm und gesundes Wachstum.

Nun wollte Eric Sarasin dem Vermögen des deutschen Finanzunternehmers Maschmeyer ein ebensolches Wachstum angedeihen lassen. Seinem förmlichen Schreiben fügte Sarasin eine 48-seitige Präsentation einer Investmentstrategie an. Doch Maschmeyer war nicht interessiert. Durch Geschäfte seiner AWD in der Schweiz hatte er zwar das Bankhaus kennen- und schätzen gelernt, doch pflegte er Kontakte zu verschiedenen großen Banken. Ein Carsten Maschmeyer, so könnte man den Subtext verstehen, hatte eine Bank Sarasin nicht nötig.

Ende November 2005 schickte Sarasin, nun schon etwas forscher, Kontoeröffnungsunterlagen. Schließlich habe Maschmeyer am Telefon berichtet, es werde ein größerer Betrag fällig. Die Kommunikation, so steht es zumindest in den Akten, blieb jedoch einseitig. Im Januar 2006 war es erneut Sarasin, der Maschmeyer anschrieb. Erneut übersandte der Schweizer dem Deutschen Informationen zu Anlageprodukten. Am 10. April 2006 bemerkte Sarasin in einem weiteren Brief, dass ja schon wieder das erste Quartal des Jahres vorbei sei. Ganz offensichtlich, ohne dass Maschmeyer angebissen hätte.

Ein Treffen in Basel im Spätsommer 2006 musste dann die bis dato einseitige Beziehung einen kleinen Schritt vorangebracht haben. Sarasin erinnerte Maschmeyer in seinem Brief vom Oktober 2006 an diese Begegnung in der Schweiz, bei der auch der frühere Bundeskanzler und Maschmeyer-Vertraute Gerhard Schröder zugegen gewesen sei. Er, Sarasin, sei ein hartnäckiger Mensch. Einmal mehr schickte der Bankier Fonds-Unterlagen. Statt mit »20 Prozent auf alles!« lockte Sarasin mit einem anderen Sonderangebot: Entscheide sich Maschmeyer noch im Jahr 2006 für ein Investment, erlasse er ihm alle Gebühren.

Immerhin, Maschmeyer meldete sich daraufhin im Dezember 2006 zurück. Allerdings nicht mit einem Auftrag, sondern mit warmen Worten zum Jahresende und einem kleinen Präsent. Ein Buch über das »Sommermärchen«, die vergangene Fußball-Weltmeisterschaft 2006 in Deutschland, lag dem Brief bei. Emotionale Bilder und ausführliche Berichte, so versprach es Maschmeyer, seien in dem Buch zu finden.

Große Emotionen folgten im Sommer 2007. Sarasins Beharrlichkeit zahlte sich nun doch aus. In seinem Brief auf AWD-Papier bedankte sich Maschmeyer beim »lieben Eric« überschwänglich für einen wunderbaren Tag in dessen traumhafter Villa mitsamt Fahrt auf dem »Hausfluss« sowie köstlichem Essen und anregenden Gesprächen. Maschmeyer seinerseits lud die Sarasins nun gleich zu drei Veranstaltungen ein. Die Party zum 20-jährigen Jubiläum des Finanzdienstleisters AWD böte ein Showprogramm vom Feinsten: Seal, Nelly Furtado, Pink und, man war schließlich in Hannover, die Scorpions träten auf. Der Friedensnobelpreisträger Kofi Annan werde eine Rede halten, der niedersächsische Ministerpräsident Christian Wulff und Bundeskanzler a. D. Gerhard Schröder ebenfalls. Die zweite Einladung war ein Angebot, gemeinsam zum Endspiel der Fußball-EM nach Wien zu fliegen. Und da er schon mal beim Thema Fußball war, lud Maschmeyer Sarasin ein, ihn zum Finale der Champions League 2009 in Rom zu begleiten. Das Restaurant »La Pergola« im Penthouse des Hilton Hotels böte nicht nur das beste Essen, sondern auch einen Blick über ganz Rom. Es würde exklusiv mittags für sie öffnen.

Im Mai 2009 waren Sarasin und Maschmeyer unter den 67000 Zuschauern im römischen Stadio Olimpico und sahen zu, wie der FC Barcelona um Superstar Lionel Messi den britischen Kontrahenten Manchester United, in dessen Reihen ein gewisser Christiano Ronaldo wirkte, schwindelig spielte. Sarasin war aufgestiegen in einen *inner circle*, eine Männergruppe, die Jahr für Jahr die Champions League Finals vor Ort live anschauten. Teil der Reisegruppe war auch Mirko Slomka, der erst kürzlich seinen Job als Cheftrainer des FC Schalke 04 losgeworden war. Die Clique um Maschmeyer hatte an jenem Abend beste Sicht, als nach 90 Minuten und einem souveränen 2:0 Sieg des FC Barcelona Carles Puyol, der Mannschaftskapitän Barcas, den silbernen Henkelpott in den Nachthimmel reckte.

Die Briefe, die Sarasin und Maschmeyer fortan wechselten, klangen freundschaftlich. Es folgten weitere Fußballspiele und Präsente. Und schließlich lockte Sarasin mit einem Angebot, das neben seiner Privatbank angeblich nur noch eine einzige weitere Bank bieten könne. Satte Renditen inklusive. Das zog. Tatsächlich investierte Maschmeyer 2010 rund fünf Millionen Euro in einen Sheridan Fonds der Bank Sarasin und strich binnen kurzer Zeit eine üppige Rendite ein. Es war ein Cum-Ex-Fonds.

Nun hatte Maschmeyer Blut geleckt. Das Investment wurde zur Familiensache. Neben Carsten Maschmeyer (sieben Millionen) steckten seine frühere Frau und auch die beiden Söhne jeweils zweistellige Millionenbeträge in den Fonds. Auch der ehemalige Trainer des einstigen Bundesligavereins Hannover 96 Mirko Slomka und die Schauspielerin Veronica Ferres beteiligten sich. Insgesamt investierten Maschmeyers *family and friends* rund 40 Millionen Euro.

Doch plötzlich blieb der versprochene Geldregen aus.

In einem Brief vom 10. Januar 2013 war denn auch von der guten Freundschaft nichts mehr zu spüren. Jetzt ging es ums liebe Geld. Nun schrieb nicht mehr der »liebe Eric«, sondern Eric G. Sarasin, Mitglied der Geschäftsleitung der Bank Sarasin. Adressiert war der Brief auch nicht an »Carsten«, sondern an Herrn Dr. Maschmeyer. Wie der Deutsche als Unternehmer, Berater und Finanzinvestor wisse, schrieb Sarasin trocken, gebe es bei solchen Anlagen Risiken und Gefahren. Ein solches Risiko sei nun eingetreten. Die Bank habe keine Chance, die Ausschüttungen zu beschleunigen. Man hoffe, die Sache gemeinsam zu einem guten Ende bringen zu können.

Es kam zu keinem guten Ende. Maschmeyer und seine Söhne hatten in Cum-Ex investiert, zu einer Zeit, als der Staat die Geschäfte längst im Visier hatte. Das Bundeszentralamt für Steuern versagte die Ausschüttung. Die reichen Investoren, darunter auch Drogeriemarktmilliardär Erwin Müller, blieben auf dem Trockenen sitzen. Sie fühlten sich verschaukelt, ihnen hätte nie jemand gesagt, dass die lukrativen Deals auf Steuererstattungen basierten, bei denen die Steuern zuvor niemand gezahlt hatte. Die Milliardäre forderten ihr Geld zurück. Nicht nur Erwin Müller erstattete über seinen Rechtsanwalt Seith Strafanzeige. Auch Carsten Maschmeyer zeigte die Verantwortlichen der Bank J. Safra Sarasin AG wegen des Verdachts des Betrugs in besonders schwerem Fall am 10. Juni 2014 an. An einem Fonds, dessen Erfolg auf Steuerhinterziehung beruhe, so Maschmeyers Rechtsanwalt, hätte sich sein Mandant niemals eingelassen. Er sei getäuscht worden und habe einen großen Schaden hinnehmen müssen.

Aus diesem Streit ergab sich der erste Cum-Ex-Fall, der bei Staatsanwältin Anne Brorhilker auf dem Schreibtisch gelandet war. Rechtsanwalt Seith hatte Brorhilker damals mit Informationen versorgt, die den Stein ins Rollen gebracht haben.

Im Sommer 2015 hatten sich die Streithähne schließlich vor der Abteilung 7 des Bezirksgerichts Zürich auf einen Vergleich geeinigt. Maschmeyer bekam demnach einen Teil seiner Verluste von der Sarasin-Bank erstattet.

Nun sitzt Eric Sarasin schon zum zweiten Mal vor der Strafverfolgerin im Vernehmungsraum. Beim ersten Mal war das Gespräch wenig ergiebig gewesen. Sarasin hat in der Zwischenzeit seinen Anwalt gewechselt und angekündigt, zur Sache aussagen zu wollen. Nach wenigen Minuten wird klar: Er wird Wort halten.

Der Banker wirkt unsicher. Die tadellose Fassade verdeckt nicht, dass dieser Mann aufgewühlt ist. Viele seiner Sätze bringt er nicht zu Ende. Mit Schweizer Akzent schildert er, dass er nach einem geplatzten Geschäft mit dem einflussreichen renommierten Steueranwalt

Hanno Berger das Gefühl hatte, diesen milde stimmen zu müssen. Er tat ihm deshalb einen folgenschweren Gefallen. Zwischen 2006 und 2010 habe die Bank Sarasin Gelder in Höhe von 42 Millionen Euro entgegengenommen. Gelder, die Hanno Berger und Kai-Uwe Steck offenbar von ihren Geschäftspartnern erwarteten. Doch die beiden Anwälte sollen darum gebeten haben, dass sich die Bank als Zahlungsempfänger dazwischenschalte. Die Sarasin-Bank, so sagt es ihr früherer Chef nun aus, habe daher Rechnungen an die Geschäftspartner von Berger und Steck geschrieben. Rechnungen, hinter denen keinerlei echte Leistungen standen. Sobald das Geld bei der Sarasin-Bank eingegangen sei, habe sie es an Gesellschaften in Steueroasen weitergeleitet, deren wirtschaftliche Berechtigte Hanno Berger und Kai-Uwe Steck seien.

Brorhilker staunt nicht schlecht. Ein Mann wie Sarasin, ausgebildet an der renommierten Suisse Banking School, mit mehreren Jahren bei der Citibank in New York und vielen Stationen bei der Privatbank Sarasin, hätte eine solche Bitte Bergers gleich misstrauisch stimmen müssen. Schließlich ging es hier um Scheinrechnungen. Solche Rechnungen werden verwendet, um den wahren, meist illegalen Hintergrund eines Geldflusses zu verschleiern.

Doch Eric Sarasin gibt an, er habe sich nichts dabei gedacht. Erst heute sei ihm klar, dass mit diesen Rechnungen etwas vertuscht werden sollte.

Brorhilker erlebt ein Déjà-vu. Da ist sie wieder, die Relativierung. So stark das Geständnis dieses Bankers ist, so unglaubwürdig wirkt dessen vorgetragene Naivität. Wieder einmal sitzt ein Geständiger vor ihr, der im Nachhinein vorgibt, nie etwas Böses im Schilde geführt zu haben.

Die Staatsanwältin geht darauf zunächst nicht ein, sie will jetzt Details hören. Wie die Sache ablief?

Nun, konkret sei es so abgelaufen, dass die Sarasin-Bank Rechnungen an Geschäftspartner von Berger und Steck gestellt hätten, zum Beispiel an die Hamburger Privatbank M.M. Warburg. Wie hoch die

Rechnungen sein sollten, habe ihm stets ein Vertrauter Kai-Uwe Stecks vorgegeben. Sobald das Geld bei der Schweizer Privatbank eingegangen sei, habe Sarasin die Summe dann an Gesellschaften in Luxemburg oder auf den Britischen Jungferninseln weitergeleitet, deren wirtschaftlich Berechtigte Hanno Berger und Kai-Uwe Steck gewesen seien. Die Absprachen hierzu seien mündlich erfolgt.*

Anne Brorhilker ist elektrisiert. Schließlich sind ihr komische Geldströme auch schon bei der Warburg-Bank aufgefallen. Die Sache riecht nicht nur nach Geldwäsche. Sie könnte auch der Beweis dafür sein, dass sich Hanno Berger und Kai-Uwe Steck heimlich mittels der Cum-Ex-Fonds bereichert hätten. Das könnte gleich aus mehreren Gründen verdächtig sein. Zum einen hätten die Anwälte direkt an einem Geschäftsmodell mitverdient, zu dem sie zuvor Gutachten geschrieben haben. Sie wären also als Gutachter befangen und nicht unabhängig. Zum anderen hätten sie dies gegenüber ihren Kunden womöglich nicht offengelegt und sie somit vielleicht betrogen.

Brorhilker will Beweise für diese Geldflüsse. Unbedingt. Doch ihr Gast winkt mit Verweis auf das Schweizer Bankgeheimnis ab. Er habe zwar Unterlagen in seinem Aktenkoffer, dürfe diese aber nicht aushändigen. Gegen 11 Uhr unterbricht Brorhilker die Vernehmung plötzlich. Sie hat eine Idee. Eilig verschafft sie sich bei Ermittlungsrichter Gebbensleben die Zusage, die Unterlagen kurzerhand beschlagnahmen zu dürfen. Der Inhalt des Aktenkoffers wandert noch am gleichen Tag auf ihre Seite.

Den Schweizer Banker lässt sie hingegen von der Angel. Nicht nur, weil er zur Aufklärung des Sachverhalts beigetragen hat, sondern, weil er im Verlauf des weiteren Gesprächs glaubhaft nachweisen konnte, dass er nicht in das Cum-Ex-Tagesgeschäft eingebunden war und auch nicht wusste, worauf die Gewinne tatsächlich basier-

---

* Die Schweizer Privatbank wird Nachfragen hierzu später unbeantwortet lassen.

ten. Mit einer Geldbuße von rund 200 000 Euro kommt Sarasin davon. Das Verfahren gegen ihn wird eingestellt.

Ganz anders sieht es in Sachen Hanno Berger und Kai-Uwe Steck aus. Getreu der Ermittlerweisheit: »*Follow the money* – wenn du ein Verbrechen aufdecken willst, folge der Spur des Geldes«, heftet sich Brorhilker den beiden Anwälten enger denn je an die Hacken.

## Panik

Im Frankfurter »Skyper«-Hochhaus, Stockwerk Nummer 32, plagen einen der Anwälte im Team von Hanno Berger Zweifel. Das BMF-Schreiben des Finanzministeriums von 2009, so sieht das der Jurist, markiert eindeutig einen Wendepunkt. Der Gesetzgeber betont darin, dass bei Cum-Ex-Gestaltungen die Gefahr einer mehrfachen Bescheinigung von Dividendensteuern bestehe, obwohl die Steuer nur einmal einbehalten worden sei. Der Gesetzgeber benennt auch ein zentrales Merkmal, um die fragwürdigen Cum-Ex-Geschäfte zu entlarven: Wenn zwischen den Beteiligten auf allen Seiten Absprachen bestehen, sei ihnen bewusst, dass in Wahrheit keine Steuer abgeführt worden sei. Aus diesem Grund verlangt der Fiskus nun »Berufsträgerbescheinigungen«: Alle, die verdächtige Geschäfte tätigen, müssen sich von einem Wirtschaftsprüfer schriftlich bestätigen lassen, dass es keine Absprachen gegeben hat. Die Botschaft ist unmissverständlich: Der Bund will Cum-Ex beenden.

Der Anwalt aus Bergers Kanzlei weiß nur zu gut, dass sich damit das vermeintliche juristische Fallnetz, das die Cum-Ex-Branche absichern sollte, in Luft aufgelöst hat. Konnten sich bis dato alle an Cum-Ex-Beteiligten noch irgendwie einreden, dass der Gesetzgeber mit dem Jahressteuergesetz 2007 den Steuerdiebstahl billigend in Kauf genommen habe, ist mit dem BMF-Schreiben 2009 nun vollkommen klar, dass der Staat Cum-Ex verhindern möchte, und zwar in jedem Fall. Niemand, so folgert der Anwalt, könne sich jetzt noch gutgläubig stellen, sollten die Steuerbehörden die Cum-Ex-Geschäfte unter die Lupe nehmen. Mitte 2009 beschließt er, dass er so schnell wie möglich eine Exit-Strategie braucht. Das Spiel ist aus und vorbei.

Der Entschluss lässt die Gedanken des Anwalts zurück in die Vergangenheit schweifen, als alles so verheißungsvoll begann. Erst vor sechs Jahren war er hierhergekommen. Nach Frankfurt. Zu Hanno Berger und Kai-Uwe Steck. Bei einem Treffen ehemaliger Jurastudenten der Uni Osnabrück im Mai 2003 hatte er seiner Erinnerung nach nicht nur jene Ex-Kommilitonin wiedergetroffen, die er wenig später zur Frau nehmen würde, sondern auch seinen alten Studienkumpanen Kai-Uwe. Wie zu Uni-Zeiten verstanden sich die beiden einstigen Vorzeigestudenten prächtig. Im Sommer 2005 meldete sich dann Steck plötzlich mit einem Anruf bei ihm. Wie glücklich er noch bei seinem Arbeitgeber, dem Wirtschaftsprüfkonzern KPMG, sei? Der Anwalt antwortete ehrlich, dass er gar nicht happy sei, aus verschiedenen Gründen. Steck schlug ihm daraufhin vor, sich bei Hanno Berger zu bewerben. Der Anwalt war begeistert. Berger war eine Lichtgestalt. In der Fachzeitschrift *Juve* galt er als *rain maker*, jemand, der das Geld herunterregnen lassen konnte. Berger belegte in den Rankings für Steueranwälte konstant die Spitzenplätze. Und tatsächlich heuerte der Anwalt zum Juni 2006 in Bergers Team bei der Kanzlei Dewey an. Jahresgehalt: 165 000 Euro.

Die ersten Monate fühlten sich an, als habe ihn Uli Hoeneß gerade zum FC Bayern gelockt. Der Anwalt schwebte geradezu über die Gänge. Das hier war Champions-League. Doch, auch das spürte er schnell, in der Königsklasse ging es brutal zu. Vor 23 Uhr konnte man das Büro nicht verlassen, ohne dass Kollegen frotzelten, ob man einen halben Tag Urlaub genommen habe. Und auch Kai-Uwe, seinen alten Studienkollegen, erkannte der Anwalt kaum wieder. Ungläubig will er beobachtet haben, wie Steck telefonierend in die Herrentoilette ging, immer weitersprach und schließlich telefonierend wieder herauskam. Keine Sekunde durfte vergeudet werden. Jede Sekunde hatte man Vollgas zu geben. Und das tat auch er. Emsig machte er sich beispielsweise daran, die Lage in ganz Europa auszukundschaften. Ließen sich auch in anderen Ländern als in Deutschland Cum-Ex-Geschäfte umsetzen? Im Juni 2007 verschickte er in der Kanzlei eine Mail mit dem Betreff »MM Warburg«. Darin fand sich eine Übersicht über die Möglichkeit der Geschäfte, etwa in Frankreich, Spanien, Österreich, Finnland, der Schweiz und in den Niederlanden. In Österreich gebe es bereits Banken, die die Geschäfte realisierten. Die Kanzlei Berger, Steck und Kollegen spielte offenbar mit dem Gedanken, auch in Europa das große Rad zu drehen. Und der Mitarbeiter war lange Zeit mit dabei. Bis er eben Mitte 2009 nur noch raus will.

Inzwischen Vater geworden, möchte er auch Zeit mit seiner Familie verbringen, sein Kind aufwachsen sehen. Abgesehen vom BMF-Schreiben, das ihm auf die Füße fallen könnte, hat außerdem der Bundesfinanzhof jüngst ein Urteil erlassen, dass der Jurist für brandgefährlich hält. Demnach werden auch Berater als Mittäter einer Steuerhinterziehung angesehen, wenn es sich bei den Deals um reine »Luftgeschäfte« handelt. Geschäfte also, die nur wirtschaftlich Sinn ergeben, wenn am Ende ein ungerechtfertigter Steuervorteil »gezogen« wird. Nein, befindet der Anwalt, so kann es nicht weitergehen, die ganze Nummer hier wird zu heiß, zumal der Think-Tank um Hanno Berger bereits neue Modelle ersonnen hat, bei denen die gefährlichen Deals über Publikumsfonds weiterlaufen sollen.

Als ein Headhunter ihm den Job in einer anderen Großkanzlei schmackhaft macht, schlägt der Anwalt zu. Im März 2010 beginnt er bei seiner neuen Stelle im Rheinland. Die Zukunft kann kommen.

Doch eine Sache quält den Anwalt zunehmend. Wie soll er mit seiner Vergangenheit umgehen? Schließlich prangt sein Name auf einigen Cum-Ex-Gutachten gleich neben dem von Hanno Berger. Der Anwalt vertraut sich Kollegen in der neuen Kanzlei an. Sie beruhigen ihn, er müsse sich keinesfalls selbst anzeigen. Dennoch will der Anwalt das Ganze nicht auf sich beruhen lassen, er will etwas unternehmen, um Cum-Ex zu stoppen. Vielleicht macht es sich auch nicht schlecht, wenn er sich als Whistleblower outen könnte, falls die Staatsanwaltschaft denn doch irgendwann einmal an seiner Haustür klingelt.

Am 23. März 2010 um 18.47 Uhr sitzt der einstige Berger-Vertraute im Büro seines neuen Arbeitgebers in Köln und klickt auf »senden«. Seine E-Mail beinhaltet nur vier Worte: »Wie besprochen. Bitte löschen.« Der Empfänger ist ein alter Bekannter, ein Regierungsdirektor des Bundeszentralamtes für Steuern. Der hohe Finanzbeamte leitete seinerzeit die Informationszentrale für steuerliche Auslandsbeziehungen, kurz IZA, der obersten Steuerbehörde. Aus der Bekanntschaft wurde irgendwann mehr. Man bot sich das »Du« an. Seit 2006 trinken sie ab und zu ein Feierabendbier in der Kneipe.

Vor dem E-Mail-Versand verabredeten sich die beiden auf ein vertrauliches Gespräch in Bad Honnef. Der Berger-Vertraute wirkte total aufgelöst. Ihn schienen Ängste zu plagen. In einer Nacht-und-Nebel-Aktion, so berichtete es der Anwalt seinem Bekannten aus der Finanzverwaltung, habe er wenige wichtige Sachen ins Auto geschmissen und der Kanzlei in Frankfurt den Rücken gekehrt. Nun bat der Anwalt seinen Bekannten vom Bundeszentralamt um eben diesen einen Gefallen.

Der Mail des Anwalts hängt eine PDF-Datei mit dem Titel »Stripping« an. Auf anderthalb Seiten beschreibt der Anwalt, dass das BMF-Schreiben vom Mai 2009 nach wie vor faktisch die angestrebte Wirkung verfehle. In der aktuellen Dividendensaison liefen die Geschäfte weiter, und zwar über Investmentvermögen, genauer: über Publikumsfonds. Jene Ausnahme, die die Branche dem Bundesfinanzministerium erfolgreich untergejubelt hatte.

Der Anwalt gibt gleich eine Handlungsempfehlung, wie ein »derartiges, kollusives Zusammenwirken von Marktteilnehmern gegenüber und zu Lasten des Fiskus« verhindert werden könne. Nämlich indem man kurzfristig ein weiteres BMF-Schreiben erlasse, nach dem gerade die Investmentvermögen, die verdächtige Geschäfte getätigt hatten, gesondert geprüft würden. Und dann gibt der Anwalt dem hohen Finanzbeamten des Bundeszentralamtes für Steuern sogar noch einen konkreten Tipp: Die Avana Investmentgesellschaft mache aktuell genau solche Geschäfte. Die beteiligte Depotbank sei die Caceis Bank Deutschland mit Sitz in München.

Wie abgesprochen schickt der Regierungsdirektor, bevor er die E-Mail des Anwalts löscht, die PDF-Datei an den zuständigen Kollegen im Bundesfinanzministerium weiter: Michael Gierlich.

Der Anwalt ist zufrieden. Er hat sein Gewissen erleichtert, ist der Hinweis doch geeignet, die Sache ein für alle Mal zu stoppen. Auf den Regierungsdirektor ist Verlass, das weiß er.

Bei privaten Treffen hatte der Anwalt dem Regierungsdirektor in den vergangenen Jahren immer wieder die Steuergutachten für Cum-Ex-Konstruktionen aus dem Hause Berger vertraulich vorgelegt. Der hohe Finanzbeamte hatte sich eingelesen, die Sache geprüft und war zu dem Schluss gekommen, dass das nichts Verwerfliches und durchaus rechtens sei.

Ein hoher Beamter, ein großes Team im Bundeszentralamt für Steuern unter sich, kannte somit die Cum-Ex-Geschäfte, noch während sie liefen – und hatte nichts daran auszusetzen. Auf die Idee, seine oder andere Behörden einzuschalten, kam er offenbar nicht.

Später wird der Regierungsdirektor als Zeuge bei Gericht einräumen, dass er sensibler hätte sein müssen. Es sei »allgemeine Meinung« gewesen, so wird er sein Verhalten verteidigen, dass die Geschäfte zulässig seien. In der Praxis seien die Anträge ja vom Bundeszentralamt bearbeitet worden und auch so durchgelaufen. Er sei damals davon ausgegangen, dass die Rechtslage unklar gewesen sei. »Natürlich«, wird der Beamte vor dem Gericht sagen, »ist das alles unglücklich gelaufen, und aus heutiger Sicht hätte man das bestimmt anders gemacht, wenn man den Wissensstand von heute gehabt hätte.«

Im Herbst 2010 wird der einstige Berger-Mitarbeiter misstrauisch. Er fragt sich, warum noch immer kein BMF-Schreiben ergangen ist. Hat das Bundesfinanzministerium etwa die ganze Dividendensaison über sehenden Auges riesige Millionensummen an Steuergeldern Cum-Ex-Akteuren überlassen? Wenn das von ihm vorgeschlagene BMF-Schreiben jetzt noch käme, müsste es auf alle Fälle rückwirkend gelten, sonst wären ja die Steuergelder der Dividendensaison 2010 ebenfalls verloren.

Der Anwalt beschließt, einen weiteren Hebel in Gang zu setzen. Doppelt hält besser. Er meldet sich bei Felix Podewils, einem weiteren früheren Mitglied des Teams Berger. Podewils ist in seinen Augen nicht nur angstfrei, der Mann ist auch hochintelligent. Ob Podewils nicht Lust habe, einen kritischen Aufsatz über Cum-Ex in einer Fachzeitschrift zu veröffentlichen? Er hatte sich in Podewils nicht geirrt, der Mann sagt zu. Kurze Zeit später liefert er einen Text, der wie eine Granate einschlagen wird, beschreibt er doch klar und deutlich, was bisher alle Fachaufsätze kategorisch ausgeschlossen haben: dass Cum-Ex-Geschäfte strafbare Steuerhinterziehung sind und selbst die Berater in den Fokus der Ermittler geraten könnten. Eigentlich müsste nun auch der Letzte im Bundesfinanzministerium begreifen, dass die Nummer eher etwas für den Staatsanwalt, denn für neue Steuergesetze ist.

Das Berliner Bundesfinanzministerium frickelt unterdessen weiter an den deutschen Steuerrichtlinien herum, allen voran das Referat unter Michael Gierlich, das auf einmal einen Schwachpunkt im BMF-Schreiben von 2009 erkannt haben will. Im September 2010 schickt ein neuer Mitarbeiter Gierlichs einen Vorschlag für neue Regelungen an die obersten Finanzbehörden der Länder. »Praxiserfahrungen« hätten gezeigt, dass die bereits erlassenen BMF-Schreiben konkretisiert werden müssten, etwa durch die Ausweitung der Regelung auf Publikums- und Investmentvermögen. Diese neuen Regeln sollten bis auf Weiteres auch für Dividenden gelten, die den Fonds nach dem Jahr 2009 zugeflossen seien. Bereits am 21. September 2010 wird daraufhin ein neues BMF-Schreiben veröffentlicht und damit zu einer verbindlichen Anweisung an alle Finanzämter.

Es dauert allerdings nur vier Monate, da meldet sich ein Finanzbeamter aus Hessen bei einem Kontakt im Bundesfinanzministerium. Das neue BMF-Schreiben regele jetzt zwar inländische Publikumsfonds, ihm seien jedoch Fälle bekannt, die über das Ausland weiterliefen: »Wir haben jedoch Hinweise erhalten, dass die Papiere in 2011 speziell für diese Zwecke gegründete irische Fonds geschleust wurden.« Über das Doppelbesteuerungsabkommen mit Irland würden sehr wahrscheinlich noch immer Steuergelder erstattet. Ob man nicht »auf die Schnelle« ein weiteres BMF-Schreiben herausgeben könne, gegebenenfalls »einen Zweizeiler«?

Nicht nur wegen dieser Erfahrung wird der neue Bundesfinanzminister Wolfgang Schäuble (CDU), seit Oktober 2009 im Amt, später die griechische Mythologie bemühen, um den Kampf gegen die Steuerhinterziehungs-Industrie zu beschreiben. Nach der Veröffentlichung der »Panama Papers« durch WDR, NDR und *Süddeutscher Zeitung*, die ein Schlaglicht auf Briefkastenfirmen geworfen hatten, sagt Schäuble 2017, der Versuch, diese Industrie zu stoppen, gleiche dem Kampf von Herakles gegen die Wasserschlange Hydra: Schlägt man ihr einen Kopf ab, wachsen zwei neue hinterher.

## Kronzeuge

Anne Brorhilker steht vor einem möglichen Durchbruch. Wenn es stimmt, was die Anwälte eines Beschuldigten behaupten, wird heute, am 7. November 2016, ein Insider auspacken. Endlich. Kein geringerer als Kai-Uwe Steck hat sich angekündigt, einer der namensgebenden Partner der Kanzlei Berger, Steck und Kollegen. Hanno Bergers wichtigster Kollege. Hanno Bergers Ziehsohn, wie viele sagen.

Nur wenige Wochen zuvor, im Juli, hatte Berger den wankenden Steck versucht einzunorden. »Hallo Kai-Uwe«, schrieb er in einer Nachricht. Er, Berger, habe sich die Akten der Staatsanwaltschaft Köln angesehen. »Eines steht für mich fest: Wenn nicht drastische Maßnahmen durch eine Phalanx von Verteidigern nach einem zuvor geführten (gut vorbereiteten) Gespräch mit der StA Köln, das vermutlich erfolglos verlaufen wird, ergriffen werden, haben wir nicht die geringste Chance aus der Sache Heil herauszukommen.« Es werde immer neue Durchsuchungs- und Beschlagnahmebeschlüsse geben. »Das Verfahren ist einmalig und hochpolitisch. Schriftsätze sind zwar notwendig, aber nicht hinreichend, da sie nicht gelesen werden. Aussagen von Einzelnen werden niemals die zwischen den verschiedenen Behörden aufgrund von Weisungen von ganz oben abgestimmte Vorgehensweise zu Fall bringen. Es hilft nur das gemeinsam geführte scharfe Schwert! V. G. Hanno«

Kurze Zeit später kam es zu einem Treffen in einem Besprechungsraum am Flughafen Zürich. Sechs Beschuldigte mitsamt ihrer teuren Strafverteidiger waren zugegen. Sie alle hatten das gleiche Problem: eine ehrgeizige Staatsanwältin, die einfach nicht Ruhe geben will. Und sie alle hatten einen Plan: Brorhilker mundtot machen.

Zu dem Meeting geladen hatte Hanno Berger. Zu Beginn der Sitzung ließ er für jeden Teilnehmer Unterlagen, gelb markierte Gesetzestexte, verteilen. Er referierte den Inhalt. Und versuchte, die Teilnehmer vehement von seiner Interpretation der Gesetze zu überzeugen. Anderthalb Stunden lang versorgte Berger seine »Phalanx«, wie er sie nannte, mit allen möglichen Gründen, warum sie unschuldig seien. »Wir haben schon viel erreicht«, soll er der Erinnerung zweier Teilnehmer nach referiert haben. »Die Staatsanwaltschaft ist gerade am Anfang einer kriminellen Karriere.« Tatsächlich hatten Berger und Co bereits Strafanzeigen eingereicht – wegen der »Verfolgung Unschuldiger«. Alle um den Konferenztisch herum waren sich einig: Wenn sie nur zusammenhielten, werde dieses Unwetter vorbeiziehen. Alle? Nein. Der Anwalt des wichtigsten Berger-Kompagnons legte, so schilderte es Steck später, seine Hand auf den Tisch – und widersprach: »Wir machen es genau andersrum.« Steck werde aussagen. Der wortgewandte Berger soll daraufhin in sich zusammengesackt sein.

Was Steck letztlich dazu bewogen hat, kann Brorhilker nur ahnen. Der Druck der Ermittlungen auf die Beschuldigten scheint Früchte zu tragen. Immerhin hatte das LKA Stecks E-Mail-Kommunikation umfangreich ausgewertet, was in ihrer Akte vermerkt und somit auch für den Betroffenen einsehbar war. Offenbar hat Steck, selbst Jurist, nun kalte Füße bekommen, als er gesehen hat, was die Fahnder schon alles durch die Großrazzia, die Telekommunikationsüberwachung und weitere Nachforschungen an belastendem Material zusammengetragen haben.

Nun wartet die Staatsanwältin in einem kleinen Besprechungsraum im Düsseldorfer Landeskriminalamt zusammen mit zwei Kriminalpolizisten, einer weiteren Staatsanwältin und einem Staatsanwalt auf den redewilligen Insider und fragt sich, was die bevorstehende Vernehmung wohl bringen werde. Ihr Bestreben ist immer, möglichst zügig an verwertbare Aussagen zur Tat zu kommen. Dazu muss sie einen Täter näher kennenlernen, ihn gewissermaßen »knacken«. Wenn es gut läuft, kommen dann auch die Beweggründe zur Sprache. Aus diesem Grund überlässt sie die Befragungen auch nicht den dafür ausgebildeten Kriminalbeamten, sondern ist selbst zugegen.

Sie weiß: Das ist kein Selbstläufer. Viele Vernehmungen, die sie angefangen hat, haben sich nicht in die gewünschte Richtung entwickelt. Selbst wenn die Verteidiger es durchaus befürwortet hätten, hat sich eben nicht jeder Mandant dazu durchringen können, reinen Tisch zu machen. Nicht selten sind Beschuldigte auch nur zur Vernehmung erschienen, um herauszufinden, was die Staatsanwaltschaft schon weiß, und um dann zu versuchen, eine eigene Geschichte zu platzieren.

Jetzt betritt ein sportlich wirkender Mann, die schwarzen Haare ob der hohen Stirn kurz geschoren, den Verhörraum. Große dunkle Augen blicken aus dem jungen Gesicht, welches Anne Brorhilker mit dem bislang so abstrakten Fall fortan verbinden wird. Begleitet wird der Beschuldigte von zwei Verteidigern. Professor Dr. Tido Park ist schlank und hochgewachsen, grauer Haarkranz, die Brille rahmenlos. Professor Dr. Alfred Dierlamm dagegen ist bullig, braun gebrannt, Hände groß wie Frühstücksteller. Beide Anwälte zählen zu den gefragtesten ihrer Zunft.

Vor Anne Brorhilker rückt Kai-Uwe Steck den Stuhl zurecht. Wie sein früherer Mentor Hanno Berger lebt Steck in der Schweiz. Er hätte sich dort verbarrikadieren können, in der Hoffnung, wegen Steuersachen niemals ausgeliefert zu werden. Doch nun sitzt er hier und unterschreibt schwungvoll die Belehrung. Keine Frage, was der Mann zu sagen hat, könnte von größter Bedeutung sein.

Um 9.43 Uhr beginnt Steck laut Protokoll zu sprechen – und nimmt die Ermittler in den folgenden acht Stunden mit in seine Welt.

Die ersten 30 Jahre seines Lebens umreißt der Familienvater und Ehemann einer Rechtsanwältin in kurzen Zügen. Aufgewachsen mit zwei Geschwistern in Friesland, in einem Örtchen namens Sande, hat Steck als Jugendlicher im Heizungsbetrieb seines Vaters mitgearbeitet. Nach dem Fachabi am Wirtschaftsgymnasium in Wilhelmshaven und dem Wehrdienst studierte er an der Uni Osnabrück Jura mit Fachrichtung Wirtschaftsrecht. Steck schloss mit Prädikat ab – und empfahl sich für eine Doktorandenstelle. In seiner Doktorarbeit befasste er sich mit einem Rechtsvergleich zwischen Investmentfonds in Deutschland und in den USA. Die Volkswagenstiftung zahlte dem Jung-Juristen nicht nur die Doktorandenstelle, sondern auch den Aufenthalt an der New York University. Daneben hatte Steck noch eine halbe Stelle an einem Institut, das von der US-Kanzlei Shearman and Sterling bezahlt wurde. Wenn er auch sein zweites Staatsexamen mit Prädikat ablege, so das Versprechen, könne er bei der internationalen Großkanzlei mit Tausenden Anwälten und in der Zentrale direkt an der New Yorker Wall Street anfangen. 2001 startete Steck bei Shearman and Sterling in Frankfurt als »Associate«, als angestellter Rechtsanwalt.

Um den Fahndern das Innenleben einer globalen Anwaltskanzlei näherzubringen, wählt Steck einen Vergleich: So wie es im handwerklichen Betrieb seines Vaters Lehrlinge, Gesellen und Meister gebe, so gebe es bei einer solchen Kanzlei angestellte Anwälte, Vertragspartner und Anteilsinhaber. Er, Steck, habe nach der Jahrtausendwende entsprechend als Lehrling begonnen.

Ein Zufall, so schildert es Steck, hat ihn in Kontakt mit einem der Meister gebracht. Gleich neben seinem Büro habe ein gewisser Hanno Berger, bei Shearman and Sterling Mitinhaber und Steuerchef, sein Büro gehabt, obwohl beide an völlig verschiedenen Themen arbeiteten und zwei Jahre lang nichts miteinander zu tun gehabt hätten. Wie ein Kokon sei Bergers berüchtigte Steuerabteilung abgeschottet gewesen. Für Steck ein *closed shop*.

Bis ihm 2003 ein Papier aus Bergers Steuerabteilung in die Hände gefallen sei. Steuerlich habe er das nicht bewerten können, aber auf seinem Spezialgebiet, dem Aufsichts- und Investmentrecht, da hatte dieser Berger ein paar Dinge nicht bedacht. Steck sah eine Chance gekommen, informierte seinen Chef. Die Großkanzlei war ein Piranhabecken. Und so schmierte Stecks Chef bei der nächsten Gelegenheit diesem Hanno Berger dessen Versäumnisse vor versammelter Führungsriege aufs Brot. Ein Mitarbeiter namens Steck habe da einige Fehler entdeckt. Die Folge: Steck sollte seinen Büronachbarn nun besser kennenlernen.

Niemals, sagt Steck aus, werde er vergessen, wie Berger, 1,90 Meter groß, 120 Kilogramm schwer, zu seiner Sekretärin gestampft sei, mit der Frage, wer denn dieser Steck sei? Wo er ihn finde? Kurze Zeit später habe Steck verloren in dem 40 bis 50 Quadratmeter großen Nachbarbüro gestanden. Hausherr Berger, zunächst schroff und abweisend, habe ihm schließlich zugehört. Der Steuer-Superstar lud den Nachwuchsanwalt sogar in seinen *inner circle* ein: den Think-Tank.

Diese Denkfabrik der Steuerabteilung tagte regelmäßig. Meister Berger saß an der Stirnseite eines großen Konferenztischs, seine Gesellen, ihres Zeichens hochdekorierte und hochbezahlte Steueranwälte, präsentierten die neuesten Entwicklungen von den Längsseiten aus. Die vertraulichen Informationen und Dokumente, die hier gewälzt wurden, so Steck, seien ihnen von Kontakten zugespielt worden. Aus den Banken und Lobbyverbänden, aus anderen Kanzleien – aber auch aus der Finanzverwaltung und dem Bundesfinanzministerium in Berlin. Manchmal, mutmaßt Steck, habe der Think-Tank Gesetzesänderungen früher gekannt als das Parlament im Deutschen Bundestag. Bis in die Nacht hätten die Experten dann beisammengesessen und überlegt, welche Auswirkungen die neuen Regelungen hätten, wie man daraus Profit schlagen könne.

2004 habe Berger ihn unerwartet eingeladen, mit nach New York zu reisen. Zum ersten Mal in seinem Leben sei er Business Class geflogen. Ledersitz an Ledersitz mit dem großen Hanno Berger. Steck, der als Doktorand in New York knapp bei Kasse gewesen war, checkte nun im luxuriösen New York Palace Hotel ein, bei einem Absacker bot Berger seinem Schützling das »Du« an. Und der Hanno hatte noch etwas anderes im Sinn. Am folgenden Tag werde er sich mit einem mitgeschäftsführenden Partner der Großkanzlei Dewey & Ballantine treffen. Es werde darum gehen, ob Berger dorthin wechseln werde – und ob Steck mitkommen wolle. Steck wollte – und baute als Vertragspartner einen »German Desk« in London auf. Steck hatte sein Gesellenstück hingelegt.

Die Meisterprüfung bestand er nur zwei Jahre später. Ein Partner sei zu ihm gekommen und habe knapp gesagt, Steck sei im Meisterkreis aufgenommen. Dem verdutzten Deutschen legte der Chef einen Hunderte Seiten schweren Vertrag auf den Tisch. Nur unterschreiben, nicht lesen, habe die Ansage geheißen. Diesen Vertrag zu unterschreiben, sei eine Ehre. Seit 1911 sei er nicht mehr verändert worden. Niemand lese ihn, bevor er ihn unterschreibe. Einen Tag später sei es zu einem weiteren Ritual gekommen. Steck sei in einen Besprechungsraum gebeten worden. Über einen großen Bildschirm seien Jungpartner und Partner der Kanzlei auf der ganzen Welt zugeschaltet gewesen. Vor ihm habe ein kleines Glas auf dem Tisch gestanden, genauso wie bei den anderen auch. Der Inhalt: ein Sherry aus dem Jahr 1911. Nach alter Vater Sitte, habe es geheißen, dann tranken alle den edlen Tropfen. Was Steck erst später realisierte: Der Drink war nicht gänzlich umsonst. Als Mitinhaber musste er sich mit 180 000 US-Dollar in die Kanzlei einkaufen. Einen entsprechenden Kredit bei Barclays organisierten die lieben Kollegen gleich mit.

Im Jahr 2010 bekam das Bild erste Risse. Hanno Berger und seinen inzwischen erfolgreicher Ziehsohn Kai-Uwe Steck plagten Zweifel, ob die zu Dewey & LeBoeuf fusionierte Kanzlei noch seriös geführt werde. Heimlich schmiedeten die beiden Anwälte Pläne, sich mit einer feinen Anwaltsboutique in Frankfurt selbstständig zu machen. Ihre besten Kolleginnen und Kollegen fragten sie, ob sie mitkämen.

Die Kanzlei Berger, Steck und Kollegen war geboren. Das schlechte Gefühl bezüglich ihres früheren Arbeitgebers sollte sich nur kurze Zeit später bewahrheiten. Dewey & LeBoeuf ging spektakulär pleite. Die Gier nach Boni und teuren Büros, so die Schlagzeilen im Jahr 2012, hätten die Großkanzlei in den Ruin getrieben.

Doch auch der Kanzlei Berger, Steck und Kollegen sollte es nicht besser ergehen. Eine Razzia im Herbst 2012, so schildert es Steck, sei der Wendepunkt gewesen. Berger habe sich in die Schweiz abgesetzt – und alle im Stich gelassen. Er, Steck, habe dafür gesorgt, dass ein Großteil des Teams in einer anderen Großkanzlei untergekommen ist. Auch er habe sich etwas Neues gesucht. Den Job habe er nun gekündigt. Er sei eine Belastung für die Kanzlei, könne ohnehin kaum arbeiten, weil er ständig mit Ermittlern beschäftigt sei. Das alles sei existenzgefährdend, seine Ehe stehe auf dem Spiel. Er stehe unter immensem Druck.

Lange hält sich Anne Brorhilker zurück. Lange lässt sie den Beschuldigten sprechen. Doch nun schreitet sie ein. So schillernd und wortreich die Erzählungen auch sind, so fragwürdig verhält sich dieser Steck, wenn es um das eigentliche Thema geht. Cum-Ex. Zwar malt er Schaubilder und erklärt damit, wie die »Grundstruktur« ausgesehen habe, behauptet aber auch, dass sie es nicht auf eine doppelte Erstattung der Kapitalertragssteuer abgesehen hätten, dass das höchstens ein Nebeneffekt gewesen sei. Die Gewinne stammten, so Stecks unterschriebene Aussage, aus »Arbitrage-Gewinnen«. Zu den steuerlichen Einzelheiten könne er leider nichts sagen. Für ihn als Bankenrechtler klinge das ohnehin wie Chinesisch.

Arbitrage-Gewinne, Nebeneffekt – all das kommt Brorhilker nur zu bekannt vor. Aus den fragwürdigen Gutachten der Kanzlei. Will dieser Steck ihr tatsächlich die Geschichte vom ahnungslosen Bankenanwalt auftischen?

Die nächsten Vernehmungstage laufen nicht besser. Der Beschuldigte wird zu zahlreichen Geldflüssen befragt. Er bleibt im Vagen. Er wird mit Rechnungen, die wie Scheinrechnungen wirken und mit denen mutmaßlich die wahren Gründe für die Überweisungen verschleiert wurden, konfrontiert. Auf vieles könne er sich keinen Reim machen. Anne Brorhilker und die erfahrenen Kriminalhauptkommissare der Ermittlungskommission »Tax« lassen nicht locker. Sie vermuten hinter den Geldströmen, die über Luxemburg und andere Steueroasen liefen, eine Geldverteilungsstelle von mutmaßlichen Cum-Ex-Erträgen. Durch das Geständnis des Schweizer Privatbankiers Eric Sarasin wissen sie längst von den Scheinrechnungen, mit denen Gelder auf Offshore-Konten transferiert wurden. Konten, deren wirtschaftliche Berechtigte Hanno Berger und Kai-Uwe Steck gewesen sein sollen. Doch noch gibt Steck vor, viele Hintergründe nicht zu kennen. Und noch lässt Anne Brorhilker den Beschuldigten im Glauben, dass sie ihm das abnimmt.

# Ungehört

Im Mai 2011, so scheint es zunächst, kommt zumindest ein Kontrolleur in der Hochfinanz seiner Wachhundfunktion nach. Es ist KPMG, einer der vier größten Wirtschaftsprüfkonzerne auf der Welt. Im Auftrag der Öffentlichkeit sollen die Prüfer die Bilanzen von Unternehmen überwachen und Alarm schlagen, wenn sie auf Risiken stoßen. Nach der weltweiten Finanzkrise sollen sie besonders bei Banken und Versicherungen hinschauen. So hat es ihnen der Gesetzgeber aufgetragen. Weltweit dominieren vier Konzerne diesen Markt: KPMG, Deloitte, Pricewaterhouse Coopers und Ernst & Young (EY). In der Branche werden sie ehrfürchtig »Big Four« genannt.

Tatsächlich schlägt KMPG als Prüferin einer Hamburger Investmentgesellschaft im Mai 2011 Alarm, und zwar mit einer Meldung nach Paragraf 29 des Kreditwesengesetzes. Demnach hat der Prüfer unverzüglich die Bankenaufsicht BaFin zu informieren, wenn ihm bei der Prüfung Tatsachen auffallen, welche den Bestand einer Bank oder Finanzfirma gefährden oder ihre Entwicklung beeinträchtigen könnten.

Als die KPMG-Prüfer die Zahlen der Varengold Investment AG durchleuchteten, stolperten sie genau über solche existenzgefährdenden Risiken. In ihrer Meldung an die oberste deutsche Bankenaufsicht BaFin beschreiben die Prüfer ein Geschäft, das womöglich später von Finanzämtern kassiert werde, wenn diese es nochmals genauer prüften. Es geht um erstatte Kapitalertragssteuern, die die Investmentgesellschaft eingenommen hatte, und die Frage, ob für diese Erstattungen überhaupt die Voraussetzungen gegeben waren. Sollte sich herausstellen, so die Prüfer, dass die Steuern ohne Grundlage erstattet wurden, sei der Fortbestand der Gesellschaft in Gefahr. Ohne das Kind beim Namen zu nennen, haben die Prüfer der obersten deutschen Bankenaufsicht ein Cum-Ex-Geschäft gemeldet. Und zwar in einer Zeit, in der die Mutterbehörde der BaFin, das Bundesfinanzministerium, bereits fieberhaft an einem Gesetz arbeitet, Cum-Ex endgültig zu stoppen.

Dennoch wird die Warnung folgenlos bleiben.

Dabei war wohl schon beim ersten Aufeinandertreffen eines KPMG-Steuerexperten mit zwei Managern der Hamburger Varengold-Bank im Dezember 2009 zu erahnen, dass hier fragwürdige Deals gemacht würden. Der Gründer der Bank persönlich stellte damals das entsprechende Geschäftsmodell von Cum-Ex vor. Vor dem KPMG-Prüfer stand ein schlaksiger junger Kerl, ein Hamburger Jung, der in seinem Lebenslauf stolz darauf verwies, die jüngste Person Europas zu sein, die eine Banklizenz erhalten habe. Er wäre gerade einmal Mitte 20 gewesen, als er die Varengold-Bank gegründet habe, die acht Jahre später als »Wertpapierhandelsbank« firmieren sollte.

Die Bankmanager hatten den KPMG-Steuerexperten bemüht, weil sie Gesprächsbedarf verspürt hatten. Denn das Geschäftsmodell, so die Banker, habe einen Haken. Womöglich würde die Steuer zu Unrecht erstattet. Was blühte der Bank, fragten sie, sollten Finanzbeamte eines Tages genauer hinschauen? Da war guter KPMG-Rat teuer. Laut des Angebotes vom 16. März 2010 kostete ein Berater bis zu 400 Euro in der Stunde.

Zwei Wochen später schickte KPMG per E-Mail eine erste Einschätzung. Auf 27 Seiten listeten die Steuerrechtler auf, warum die Cum-Ex-Geschäfte eines Fonds der Varengold-Investmenttochter womöglich rechtswidrig seien. Sie sprachen von Risiken für die Varengold-Firma und problematisierten die Gefahr verdeckter Absprachen. Jahre, bevor sich Fahnder und Staatsanwälte mit dem mutmaßlichen Steuerraub beschäftigten, hatten KPMG-Berater die Kniffe der Cum-Ex-Geschäfte bereits weitgehend entschlüsselt.

Die Varengold-Banker zeigten sich wenig dankbar ob der Warnung. Offenbar setzten sie die KPMG-Steuerberater kurzerhand vor die Tür. So zumindest schilderte es ein beteiligter KPMG-Berater später per E-Mail einem Kollegen. Ganz geheuer war den Varengold-Verantwortlichen die Sache wohl trotzdem nicht. Sie schlossen den Fonds noch zum Datum jenes Tages, an dem sie das KPMG-Gutachten erhalten hatten. Die Steuereinnahmen wurden an die Investoren ausgeschüttet.

Für KPMG hätte die Geschichte hier ein Ende finden können. Doch der Konflikt schwelte weiter. Denn KPMG war von der Varengold-Tochter auch beauftragt worden, den Jahresabschluss zu prüfen. Für die Bilanzexperten eine tickende Zeitbombe. Schließlich konnten sie vor dem Cum-Ex-Problem die Augen nicht mehr verschließen, ihre Steuerkollegen aus Frankfurt hatten es ja bereits in einem Gutachten zutage gefördert.

Im März 2011 bezifferten die Hamburger KPMG-Abschlussprüfer das Ausmaß der kritischen Geschäfte: Aktien im Wert von 11 Milliarden Euro seien gehandelt worden. Mit den Deals seien 350 Millionen Euro an Steuern an den Fonds geflossen. Sollten sie den Abschluss durchwinken, befürchtete der Abschlussprüfer, könnte der gute Ruf von KPMG auf dem Spiel stehen.

KPMG schaltete die hauseigene Rechtsabteilung in Leipzig ein, ebenso Prüfer in Berlin und Steuerfachleute in Frankfurt. Wie Steuerfahnder nahmen sie einzelne Cum-Ex-Transaktionen auseinander. Anschließend informierte KPMG die Bankenaufsicht BaFin, dass es einen Hinweis auf die Risiken im Jahresabschluss der Varengold-Tochter geben müsse. Der Hinweis vom Mai 2011.

Im August 2011 schreibt der Abschlussprüfer schließlich den Varengold-Verantwortlichen: Die Risiken müssten unbedingt im Lagebericht veröffentlicht werden. Sollte die Finanzverwaltung die

Cum-Ex-Geschäfte für illegal befinden, sei die Varengold Investment AG in ihrer Existenz bedroht.

Es entbrennt ein Streit, der zum Lehrstück für einen Systemfehler in der Abschlussprüfung taugt. Denn Varengold weigert sich jetzt, die steuerlichen Risiken zu veröffentlichen. Die Bank zitiert eine E-Mail ihres Rechtsberaters in der Sache: Hanno Berger. Eben diese Mail zerlegen die KPMG-Experten juristisch, sie sei in einigen Teilen rechtlich nicht haltbar. Der Ton wird rauer. Am 18. August 2011 platzt den Varengold-Managern der Kragen. Eine Warnung im Abschlussbericht habe für die Bank drastische negative Konsequenzen. KPMG verletze den Vertrag. Man bestehe darauf, dass es keine Meldung der Risiken gebe.

Am 9. September 2011 teilt ein KPMG-Abschlussprüfer konsterniert seinem Kollegen mit, die Varengold Investment AG habe einige Sätze aus dem Lagebericht gestrichen. Es sind die Risikohinweise. Im öffentlich zugänglichen Jahresbericht findet sich tatsächlich kein Wort über steuerliche Risiken.

Wie ein Damoklesschwert schwebt das Risiko, das KPMG schon 2010 identifiziert hatte, noch Jahre später über der Bank. Erst in einem Wertpapierprospekt aus dem November 2018 schreibt die Varengold Bank AG – inzwischen unter neuer Führung –, dass aufgrund der Cum-Ex-Geschäfte noch Forderungen in hoher zweistelliger Millionenhöhe auf die Bank zukommen könnten, ebenso wie eine Verbandsbuße von bis zu zehn Millionen Euro. Je nach Höhe der Strafen sei die Existenz der Bank gefährdet.

2019 machen Recherchen von WDR, NDR und *Süddeutscher Zeitung* die umfassende KPMG-Prüfung bei Varengold öffentlich. Der Prüfkonzern KPMG will sich im Detail nicht zu seinem Engagement bei der Varengold Bank äußern. Nur so viel sei zu sagen: KPMG habe seinerzeit den Jahresabschluss der Varengold Investment AG einmalig geprüft. Im Rahmen dieser Abschlussprüfung habe man alle gesetzlichen und regulatorischen Bestimmungen beachtet, insbesondere sei KPMG den einschlägigen Meldepflichten einschließlich derjenigen gegenüber der Finanzaufsicht BaFin vollumfänglich nachgekommen. Die Bankenaufsicht BaFin ihrerseits verweist auf ihre Verschwiegenheitspflicht. Varengold äußert sich auf Anfrage zu dem Sachverhalt nicht.

Was der Fall Varengold exemplarisch zeigt – und das lange, bevor der Wirecard-Skandal der Welt die Augen dafür öffnete, ist vor allem eines: ein eklatanter Fehler im System der Wirtschaftsprüfung. Denn es geht um die Frage, in welchem Interesse die Wirtschaftsprüfer eigentlich handeln: im Interesse der geprüften Unternehmen oder dem der Öffentlichkeit. Eine Frage, über die auch die BaFin nachdenken sollte.

## Drohgebärden

Staatsanwältin Anne Brorhilker übernimmt ab dem Winter 2016 nahezu jeden Ermittlungsschritt selbst. So überlässt sie zum Beispiel die Vernehmungen nicht den Experten des Landeskriminalamtes, sondern verbringt gemeinsam mit den LKA-Beamten mehr als hundert Tage im Verhörraum, befragt die Beschuldigten persönlich, verschafft sich ein eigenes Bild. Auch bei fast jeder der Dutzenden Cum-Ex-Razzien im In- und Ausland wird Brorhilker keine Mühe scheuen und selbst vor Ort sein.

Mit ihrem außerordentlichen Einsatz erarbeitet sie sich bei vielen Mitstreitern Bewunderung. Brorhilker kennt keine Urlaube ohne Aktenkladden, kaum Wochenenden ohne Schriftsätze. Aber je umfangreicher die Cum-Ex-Ermittlung wird, desto größer wird das Problem, dass nahezu alles über ihren Schreibtisch geht. Die Arbeit wächst auf ein nicht zu bewältigendes Maß an. Hinzu kommt der Druck, dass der ganze Fall allein an ihrer Person hängt. Was würde geschehen, wenn sie aus irgendeinem Grund ausfiele? Würde dann dieser mutmaßliche Mega-Diebstahl einfach verjähren? Die Debatte um Verstärkung wird noch zu einem Politikum werden. Nicht alle werden von Brorhilkers Schlüsselrolle begeistert sein.

Doch vorerst sind die Ermittlungen am 22. November 2016 im vollen Gange, als sich Brorhilker um 9 Uhr im Eingangsbereich der kleinen Münchner Bank Caceis aufbaut. Für Brorhilker ist der Termin ein willkommener Tapetenwechsel. Vor einer Woche war die Vernehmung des vermeintlichen Kronzeugen Kai-Uwe Steck zäh angelaufen, da kann es nicht schaden, den Verhörraum hinter sich zu lassen und an die Luft zu kommen. Der fünfstöckige Flachbau der Caceis Deutschland GmbH liegt schmucklos im Münchner Stadtteil Freimann, in dem neben Büro- und Industriegebäude auch die Münchner Allianz Arena wie ein überdimensionales Schlauchboot ankert.

Eine Gruppe von Polizisten, Steuerfahndern und Staatsanwälten hat kein Unternehmen gerne im Foyer stehen, und so werden die unangekündigten Gäste rasch in die 5. Etage komplimentiert. Brorhilker überreicht dem Vorstand persönlich den Durchsuchungsbeschluss. Man freue sich, so die Staatsanwältin, über eine vollumfängliche Kooperationsbereitschaft der Mitarbeiter. Alles andere würde auch nur negativ auffallen. Nachdem Brorhilker ihre Ansprache beendet hat, schwärmen die Fahnder wie sammelhungrige Bienen in alle möglichen Abteilungen der Bank aus.

Der Zufall will es, dass Brorhilker diejenige ist, die heute den Treffer des Tages landet. In einem Büro entdeckt sie eine einseitige Arbeitsanweisung eines namhaften Rechtsanwalts, der die Bank in Sachen Cum-Ex vertritt. Das Papier in englischer Sprache, datiert auf den 19. Juni 2014, soll eigentlich die Aufbewahrung von E-Mails regeln. Brorhilker kann nicht fassen, was sie da liest. Hier wird nämlich weniger eine Aufbewahrung geregelt als unverhohlen zu einer systematischen Löschung aufgefordert. Alle internen E-Mails sollten demnach gemäß bestimmter Kriterien vernichtet werden.

Die Anweisung ist heikel, da die Münchner Bank bereits im Mai 2014 einen ersten Besuch in Sachen Cum-Ex von der Steuerfahndung München bekommen hatte. Die Bank war damals zur Herausgabe zahlreicher Mails aufgefordert worden. Die Anweisung des Anwalts, die Brorhilker jetzt in den Händen hält, wurde also nur wenige Wochen nach dieser ersten Razzia aufgesetzt. Sie liest sich wie eine Reaktion auf den Besuch der Steuerfahnder und kann durchaus als Versuch verstanden werden, Beweismittel während eines laufenden Verfahrens zu vernichten. Das schlägt auf die Laune der Steuerfahnder. Gereizt fordern sie unverzüglich Verstärkung an, durchkämmen akribisch jedes der Vorstandsbüros auf der Suche nach weiteren entlarvenden Beweisen.*

Und auch die Hypovereinsbank, kurz HVB, nehmen sie jetzt in die Zange. Praktischerweise sitzt der Konzern, der zur italienischen UniCredit gehört, ebenfalls in München. Hier wird Brorhilker mit ihren Kolleginnen und Kollegen einen Tag später vorstellig.

In dem gewaltigen Gebäudekomplex wird sie ein Schauspiel erleben, das ihr zu Ehren in den kommenden Jahren auf die ein oder andere Weise wiederholt werden wird: die schiere Demonstration von Macht und Größe beim Zusammentreffen.

Brorhilker und ihre Kollegen werden in einen großen Konferenzraum gebeten. In kürzester Zeit baut sich dort eine ganze Armee von Anwälten vor ihnen auf. Die erste Reihe der Anwälte bezieht Stellung, vor ihnen sitzend in einem »Besprechungs-U«. Die Namensschilder auf den Tischen legen nahe, dass hier die Chefs, die Meister ihres Fachs, platziert sind. Ein weiteres »U« juristischer Kompetenz formiert sich dahinter, stehend – offenbar die Gesellen. Eine dritte Kampfreihe schließlich drängt sich etwas ungeordnet hinten im Raum. Keine Frage, die Lehrlinge.

Ein Saal, vollgestopft mit Anwälten. Geschätzt mehr als zwei Dutzend an der Zahl. Die Kulisse, die allein der Einschüchterung dient, ist bereitet, die Vorführung beginnt. Ein Jurist nach dem anderen stellt sich Brorhilker und ihrem Team jetzt vor. Namen fliegen durch den Raum, hochtrabende Titel werden aufgezählt, mächtige Kanzleien werden ins Feld geführt. In Schauspielen wie diesen zeigt sich die Besonderheit von Wirtschaftskriminalität besonders eindrücklich: Wenn Banken auf mutmaßlichem Diebeszug sind, eilen keine gewöhnlichen Pflichtverteidiger zu Hilfe, sondern laufen Juristen von Rang und Namen auf – und das in Mannschaftsstärke.†

---

* Die Caceis-Bank will den Vorfall später nicht kommentieren.

† Die Hypovereinsbank wird später auf Nachfrage auf ihren Geschäftsbericht

Mit kräftiger sonorer Stimme und übergroßem Ego versuchen vor allem die männlichen Gegenspieler, ihren Machtanspruch durchzusetzen. Es fällt ihnen sichtbar schwer anzuerkennen, dass diese zierliche, blonde Frau vor ihnen nun diejenige ist, die in dieser unangenehmen Durchsuchungssituation die Ansagen macht. Für Brorhilker ist das Verhalten nichts Ungewohntes. Selbst wenn es sie oftmals nervt, erkennt sie darin zunehmend auch eine Chance. Sollen die anderen sie ruhig erst einmal unterschätzen.

Mehr noch, Brorhilker wird in den kommenden Jahren nahezu jegliche denkbare Taktik der Strafverteidigung erleben. Von herablassend bis übertrieben devot. Von aggressiv bis vollkommen verschlossen. Auf Herumgeschreie folgen nicht selten Schmeicheleien. Goldene Visitenkarten werden ihr gereicht, sie wird in Büros gebeten, die eher an Luxuslofts denn an Arbeitsplätze erinnern. Ganz beiläufig wird ihr Gegenüber frühere Promi-Verfahren aufzählen, um gleich klarzumachen, dass hier kein Wald-und-Wiesen-Anwalt am Werk ist.

Einmal wird sie sogar Handgreiflichkeiten erleben. Bei einer Razzia im Herzen des Frankfurter Bankenviertels. Die Stimmung ist aufgeheizt. Die Mitarbeiter der betroffenen Bank reagieren empört auf die Durchsuchung. Und die herbeieilenden Rechtsanwälte einer Großkanzlei tragen nicht gerade zur Deeskalation bei. Brorhilker sitzt mit den Managern der Bank in einem Büro, das durch eine Glaswand vom Gang getrennt ist. Draußen drücken sich Bankmitarbeiter die Nasen platt, wettern lauthals über das Vorgehen der Staatsanwältin. Als Brorhilker den Raum verlassen möchte, wird sie rabiat am Arm gepackt, körperlich angegangen. Sie fühlt sich in die Ecke gedrängt.

Szenen, die selbst die toughe Staatsanwältin nicht kalt lassen.

---

verweisen. Demnach kooperiere die HVB mit den Strafverfolgern. Die Verfahren in Köln gegen die HVB und ihre früheren Mitarbeiter seien im November 2015 beendet worden, unter anderem durch die Zahlung einer Geldbuße von 9,8 Millionen Euro.

# Game Over?

Im Winter 2010, knapp 20 Jahre, nachdem der hessische Börsenaufseher August Schäfer die ersten Cum-Ex-Geschäfte entlarvt und den Behörden gemeldet hat, schickt sich das Bundesfinanzministerium tatsächlich an, Cum-Ex endgültig zu stoppen.

Bislang war jeder Versuch, den Steuerdiebstahl zu beenden, vergeblich. Immer, wenn der Gesetzgeber eine neue Regel erließ, schien die Branche die Änderungen bereits zu kennen und mit einem angepassten Modell längst weiterzumachen. Doch der Staat, so die Ansage dieses Winters, will mit dem leidigen Spielchen Schluss machen, und zwar endgültig.

Referatsleiter Michael Gierlich arbeitet nun an einer großen gesetzlichen Lösung. Geplant ist eine Systemumstellung, um Cum-Ex den finalen Hieb zu verpassen. Bislang wird die Dividendensteuer von dem Unternehmen an den Staat abgeführt, das die Dividende auch auszahlt, und die dazugehörige Steuerbescheinigung von einer anderen Stelle, der Bank des Aktionärs, ausgestellt. Dieses Auseinanderklaffen macht es Betrügern möglich, sich eine Steuerbescheinigung zu ergaunern, obwohl sie die entsprechende Steuer zuvor niemals gezahlt haben. Gierlich und seine Mannen wollen deshalb alles in eine Hand legen. Künftig soll nur noch derjenige die Steuerbescheinigung ausstellen, der auch die Steuer zuvor an das Finanzamt überwiesen hat. Beides soll nun die Bank des Aktionärs übernehmen.

Um die Idee umzusetzen, wird einmal mehr ein Mann hinzugezogen, der eigentlich längst in den Ruhestand verabschiedet wurde:

der ehemalige Finanzrichter Arnold Ramackers. Er ist, wie er später bekunden wird, lediglich als »fachlich interessierter Staatsbürger« mit dem neuen Gesetz befasst. Er habe kein Geld mehr vom Bankenverband bekommen und auch keines vom Ministerium. Er sei von Gierlich eingeladen worden. »Und höflich, wie ich bin, bin ich erschienen.« Und auch in der Bankenwelt scheint sein Mitwirken gut anzukommen. Die Deutsche Bank jedenfalls schickt ihre Kommentare zu den Gesetzesplänen am 13. September 2010 an das Bundesfinanzministerium, ausdrücklich adressiert an Herrn Ramackers »zur vertraulichen Kenntnisnahme vorab«. Warum das Geldhaus das Papier ausgerechnet in den Händen des ehemaligen Finanzrichters wissen wollte, möchte die Bank später nicht kommentieren.

Und Ramackers nimmt nicht nur Informationen entgegen, er gibt sie auch weiter. Am 11. November 2010 liegt der Referentenentwurf des sogenannten OGAW-IV-Umgehungsgesetzes vor, an dem Ramackers mitgearbeitet hat. Er enthält die neue Systemumstellung und damit die wegweisende Cum-Ex-Regelung. Der Entwurf wird vertraulich an Bund, Länder und Verbände geschickt. Einen Tag später erweitert Ramackers den Empfängerkreis eigenmächtig. Von seinem privaten E-Mail-Account aus schickt er dem Freshfields-Anwalt Ulf Johannemann das Dokument. Ein Vorgang, der später bei Ministeriumsverantwortlichen Befremden auslösen wird und dessen Hintergründe wegen Ramackers' Tod 2019 nicht mehr geklärt werden können.

In der Cum-Ex-Szene sorgt der Gesetzesentwurf im Winter 2010 indes für eine Schockwelle. Ein Freshfields-Kollege von Ulf Johannemann setzt am 15. Dezember 2010 ein Rundschreiben auf. Nüchtern erklärt er in seinem »Update«, dass das deutsche System der Dividendensteuer umgestellt werde, voraussichtlich zum Jahr 2012. Der Entwurf beinhalte aber auch Änderungen, die sich bereits auf Dividenden des Jahres 2011 bezögen.

Die Freshfields-Mail landet am gleichen Tag auch in der Kanzlei Berger, Steck und Kollegen. Kai-Uwe Steck antwortet seinem Zuträger, er kenne die Unterlagen schon. Die Anwälte wurden an diesem Tag bereits von ihrem Kontakt vom Sparkassenverband versorgt. Um seine Prognose abzugeben, bedient sich der Jurist der Jägersprache. Der Gesetzesentwurf sei ein »Blattschuss«, ein tödlicher Treffer.

Steck leitet die Infos gleich an die wichtigsten Händler weiter. Seine Nachricht klingt apokalyptisch. Sie beinhaltet nur vier Worte. »Big problem. Game over« – großes Problem, das Spiel ist aus. Eine wahre Mailflut setzt jetzt ein. Ob man noch andere Optionen habe, zum Beispiel, wenn man die Geschäfte über Irland laufen lasse, fragt ein Händler, den sie in der Branche aufgrund seiner britischen, vornehmen Art den »Gentleman« nennen. Als müsse er es ein weiteres Mal hören, um es glauben zu können, antwortet ein anderer Broker »So game over??«, also wirklich: alles vorbei? Ein weiterer Händler bangt um seine Cum-Ex-Geschäfte, die er mit GmbHs aufgesetzt hat. Und auch einen Direktor der australischen Investmentbank Macquarie beschleicht ein Unbehagen. Er schreibt, dass dies »bad news« seien.

Die Befürchtungen der Cum-Ex-Szene bewahrheiten sich. Dieses Mal sind die Verantwortlichen tatsächlich immun gegen Vorschläge aus der Branche, die das Gesetzesvorhaben verwässern würden. Gierlich und seine Mitarbeiter setzen die Änderung zum 1. Januar 2012 durch. Die Regelung kommt viele Jahre, nachdem zahlreiche Whistleblower auf das Problem hingewiesen haben. Jahre, in denen Milliardensummen aus der Staatskasse gestohlen wurden. Immerhin, so verspricht es die Regierung, sei Cum-Ex nun technisch unmöglich.

Doch ist der Diebeszug damit wirklich beendet?

Das neue Gesetz ist gerade ein halbes Jahr in Kraft, da meldet sich ein Mitarbeiter des Unternehmens Clearstream beim Bundesfinanzministerium. Clearstream ist eine Tochterfirma der Deutschen Börse. Das Unternehmen verwahrt überwiegend für Banken Wertpapiere in seinen Tresorräumen in Frankfurt. Bei dem Zentralverwahrer wird der deutsche Aktienhandel abgewickelt. Hier hat man den Durchblick, was auf dem Markt gespielt wird.

Der Clearstream-Mitarbeiter, der am Mittwoch, dem 11. Juli 2012, um 17.02 Uhr eine E-Mail ans Ministerium schreibt, ist gelernter Bankkaufmann. Jahrelang war er bei einer Privatbank für die Steuern ausländischer Wertpapiere zuständig, bevor er 1998 zu Clearstream kam. Auch hier ist er auf Steuererstattungen spezialisiert. Bevor er sich an das Bundesfinanzministerium wandte, hatte er über einen Monat lang versucht, seinen Hinweis beim Bundeszentralamt für Steuern zu platzieren. Erfolglos. Jetzt schreibt der Clearstream-Mann gleich an den gesamten Verteiler des zuständigen Referats IV C 1 im Finanzministerium, verbunden mit der Frage, ob es jemanden gebe, der sich um sein Anliegen kümmere.

Die Sache sei folgende: Bei Clearstream habe es eine Sonderprüfung gegeben. Hierbei sei man auf mögliche neue Probleme gestoßen, die selbst durch das neue Cum-Ex-Gesetz nicht geregelt seien. Zwar würden bei den zweifelhaften Geschäften nicht wie bei Cum-Ex Aktien gehandelt, dafür aber »American Depositary Receipts« (ADRs).

Diese Wertpapiere werden in den USA stellvertretend für Aktien ausländischer Unternehmen gehandelt. Und das geht so: Wenn eine deutsche Firma beispielsweise an den amerikanischen Aktienmarkt will, jedoch dort die hohen Kosten scheut, kann sie ADRs herausgeben. Ein ADR entspricht dann einer echten Aktie des Unternehmens. Die Aktie wird in Deutschland in einem Tresor weggeschlossen, das ADR als »Stellvertreterpapier« kann in den USA gehandelt werden. Wer ein ADR-Papier besitzt, ist einem echten Aktionär gleichgestellt. Er bekommt also auch die Dividende ausgezahlt.

Er gehe davon aus, schreibt der Clearstream-Manager in seiner Mail, dass es beim Geschäft mit ADRs zu Missbrauch bei der Erstattung von Kapitalertragssteuern kommen könne. Kenntnisreich skizziert er ein abstraktes Modell, an dem deutlich wird, wie anfällig das Erstattungsverfahren bei diesen Wertpapieren sei. All das, so der Manager, wisse er aufgrund verdächtiger Fragen, die ihn dieser Tage von Banken mit Sitz im Ausland zu Steuererstattungen auf ADRs erreichen würden.

Nach alldem, was das Bundesfinanzministerium in den vergangenen Monaten und Jahren in Sachen Cum-Ex erlebt hat, müsste nun der Alarm für den Super-GAU schrillen. Gerade erst will man den mutmaßlichen Milliardendiebstahl Cum-Ex gestoppt haben, und da gibt es schon eine mögliche neue Spitzfindigkeit der Branche?

Doch das Ministerium wirkt geradezu desinteressiert. Statt sich mit dem Hinweis auseinanderzusetzen, welche Geschäfte da gerade auf den Finanzmärkten laufen könnten, verstecken sich die Finanzbeamten hinter dem Gesetzestext. Steuern auf ADRs, antwortet der zuständige Bundesbeamte auf die Warnung des Clearstream-Managers, dürften nur erstattet werden, wenn der Antragsteller eine entsprechende Steuerbescheinigung vorlege. Die Bescheinigungen ihrerseits dürften nur von einer Bank in Deutschland ausgestellt werden, wenn die Steuern auch tatsächlich abgeführt worden seien.

Auf das Argument, dass sich die ADR-Geschäfte derart gestalten ließen, dass noch nicht einmal irgendeine Bank in Deutschland involviert sei und dass es Unternehmen in den USA gebe, die sich auf die Steuererstattung auf ADRs spezialisiert hätten, geht die Behörde gar nicht erst ein. Alles, was verboten ist, so scheint die Sicht des Ministeriums im Sommer 2012, ist auch nicht möglich. Und das, obwohl ein Insider der Behörde gerade Hinweise darauf gegeben hat, dass sich die Akteure am Finanzmarkt nicht von den theoretischen Vorgaben abschrecken lassen. Das Verhalten des Ministeriums erinnert an Kinder, die sich die Augen zuhalten und tatsächlich glauben, dass sie für andere unsichtbar sind.

Zu guter Letzt hat das BMF noch einen Tipp an den Hinweisgeber: Um die offenen Fragen zu dem von Clearstream konkret beschriebenen ADR-Modell zu klären, regt das Ministerium eine »Abstimmung« mit der deutschen Kreditwirtschaft an.

Das Vertrauen in die Finanzbranche, die das Ministerium über Jahre in Sachen »Cum-Ex« an der Nase herumgeführt hat, scheint ungebrochen. Nach wie vor erhofft sich das BMF offenbar, dass die Branche etwaige Probleme selbst regele.

Ein halbes Jahr nach dieser ersten Warnung meldet sich der Clearstream-Manager am 16. Januar 2013 ein weiteres Mal. Er wählt deutlichere Worte. Seine E-Mail schickt er wieder an die Sammeladresse des zuständigen Referates IV C 1 und fügt zusätzlich einzelne Mitarbeiter als Adressaten hinzu. Auch wenn das Ministerium nicht die Steuererstattung auf ADRs im Blick habe, wolle er doch dezidiert auf die Möglichkeit eines Missbrauchs hinweisen. Man habe schlichtweg keinen Kontrollmechanismus.

Ein Ministerium im Blindflug? Tatsächlich erlässt das BMF am 24. Mai 2013 eine Verwaltungsanweisung, wie mit ADRs umzugehen ist. Demnach dürfen Steuerbescheinigungen nur ausgestellt werden, wenn die Steuern zuvor auch abgeführt wurden. Auch Clearstream ist, wie die Bundesländer, an der Erstellung dieser Anweisung beteiligt.

Weitere Untersuchungen darüber, ob es in der Praxis womöglich trotz dieser Regel zu missbräuchlichen Gestaltungen gekommen ist, werden offenbar zunächst nicht angestoßen. Jahre später wird die Behörde auf Anfrage beteuern, dass man zwar allen eingehenden Hinweisen auf die Gefahr von Steuergestaltung oder Steuerhinterziehung selbstverständlich nachgehe, aber die Korrespondenz aus dem Jahr 2012 lasse nicht den Schluss auf Steuergestaltungen zu, die zu einer doppelten Erstattung zu Lasten des Staates geführt hätten.

In der Antwort des BMF schwingt beinahe ein wenig Stolz mit, wenn das Haus betont, dass es keine *doppelte* Erstattung auf ADR-Geschäfte gegeben habe. Dabei kann dem Fiskus auch dann ein erheblicher Schaden entstehen, wenn er Steuergelder nicht zwei Mal, dafür aber ein Mal an Unberechtigte erstattet.

Das Bundesfinanzministerium wird das Problem mit den ADRs erst Jahre später einholen – als die Kölner Staatsanwältin Anne Brorhilker auf diese Spur stößt und in ihren Ermittlungen einem besonders prominenten Fall nachgehen wird.

## Knietief

Wie ein Elefant steht am Morgen des 23. November 2016 die Frage im Verhörraum, ob sich diese Veranstaltung hier überhaupt noch lohnt. Der Cum-Ex-Insider Kai-Uwe Steck, der über seine Anwälte großspurig angekündigt hatte, auspacken zu wollen, hat in seinen ersten Vernehmungen kein wirklich gutes Bild abgegeben. Auch heute lässt sich das Gespräch nur zäh an. Anne Brorhilker kennt solche Höhen und Tiefen. Für viele Beschuldigte in Wirtschaftsstrafsachen ist eine solche Vernehmung zuvorderst ein Kampf mit sich selbst. Vielen fällt es sichtbar schwer, ihr eigenes Selbstbild des erfolgreichen Geschäftsmanns abzustreifen und mit dem eines möglichen Gauners zu tauschen.

Als der wichtigste Partner von Steueranwalt Hanno Berger hätte der Beschuldigte Steck sicherlich das Zeug zum Kronzeugen, keine Frage. Der Paragraf 46b des Strafgesetzbuches macht mildere Strafen für Menschen möglich, die freiwillig »Hilfe zur Aufklärung« schwerer Straftaten leisten. Bislang kommt dieser »Kronzeugen«-Paragraf überwiegend bei Verbrechen der organisierten Kriminalität oder bei Delikten wie Mord, Rauschgifthandel, Prostitution und Korruption zum Einsatz. Cum-Ex könnte jetzt eine neue Form der bandenmäßigen Finanzkriminalität sein, für die diese Regelung in Betracht käme. Theoretisch wäre sogar denkbar, dass ein Kronzeuge ganz ohne Strafe davonkommt, wenn er denn hinreichende Aussagen und Belege für die Aufdeckung schwerer Straftaten liefert.

Doch wie es scheint, ist Kai-Uwe Steck noch sehr weit davon entfernt. Brorhilker ist ohnehin nicht gewillt, ihm eine milde Strafe in

Aussicht zu stellen. Das müsste später das Gericht entscheiden. Aber offenbar hat sich der Mann noch nicht dazu entschlossen, die Hosen wirklich herunterzulassen. Bis jetzt, das wird Steck später selbst zugeben, bleiben sie auf Kniehöhe hängen.

Während der ersten Verhöre hielt ihm ein Kriminalkommissar zum Beispiel Rechnungen vor, die nach Sicht der Ermittler allein einem Zweck dienten, nämlich unter Angabe anderer Leistungen heimlich Cum-Ex-Gewinne zu verteilen. Eigentlich ein schöner Einstieg für ein umfassendes Geständnis. Doch Steck druckste nur herum, obwohl auch die entsprechenden Geldflüsse augenscheinlich Cum-Ex-Bezug hatten. Er beteuerte stattdessen, nicht involviert gewesen zu sein; erzählte davon, dass seine Kollegen offenbar versucht hätten, einen Rechtsweg zu erschaffen; beharrte darauf, dass der Sachverhalt unschlüssig sei.

Heute, beim erneuten Aufeinandertreffen, beweist Steck zumindest, dass er ein Gespür für seine Lage hat und offenbar die Gabe zur Selbstreflektion besitzt. Zögerlich beginnt er seine Ausführungen. Er sei wahrlich nicht stolz darauf, und es sei wohl auch keine kluge Entscheidung gewesen, dass er bisher viel weniger preisgegeben habe, als er tatsächlich wisse. Es tue ihm leid, aber das Problem sei, dass er in alte Verhaltensweisen verfallen sei.

Langsam wird Brorhilker hellhörig. Ist das der Anlauf zu einer großen Offenbarung?

Steck fährt geradezu reumütig fort, dass er und seine Mitstreiter sich bei den Cum-Ex-Geschäften jahrelang die Wahrheiten so zurechtgelegt hätten, wie sie ihnen gepasst hätten. Man habe »getwistet«, also die Bedeutung eines Wortes so ausgelegt, wie sie gerade gebraucht wurde. In einem Elfenbeinturm voller juristischer Arroganz habe er gelebt, sich über allen anderen erhaben gefühlt. Jeder, der an Cum-Ex beteiligt gewesen sei, habe gewusst, dass es sich bei den Geschäften um Leerverkäufe gehandelt habe, also um Deals, bei denen der Verkäufer die Aktie gar nicht besaß und somit auch keine Dividendensteuer abgeführt haben konnte. Bis 2007 hätten dies auch alle offen zugegeben. Erst seit dem BMF-Schreiben von 2009, als erkennbar wurde, dass der Staat die Leerverkäufe kritisch sah, seien die Akteure sehr viel vorsichtiger geworden.

Als sie ab 2009 Bescheinigungen vorlegen sollten, dass es bei den Geschäften keine Absprachen gegeben habe, hätten sie sich wie »Winkeladvokaten« verhalten und sich wider besseres Wissen solche Bescheinigungen einfach besorgt, quasi eine künstliche Wahrheit geschaffen. Alles in allem seien die Geschäfte immer weitergegangen.

Tatsächlich, Brorhilker erfährt nun aus erster Hand, was sie anhand der Papierlage bereits ahnte. Dass die Cum-Ex-Akteure sich eine Parallelwelt geschaffen haben, eine Welt, entfernt von der Realität, in der sie ihr Handeln eigenmächtig für rechtens erklärten.

Dabei ist in ihren Augen die Sache sonnenklar: Ein gesetzliches Schlupfloch gibt es nicht und hat es niemals gegeben. Wenn beispielsweise Diebstahl verboten ist, dann ist Diebstahl verboten – egal, ob aus Handtaschen, aus Autos oder aus Wohnungen. Dafür braucht man nicht Tausende kleine Gesetze, die jeden Einzelfall regeln. Genau das aber, so scheint es Brorhilker, versuchte die Steuergesetzgebung. Der Staat wollte offenbar alle Einzelheiten klären, was findige Menschen wie Berger, Steck und viele andere dazu animierte, immer weitere Schlenker am Gesetz vorbei für ihre Finanzprodukte zu suchen. Oder, um im Beispiel zu bleiben: Wenn der Staat sagt, Diebstahl aus Handtaschen ist verboten, dann erwidern die Gauner, ja, da steht aber nicht Diebstahl aus roten Handtaschen. Erklärt dann der Staat, dass die Regelung auch für Diebstahl aus roten Handtaschen gilt, stürzt sich die Branche auf die grünen. Verbietet der Staat sodann Diebstahl aus roten und grünen Taschen, verlegen sich die Diebe auf die karierten.

Der Staat, das begreift Brorhilker jetzt, hat das Entstehen einer ganzen Industrie ermöglicht, die damit beschäftigt ist, alles für sie Nachteilige einer gesetzlichen Regelung durch Wortklauberei zu umgehen. Der Trick ist, dass sich die Cum-Ex-Akteure immer nur auf der Wortlautebene bewegen und dabei das juristische Auslegungskriterium »Sinn und Zweck« völlig außer Acht lassen, das eigentlich genauso wichtig ist wie der Wortlaut. Die Frage, was denn das Gesetz im Grunde bezwecken will, hat die Branche bewusst ignoriert. Selbst wenn sie vermeintliche Lücken in den Steuergesetzen gefunden hat, so heißt es noch lange nicht, dass deren Ausnutzen auch im strafrechtlichen Sinn legal ist. Denn Diebstahl ist nun einmal Diebstahl und umfasst alle Varianten von Diebstahl. Und bei diesen Cum-Ex-Geschäften liegt möglicherweise ein gigantischer Milliardendiebstahl vor.

Wenn Brorhilker ihrem Gegenüber glauben soll, sei dieser Gedanke auch nicht an den Cum-Ex-Beteiligten in der Kanzlei vorübergegangen. Steck spricht in diesem Zusammenhang von »Störgefühlen«. Immer wieder habe es solche gegeben. Wenn sie offen ausgesprochen wurden, habe Hanno Berger Bedenkenträger vor versammelter Mannschaft zur Schnecke gemacht: Wenn jemand Probleme damit habe, dass wegen ihrer Geschäfte weniger Kindergärten gebaut würden, soll Berger gezürnt haben, solle er den Raum auf der Stelle verlassen.

Nein, niemand könne es abstreiten, jeder im Team habe gewusst, dass die Gewinne aus der Staatskasse kämen. Spätestens als sie von einem gewissen Jürgen Schmidt erpresst wurden, hätten sie die Geschäfte beenden müssen. Doch selbst dann machten sie weiter. Mit ihrer Lobby hätten sie jedes Hindernis aus dem Weg geräumt. Er, Steck, habe für dieses Verhalten heute nur eine passende Formulierung: Gier frisst Hirn.

Nun sprudelt es geradezu aus Steck heraus. Ausführlich beschreibt er, wie sie und andere Marktteilnehmer gezielt versuchten, die Gesetze zu beeinflussen. Zum Beispiel, als das Bundesfinanzministerium 2009 mit dem BMF-Schreiben dem Treiben ein Ende bereiten wollte. Man habe alle Personen genutzt, die über Kanäle in das Ministerium verfügten, ja regelrecht versucht, sie anzustacheln. Ein probates und bewährtes Mittel seien dabei frei erfundene Horrorszenarien gewesen. So wollte man den Ministerialbeamten einflüstern, dass eine Gesetzesänderung einem Handelsverbot für alle deutschen Aktienbesitzer am Tag der Hauptversammlung gleichkäme. Wer könne das verantworten? Natürlich eine maßlose Übertreibung.

Eine weitere Nebelkerze habe Berger einem Lobbyisten in seinem Frankfurter Stammrestaurant, dem »Morton Steakhouse«, mit auf den Weg gegeben. Nämlich den Vorschlag, ein Leerverkaufsverbot auf internationaler Ebene einzuführen, um das Problem zu lösen. Was nach einem konstruktiven Vorschlag klang, war das genaue Gegenteil, würde es doch Jahre dauern, wenn es denn überhaupt gelänge, ein solches Verbot über Landesgrenzen hinweg zu organisieren.

Brorhilker hört dem Beschuldigten aufmerksam zu. Was der Mann beschreibt, klingt durchaus authentisch. Sie hat inzwischen viele Personen aus der Finanzbranche kennengelernt. Nicht wenige fühlen sich tatsächlich erhaben, und manche glauben sogar über dem Gesetz zu stehen. Banker, Berater und Händler, so ihr Eindruck, verkehrten oftmals in einer Gesellschaft, die nichts mit »denen da unten« zu tun haben will. Die da unten, so gab man ihr unmissverständlich zu verstehen, könnten sich abmühen und Steuern zahlen. Sie selbst aber würden ganz da oben spielen, in einer anderen Liga.

Stecks Aussagen sind glaubhaft, was das Selbstbild der Finanzakteure betrifft. Aber so viel er auch erzählt, so wenig Handfestes hat dieser Zeuge bis dato ausgesagt. Der Kerl ist intelligent, rhetorisch begabt, kein Zweifel. Auf den ersten Blick wirkt es, als lege er jetzt ein vollumfassendes Geständnis ab. Doch wenn es um seine eigenen Taten geht, kocht der Mann doch ein recht dünnes Süppchen. Brorhilker bleibt skeptisch. Der Beschuldigte, da ist sie sich sicher, verbirgt noch immer etwas.

## Bumerang

Im Sommer 2013 steht der Steuerchef der Hypovereinsbank vor dem Nichts. Jahrelang hat er auf mögliche Missstände hingewiesen. Jahrelang ist in seinen Augen nicht genug geschehen. Erst als immer öfter Ermittler der Generalstaatsanwaltschaft Frankfurt in den Büros der Bank auftauchen und bohrende Fragen stellen, kommt das Geldhaus seiner Meinung nach in die Gänge.

Doch die Reaktion fällt anders aus, als es sich der Steuerchef erhofft hat. Er wird kurzerhand von seiner Firma gefeuert. Der Mann steht vor den Trümmern seiner beruflichen Existenz – und muss fürchten, dass ihn die Bank als Sündenbock hinstellen könnte.

In seiner Verzweiflung wendet er sich heimlich an die Bankenaufsicht BaFin. Er bietet Informationen zu den Cum-Ex-Geschäften der Hypovereinsbank an, zu einem Zeitpunkt, als die Ermittlungen in Frankfurt gerade erst begonnen haben und die Staatsanwaltschaft Köln noch nicht einmal den ersten Fall kennt. Wie verabredet schreibt er dem Bankenaufseher sein Anliegen auch per E-Mail. Als Leiter der Steuerabteilung stehe er unter anderem wegen des Cum-Ex-Themas unter Druck. Ihm sei gekündigt worden, ohne Angabe von Gründen. Jetzt will er sich mit der BaFin austauschen. Mündlich will er gleich von Anfang an klargemacht haben, dass die Gespräche vertraulich erfolgen müssen. Dass er einen Whistleblower-Schutz erwartet.

Das leidige Thema Cum-Ex begann für den Steuerchef im Jahr 2006. Die Hypovereinsbank beschäftigte damals mehr als

25000 Mitarbeiter und erwirtschaftete Milliardengewinne. Der wichtigste Gewinnbringer der Bank war die Investmentsparte. Und so überstrahlten die Investmentbanker in London all die anderen Hypovereinsbanker. Ausgerechnet mit ihnen sollte sich der Steuerexperte anlegen. Es ging um Geschäfte, von denen er befürchtete, sie seien steuergetrieben. Einen Beweis hatte er allerdings nicht. Ihm fehlte der Zugriff auf die Handelssysteme.

Die folgende Auseinandersetzung war für den Steuerchef ein Albtraum. Schließlich hatte er es nicht mit Juristen oder Steuerexperten zu tun, die ein Gefühl für rechtliche Gefahren oder Reputationsrisiken hatten, sondern mit Mathematikern, Ingenieuren und Physikern, die eine Entdeckung gemacht hatten und sie unbedingt ausprobieren wollten. Mit falsch verstandenem sportlichen Ehrgeiz loteten sie aus, was auf den Finanzmärkten zu holen war. Die möglichen Folgen, steuerliche Risiken zum Beispiel, schienen ihnen dabei egal zu sein. Ihr Verhalten erinnerte ihn an die Entwickler der Atombombe. Das, was die Wissenschaftler herausgefunden haben, sollte zur Anwendung kommen. Um jeden Preis.

Am 18. April 2006 schilderte der Steuerchef dem Londoner HVB-Investmentbanker Paul Mora einen aktuellen Fall, bei dem Banker und Berater im Zusammenhang mit der »Bond Linked Investment Premium Strategy« in den USA strafrechtlich verfolgt wurden. Es sollte wie eine Drohung klingen: Mach keine krummen Dinger! – doch die kam offenbar nicht an. Paul Mora, berüchtigt für seine kurzen Shorts und Hawaiihemden, galt in der Szene als einer der Topinvestmentbanker Europas, der Stationen bei der Merrill Lynch und einer Firma der Schweizerischen Credit Suisse vorweisen konnte. Anders als sein Team aus Zahlengenies war er selbst Finanzjurist. Am 17. Mai 2006 antwortete Mora auf die Bedenken des Steuerchefs, er habe in der Sache die Expertise des Beraters Hanno Berger eingeholt. Nun war der HVB-Steuerchef erst recht alarmiert. Als Steuerexperte kannte er den früheren Finanzbeamten Berger, der als einer der aggressivsten Steueroptimierer der Republik galt. Nicht zufällig fehlte der Name Berger auf einer Liste mit steuerlichen Beratern, die UniCredit als seriös akzeptierte.

Fieberhaft versuchte der Steuerchef, im Detail zu verstehen, was Mora und sein Team in London trieben. Schließlich musste er alles durchdringen, um die Sache wirklich steuerlich beurteilen zu können. Sollte es später Probleme mit dem Finanzamt geben, wäre er es, der die Suppe auslöffeln musste. Nicht besser sah es auch aus, wenn zwar die Bank verschont bliebe, dafür aber die Kunden durch das Geschäft Probleme mit den Steuerbehörden bekämen. Dann stünde die Reputation der Hypovereinsbank und der ganzen UniCredit-Gruppe auf dem Spiel.

Am 30. November 2006 bohrte der Steuerchef erneut nach. Doch Investmentbanker Mora blockierte, rückte nur häppchenweise mit Informationen heraus oder sprach blumig über Allgemeinplätze. Das Katz-und-Maus-Spiel dauerte auch im Mai 2007 an, als der HVB-Steuerexperte eigens nach London reiste, um sich die Geschäfte erklären zu lassen. Erfolglos. Noch im Oktober 2008 rätselte er, ob er es mit Geschäften der übelsten Sorte zu tun hatte – oder dies nur eine unbegründete Befürchtung sei. Der Steuerexperte eskalierte die Causa im Mai und Oktober 2007 bis hin zum zuständigen Vorstand Rolf Friedhofen. Dieser sagte dem alarmierten Steuerchef seine volle Unterstützung zu. Tatsächlich aber geschah offenbar wenig. Zwar kam ein interner Revisionsbericht zu dem Schluss, bei Moras Abteilung Equity Finance London fehle es an Kontroll- und Berichtswesen. Spürbare Folgen hatte dies aber nicht. Niemand, so wirkte es auf den Steuerchef, traute sich durchzugreifen. Die Wirtschafts- und Finanzkrise sowie die damit aufziehenden Gewitterwolken über der Finanzbranche machten es auch nicht leichter, den großen Gewinnbringer in London zu hinterfragen. Aus Paul Moras Umfeld wird es später heißen, die Vorwürfe des Steuerchefs entsprächen nicht der Wahrheit und seien eindeutig diffamierend. Der Steuerchef versuche seinerseits, seine Rolle herunterzuspielen. Die leitenden Angestellten der HVB seien über den Handel und die damit verbundenen Vorgänge voll informiert gewesen – wie man es von einem großen, hochentwickelten Finanzinstitut erwarten könne.

Dass sich seine Befürchtungen bestätigen könnten, schwante dem Steuerchef schließlich 2009. Im Dezember fragte bei ihm das Finanzamt Wiesbaden an, das gerade die Geschäfte einer Finanzfirma des Immobilienmilliardärs Rafael Roth prüfte. Es ging um Geschäfte, die mit der Investmentabteilung der HVB umgesetzt worden seien. Was dort noch nicht explizit geschrieben stand: Es ging um Cum-Ex-Geschäfte.

Als Milliardär Roth plötzlich Steuern zurückzahlen sollte, wurde es ungemütlich. Ähnlich wie im Fall der Schweizer Privatbank Sarasin entbrannte ein unschöner Streit darüber, wer die Kosten für die fragwürdigen Geschäfte tragen würden, der am Ende auch Staatsanwälte auf den Plan rief. Während sich im Fall der Sarasin-Bank die Milliardäre Carsten Maschmeyer und Erwin Müller falsch beraten fühlten, war es im Fall der Hypovereinsbank Milliardär Rafael Roth, der sich in krumme Geschäfte gelockt sah. Niemals habe die Bank offengelegt, dass es um eine mehrfache Erstattung von Steuern und Leerverkäufe gehe. Die Generalstaatsanwaltschaft Frankfurt nahm sich der Sache an – und stellte im November 2012 die Bankzentrale auf den Kopf. Rafael Roth verstirbt 2013.

Der Steuerchef, der über Jahre hinweg versucht hatte, den Deals auf den Grund zu gehen, und später, als er sie immer besser verstand, intern Alarm geschlagen hatte, fiel derweil bei seinem Arbeitgeber in Ungnade. Als Steuerchef, so die Ansage der Bankführung, solle er keine Fragen stellen, sondern die Probleme lösen. Im Sommer 2013, hat er also seine Kündigung im Briefkasten und sucht Schutz bei der BaFin. Dafür will er nicht nur Cum-Ex-Deals, sondern auch andere mögliche Unregelmäßigkeiten schildern.

Der zuständige BaFin-Aufseher scheint dem HVB-Steuerchef ein besonders geeigneter Gesprächspartner, hatte doch der Bundesbeamte in einem früheren Interview mit der *Frankfurter Allgemeinen*

*Zeitung* kurz nach der Finanzkrise gesagt: »Wir verlangen eine No-Surprise-Policy und wollen von möglichen Problemen nicht erst aus der Zeitung erfahren«. Man sei auf Kooperation angewiesen, war die Botschaft. Jetzt bietet der HVB-Insider seine Hilfe an. Und tatsächlich: Die Bankenaufsicht BaFin kooperiert. Allerdings nicht mit dem Hinweisgeber, sondern offenkundig mit der Hypovereinsbank.

Mit einem vertraulichen Schreiben vom 7. August 2013 wendet sich der zuständige BaFin-Aufseher an die Hypovereinsbank. Es gehe um die »Vorwürfe des Leiters der Steuerabteilung«. Offen spricht der Bankenaufseher damit jene Quelle aus, die sich vertraulich an ihn gewandt hatte. Der Steuerchef, der gerade gegen seine Kündigung vorgeht, bekommt dies schnell zu spüren. Wie ein Bumerang fällt der Hinweis, der die Bank in Bedrängnis bringen sollte, nun auf ihn zurück.*

Der Steuerchef ahnt von all dem zunächst nichts, wendet sich noch im Oktober 2013 an den Bankenaufseher. Seine Mail klingt verzweifelt. In den USA werde das Thema Whistleblowing sehr ernst genommen. Die US-Börsenaufsicht greife ein und schütze die betroffenen Mitarbeiter. Seine frustrierte Einschätzung: »Deutschland scheint hier eher auf dem Stand eines Entwicklungslandes zu sein.« Damit verschenke der Staat die Möglichkeit, auf schwerwiegende Missstände hingewiesen zu werden. »Ist die BaFin bereit«, fragt er zum Schluss besorgt, »für einen – wie auch immer gearteten – Schutz meiner Person zu sorgen?«

Tatsächlich belohnt die amerikanische Börsenaufsicht SEC regelmäßig Hinweisgeber, beteiligt diese sogar an den Einnahmen, wenn sie auf Missstände an den Finanzmärkten hinweisen, für die am Ende

---

* Die BaFin wird später versichern, sie habe den Sachverhalt gegenüber der HVB keinesfalls offengelegt. Aus Kreisen der Behörde heißt es, die Bank selbst habe bei der Bankenaufsicht Unterlagen eingereicht, aus denen die Vorwürfe des Steuerchefs hervorgegangen seien. Nur hierauf habe man Bezug genommen.

Strafgelder fällig werden. In Deutschland hingegen gibt es lange Zeit keinen staatlichen Schutz für Whistleblower. Im Gegenteil, es spricht sich sogar herum, dass deutsche Behörden fahrlässig mit der Identität der Hinweisgeber umgehen. Stattdessen bleibt es den Unternehmen selbst überlassen, den Umgang mit Hinweisgebern aus ihren Reihen zu regeln.

Im Fall des Steuerchefs bedeutet dies, dass sein Arbeitgeber ihm schlicht den Status eines Whistleblowers nicht zuerkennt. Gemäß der internen Richtlinien, schrieb die Bank ihrem damaligen Steuerchef, gelte ein Mitarbeiter als Whistleblower, der Missstände *außerhalb* seines Verantwortungsbereichs melde. Fielen diese *in* seinen Bereich, würde der Hinweisgeber lediglich seine vertraglichen Aufgaben erfüllen, wenn er auf Unregelmäßigkeiten hinweise. Und überhaupt, die Whistleblower Policy der UniCredit sei ohnehin erst mit Beschluss vom 16. Oktober 2012 in Kraft getreten, gelte also nicht für die Fälle aus den Jahren 2006 und 2008.*

Auch die BaFin ist nicht bereit, den HVB-Insider zu schützen. Ähnlich wie beim Whistleblower, der 2007 auf Cum-Ex-Geschäfte der WestLB hingewiesen hatte, scheint die Behörde den Banken näher zu stehen, als den Hinweisgebern.

Während der Steuerchef seinen Job verliert, bewahrheiten sich die von ihm befürchteten Risiken. Unter der Überschrift »Akte Flora: Der Erste packt aus« veröffentlicht der Investigativjournalist Klaus Ott in der *Süddeutschen Zeitung* im November 2013 eine der ersten großen Cum-Ex-Geschichten. Ein Beschäftigter der Hypovereinsbank erzählt darin, wie der Fiskus jahrelang systematisch ausge-

* Die Hypovereinsbank wird später konkrete Nachfragen nicht beantworten und verweist lediglich auf den Geschäftsbericht vom 30. Juni 2021. Demnach habe der Aufsichtsrat interne Untersuchungen zu den Cum-Ex-Gestaltungen im Sommer 2014 beendet. Es seien Hinweise auf ein »Fehlverhalten Einzelner« festgestellt worden.

nommen worden sei. Daneben ein zweiter Artikel. Über das Projekt »Gipfelsturm« der Sarasin-Bank. Er basiert auf internen Bankunterlagen. Weitere Artikel veröffentlicht der preisgekrönte Reporter Sönke Iwersen im *Handelsblatt* und Volker Votsmeier in der Fachzeitschrift *Juve*. Das Reputationsrisiko wird Wirklichkeit. Und die Ermittler in Frankfurt und Köln lesen mit.

Jahre später soll der Steuerchef auf großer öffentlicher Bühne in Berlin selbst die Chance bekommen, die ganze Geschichte aus seiner Sicht zu erzählen. Doch statt der erhofften Genugtuung wird er die nächste bittere Enttäuschung in den Rechtsstaat erleben.

## Durchbruch

Im Grunde ist Anne Brorhilker zufrieden. Stecks Aussagen gewinnen langsam, aber sicher an Substanz. Zum Beispiel die Geschichte mit dem »Brustbeutel-Meeting«. Hanno Berger, so erzählte Steck, sei zu einem gemeinsamen Gespräch bei der Schweizer Sarasin-Bank mit einem Brustbeutel erschienen. Darin habe er 10 000 Euro in bar verstaut, um sie mit nach Deutschland zu bringen. Die Summe war wohl nicht rein zufällig gewählt. 10 000 Euro entsprachen jenem Betrag, der legal über die Schweizer Grenze in die Bundesrepublik mitgeführt werden durfte. Ein weiterer Zeuge, der ebenfalls dabei gewesen sein will, bestätigte, auch er habe in dem Meeting Bergers prall gefüllte Brusttasche bestaunt.*

Steck meinte, er habe nach dem Brustbeutel-Meeting seinem einstigen Ziehvater vorgeschlagen, eine Offshore-Firma zu gründen, um die Einnahmen, die sie zusätzlich mit Cum-Ex und anderen Modellen verdienten, im Verhältnis 50:50 untereinander aufteilen zu können. Der Vorteil der Offshore-Struktur: Brustbeutel wären dann überflüssig. Von diesem Zeitpunkt an, sei man in einer Art

* Berger wird später auf Fragen zu dem Meeting und vielen weiteren Zusammenhängen nicht antworten. Sein Anwalt wird mitteilen, er und Berger hätten keine Zeit, sich um die Anfrage zu kümmern, da sie mit einer Reihe von Terminsachen völlig ausgelastet seien. Kai-Uwe Steck wird über eine Medienanwältin mitteilen, dass er sich aus Rechtsgründen weder zu dem Meeting noch zu den vielen weiteren Nachfragen äußern könne. Eine Beantwortung der Fragen würde eine Offenlegung von Verfahrensdetails bedeuten, die nicht erlaubt sei.

»Gefahrengemeinschaft« gewesen. Mit dieser Aussage belastete sich Steck selbst. Brorhilker nahm das freudig zur Kenntnis. Der Mann hatte sich offenbar tatsächlich auf den Weg begeben, ein wertvoller Kronzeuge zu werden.

Auch zu der Frage, wo Bergers Vermögen zu finden sei, machte er Angaben. Große Summen seien in Bergers Holzhof und das Anwesen sowie in den dazugehörigen Fuhrpark aus Nutz- und Privatfahrzeugen geflossen. Eine geschätzte sechsstellige Summe wiederum habe Berger verwandt, um ein Alltagsproblem in seinem Schweizer Domizil zu lösen. Berger habe es schlicht genervt, samstags an der Autowaschanlage in einer langen Schlange zu stehen. Also habe er sich kurzerhand eine eigene Waschanlage auf sein Grundstück bauen lassen. Berger habe großen Spaß gehabt, die Anlage eigenhändig zu steuern und Steck bei Besuchen gerne gebeten, sein Auto dort zu parken. Car-Wash, womöglich auf Kosten deutscher Steuerzahler.

Doch für Brorhilker fast noch wertvoller als Stecks Aussagen ist seine Hilfe, weitere mögliche Kronzeugen zu gewinnen. Allen voran geht es um die Händler. Ein Personenkreis im Ausland, zu dem die Strafverfolgerin keinen Zugang hat. Dabei sind die Händler es, die Cum-Ex technisch umgesetzt haben. Nur sie können bis ins letzte Detail offenlegen, wie die Geschäfte abgelaufen sind und welche Absprachen und Vorkehrungen hierfür nötig waren. Wenn Berger, Steck und andere Steueranwälte die Architekten sind, dann sind die Händler und ihre Teams die Bauleiter und Handwerker, die das mutmaßliche Lügengebäude errichteten.

Am 3. März 2017 um 11 Uhr beginnt ein britischer Aktienhändler mit der ersten seiner insgesamt 22 Aussagen, die Brorhilker später als den alles entscheidenden Durchbruch bezeichnen wird. Ein groß gewachsener, schlanker Mann nimmt im Verhörraum Platz, ebenso sein Anwalt, zwei Kriminalbeamte, ein Übersetzer und ein Protokollant. Der kleine Raum ist so voll, dass sich sogar das Fenster zum Lüften nicht mehr öffnen lässt. Der Beschuldigte wird während der gesamten Vernehmungen schicke Anzüge und stets Schlips tragen. In der Cum-Ex-Szene ist der elegante 44-Jährige als »Gentleman« bekannt. Der Beschuldigte wohnt im fernen Dubai, Brorhilker wäre seiner wohl kaum habhaft geworden. Doch der Mann ist freiwillig hier. Steck hat ihn überzeugt, dass es besser sei, eine Aussage zu machen. Die Tür der Staatsanwaltschaft Köln stehe offen, er werde nicht verhaftet, wenn er auspacke, und könne stets zurück zu seinen Liebsten nach Hause reisen. Warum nicht, sagt sich der Gentleman. Es wird nichts bringen, in Dubai zu sitzen und abzuwarten. Dieses Problem wird sich nicht von alleine in Luft auflösen. Selbst wenn er zehn oder gar 20 Jahre in dem arabischen goldenen Käfig verharrte, so sein Kalkül, würde er womöglich immer noch aufgegriffen. Nein, der Händler will die Sache aktiv angehen – und die Chance zur Aussage ergreifen, solange sie noch besteht.

Ohne Umschweife und mit dem nüchternen Blick eines Naturwissenschaftlers wird er beschreiben, wie Cum-Ex bis ins Detail funktionierte. Sein Gegenüber, Staatsanwältin Brorhilker, wird er als eine misstrauische Person wahrnehmen, die selbst das letzte Detail der Deals verstehen will. Die Ansage der Strafverfolgerin ist deutlich: Sie habe keine Eile. Und so werden die Vernehmungen Monate dauern – bis der Gentleman all sein Wissen preisgegeben hat und Brorhilker das Gefühl hat, dass nichts mehr aus ihm herauszuholen ist. Danach wird sich der Gentleman ausgequetscht wie eine Zitrone fühlen.

Als er zu Beginn der Vernehmung seine Adresse zu Protokoll gibt, lässt sich bereits erahnen, wo ein Teil des deutschen Steuergeldes gelandet sein könnte. Der Mann bewohnt eine Villa in »The Palm Jumeirah«, der künstlich erschaffenen Insel im Wüstenstaat Dubai, die aus der Luft wie eine Palme aussieht. An den äußeren Rändern finden sich die teuersten Luxushotels, auf den inneren Inseln dürfen sich Villenbesitzer ihres Privatstrands erfreuen. Der britische Aktienhändler ist nicht der einzige Cum-Ex-Akteur, den es dorthin verschlagen hat. Eine ganze Cum-Ex-Community hat sich gebildet.

Angeblich läuft man sich im Fitnessstudio des Öfteren über den Weg. Luxusleben auf Staatskosten.

Bis zur Villa in Dubai hat der Beschuldigte einen weiten Weg hinter sich. Aufgewachsen ist er in einem Kohleabbaugebiet im Norden Englands. Der Vater arbeitete als Elektroingenieur für British Coal, die Mutter war Krankenschwester für den National Health Service. Die Familie lebte in einem einfachen Einfamilienhaus. Schon in der Schule machte der Sohn die Familie stolz. Mit A-Levels, also Leistungskursabschlüssen, in Mathematik, Physik und Chemie verließ er die Schule in Richtung Oxford. An der Eliteuni studierte der 18-Jährige Physik. Nach drei Jahren beendete er die Uni mit »sehr gut« und begann bei »Arthur Andersen«, einem der weltgrößten Wirtschaftsprüfkonzerne, mit einer Ausbildung. Der frischgebackene Buchprüfer wechselte kurz darauf zu einer US-Investmentbank, danach zu einer Finanzfirma in London. Schließlich hatte der Physiker das Angebot, mit seinem damaligen Kollegenteam zur WestLB zu wechseln. Doch er zog das Angebot der australischen Investmentbank Macquarie vor – die lockere Firmenkultur hatte ihn schließlich mehr überzeugt als die etwas piefige deutsche Landesbank. Schnell war er bei Macquarie als erfahrener Excel-Modellierer geschätzt, stieg rasant zum Division Director auf.

2006 wechselte er innerhalb von Macquarie in die Handelsabteilung. Der Laden brummte, nachdem dort ein Jahr zuvor ein neuer Mitarbeiter begonnen hatte. Dieser war von der Investmentbank Morgan Stanley gekommen und hatte nach Aussage des »Gentleman« etwas Besonderes im Gepäck: ein Geschäftsmodell namens Cum-Ex. Bei Morgan Stanley, so die Legende, sei man um die Jahrtausendwende herum zufällig auf die Masche gestoßen. Ursprünglich habe man ein Cum-Cum-Geschäft geplant, also ein Geschäft, bei dem ein ausländischer Aktionär seine Aktie über den Tag der Hauptversammlung an einen Deutschen verleiht. Im Gegensatz zum Ausländer kann der Deutsche vom Finanzamt die Dividendensteuer zurückfordern. Nachdem der Fiskus das Geld erstattet hat, teilen sich Inländer und Ausländer das Geld, die Aktie geht zurück an den ausländischen Besitzer. Alle sind glücklich. Geleimt ist der deutsche Steuerzahler. Schließlich wurden de facto Steuern an einen ausländischen Aktienbesitzer erstattet, die ihm gar nicht zustanden.

Doch bei einem dieser Geschäfte sei bei Morgan Stanley etwas schiefgelaufen. Der Ausländer habe die Aktie selbst gar nicht besessen, die er nach Deutschland gab – ein sogenannter Leerverkauf. Zu ihrem Erstaunen soll die Bank damals festgestellt haben, dass sich hiermit noch viel mehr Geld verdienen lasse. Denn der deutsche Fiskus erstattete das Geld, obwohl die Aktie am Tag der Hauptversammlung gar nicht vorlag. Damit soll das Geschäftsmodell Cum-Ex geboren worden sein. Im Laufe der Zeit wechselten weitere Spezialisten von Morgan Stanley zu Macquarie in die Handelsabteilung, die sich zum Cum-Ex-Hotspot entwickeln sollte. In dieser Zeit stieß auch Brorhilkers Gegenüber dazu. Die Berechnungen und Modelle, die er für die Bank erstellte, befassten sich seit 2006 hauptsächlich mit Cum-Ex und Cum-Cum auf deutsche Aktienwerte.

Im Sommer 2009 erklomm der britische »Gentleman«-Händler die nächste Stufe. Das ganz große Geld winkte. Er schloss sich drei früheren Macquarie-Kollegen an, die sich mit der »Zeta Financial Partners« selbstständig gemacht hatten, jener Firma, deren Büro Jahre später Brorhilkers Ermittler in London einen Besuch abstatten würden. Der Aktienhändler selbst zog mit seiner Familie 2009 nach Dubai. Von dort aus agierte er als einer der wichtigsten Köpfe hinter zahlreichen Cum-Ex-Transaktionen.

Schon während seiner ersten Aussage spürt Brorhilker, dass dieser Mann keine Spielchen spielt. Er ist bestens vorbereitet, spricht ohne Umschweife, legt gleich zahlreiche Dokumente vor – allen voran Tabellen mit Berechnungen – die seine Aussage stützen. Vor allem aber legt der zweifache Familienvater gleich zu Beginn offen, was er selbst an den Deals verdient hat. Solch eine Offenheit ist selten.

Was bei anderen Zeugen und Beschuldigten nebulös klang, beschreibt der Brite glasklar. Allein an den Preisen, den Dividendenlevel, habe jeder professionelle Marktteilnehmer erkannt, dass es sich um ein Cum-Ex-Geschäft handele. Die beteiligten Akteure hätten dafür in der Regel einen Zeitplan festgelegt und bis auf die dritte Nachkommastelle genau berechnet, wie viel der Beute, also der erstatteten Kapitalertragssteuer jeder abbekäme. Knallhart sei über jeden Prozentpunkt gefeilscht worden. Jeder wollte jeden Schritt des Deals kennen, um ja nicht über den Tisch gezogen zu werden. So habe auch die Firma des britischen Aktienhändlers mit Berger und Steck vorab eine Gewinnvereinbarung getroffen. Demnach sollten die deutschen Anwälte über ihre Offshore-Firmen 70 Prozent von der erschlichenen Steuererstattung bekommen, die nach Auszahlung der Investoren und anderer Teilnehmer übrigblieb, und die Zeta 30 Prozent. Später, so sagt es der Beschuldigte, sei man dazu übergegangen, sich zuerst selbst zu bedienen, bevor man das Geld an die anderen ausgeschüttet habe.

Durch die Aussage des Aktienhändlers werden für Brorhilker nun alle Akteure des Spiels sichtbar:

Das sind zuerst einmal die sogenannten Erwerber. Oftmals waren dies Banken selbst, teilweise wurden aber auch deutsche GmbHs oder Publikumsfonds gegründet, um diese Art von Deals zu initiieren. Das dafür benötigte Geld kam zum einen von privaten Investoren, die durch Berater wie Hanno Berger, aber auch durch Kundenbetreuer, etwa der Sarasin-Bank, geworben wurden. Das eingesammelte Geld der Geldgeber wurde zum anderen durch Fremdkapital erhöht. Hierzu wurden spezialisierte Aktienhändler, Prime Broker, tätig. Sie verschafften vor allem von Investmentbanken Kredite in Milliardenhöhe, mit denen die Einlagen der Privatinvestoren »gehebelt« wurden, also um ein Vielfaches potenziert. Dadurch verfügten die Erwerber über sehr viel Geld. Nun übernahmen Vermögensverwalter, sogenannte Asset Manager, meist ehemalige Händler von Investmentbanken wie der Kronzeuge selbst, die fachgerechte Umsetzung der Cum-Ex-Deals. Sie besaßen die nötigen Kontakte zu Investmentbanken und Aktienhändlern, sie kalkulierten und organisierten die komplexen Geschäfte, sorgten für die Geldverteilung und das exakte Timing. So durchdacht die Geschäfte in juristischer Hinsicht durch Berater wie Hanno Berger auch waren, die Vermögensverwalter waren die eigentlichen Gehirne.

Um ihre Cum-Ex-Strategien rechtlich abzusichern, hätten sie »Opinion Shopping« betrieben, sagt der Gentleman aus. Das sei folgendermaßen abgelaufen: Man beauftragte einen Gutachter und ließ ihn erst einmal machen. Gefiel den Cum-Ex-Akteuren das Ergebnis nicht, beauftragten sie einfach einen anderen Gutachter. Dieses Mal jedoch gaben sie das Ergebnis der gutachterlichen Prüfung vor. »Add a conclusion that« (»Fügen Sie eine Schlussfolgerung hinzu, dass …«) habe die Zauberformel geheißen, und die Gutachter hätten gewusst, was zu tun sei.

Der Brite ist auch in der Lage, Brorhilkers Arbeitsthesen, wie die Absprachen bei Cum-Ex-Geschäften ausgesehen haben könnten, mit Leben zu füllen. Vor den Cum-Ex-Deals habe er regelmäßig, etwa zwei Mal in der Woche, mit Aktienhändlern gesprochen, um sich einen Überblick zu verschaffen. Er habe sowohl über die Frage, um welche Aktien es gehe, als auch über Volumina und Fälligkeitsdaten gesprochen.

Abgewickelt worden seien die Geschäfte dann zwischen den Händlern außerhalb der Börse, *over the counter*. Etwa über Icap, den weltweit größten Finanzdienstleister, der sich darauf spezialisiert hat, Geschäfte zwischen Banken und anderen professionellen Händlern außerhalb der Börsenplätze anonym abzuwickeln. Bei Cum-Ex-Deals sei das allerdings anders gelaufen, sagt der britische Beschuldigte. Hier seien die Deals bis ins Detail mit allen Akteuren abgesprochen gewesen. Wenn die Macquarie-Bank beispielsweise ein bestimmtes Aktienpaket für Cum-Ex-Geschäfte verkaufen wollte, habe man vorab mit den Käufern – zum Beispiel eigens für Cum-Ex gegründete GmbHs – die Mengen und Preise verabredet. Die GmbHs gaben dann exakt diese Bestellungen bei Icap auf. Statt wie üblich auf Angebote anderer Banken zu warten, hätten Icap-Mitarbeiter über Bloomberg-Chats anschließend Macquarie-Händler angeschrieben, die dann ihren gewünschten und von Anfang an abgesprochenen Deal nur zu bestätigen brauchten. Bei jedem Kauf sei gleichzeitig der Rückkauf der gleichen Summe an Aktien vereinbart worden. Diese Rückabwicklung habe im Markt »unwind« geheißen, sie sollte Risiken ausschließen und verhindern, dass es zu Komplikationen mit anderen Abteilungen in der Bank käme.*

Der Gentleman spricht auch über ein weiteres Werkzeug, das die Cum-Ex-Geschäfte selbst dann noch möglich gemacht haben soll, als der Staat längst daran arbeitete, sie zu unterbinden: das Datenträgerverfahren. Jenes automatisierte Erstattungsverfahren, bei dem registrierte Teilnehmer ohne Belege Millionensummen an Steuern zurückfordern konnten und das Geld innerhalb weniger Werktage auf dem Konto war. Jenes Verfahren, das deutsche Bundesbeamte in den Neunzigerjahren in enger Abstimmung mit der Finanzwirtschaft entwickelt hatten und das Banken und Finanzfirmen vorbehalten war.

Der Zeuge sagt nun aus, Steck habe ab einem bestimmten Zeitpunkt darauf bestanden, dieses Verfahren zu nutzen. Er habe dann den schillernden Cum-Ex-Akteur namens Sanjay Shah ins Spiel gebracht. Der habe mit seiner Firma Solo Capital sogar einen eigenen Zugang zum Verfahren gehabt. Quasi eine Lizenz zum Gelddrucken.

Obwohl sie sich nun schon Jahre mit dem Thema befasst, ist Brorhilker geschockt. Alle Fahnder, ihre Person eingeschlossen, sind immer davon ausgegangen, dass es sich hier um eine kleine Tätergruppe handeln würde, eine Handvoll schwarzer Schafe. Der Gentleman-Broker, der vor ihr sitzt, war zehn Jahre lang am Markt und

---

* Sowohl der Finanzdienstleister Icap als auch die Investmentbank Macquarie ließen Nachfragen zu den Schilderungen unbeantwortet.

macht nun glaubhaft, dass Cum-Ex-Geschäfte in seinem Umfeld ganz normal waren, nichts Besonderes, Alltag eben. Die Fahnder haben es also mit einem Massenphänomen, einer Industrie zu tun.

Brorhilker kann nicht glauben, wie groß die Ausmaße womöglich sind, wie viele Menschen in die Geschäfte involviert und darüber informiert waren. Schließlich geht es nicht nur um einen Vermögensverwalter, sondern auch um alle seine Geschäftspartner. Das waren teilweise ganze Abteilungen in namhaften Banken. Wenn man sich jetzt vorstellt, schießt es der Strafverfolgerin durch den Kopf, dass diese Geschäfte Jahr für Jahr und mit wechselnden Belegschaften abliefen, kommt man locker auf Hunderte Beteiligte. Beim Gedanken an die vielen Verfahren, die ihr bevorstehen könnten, wird der Staatsanwältin schwindelig.

Die Aussagen des britischen Brokers geben Brorhilker noch lange zu denken. Wie kann es sein, dass dieses Verhaltensmuster, das sie als kriminell bewertet, bei den Finanzakteuren in dieser Massivität aufgetreten ist? Wie kann es sein, dass niemand Skrupel hatte, mehr noch, dass es in der Branche sogar ein erklärtes berufliches Ziel war, Cum-Ex zu betreiben? Wie ist das in Einklang zu bringen mit Menschen, die alle gut ausgebildet sind und die normalerweise mit dem Rechts- und Wertesystem nicht in Konflikt stehen?

Natürlich gibt es die Gierigen, die den Hals nicht vollkriegen. Aber die meisten, so scheint es ihr zunehmend, sind in dieser Industrie zu Hause, das ist ihre Lebenswelt. Sie gehen morgens zur Arbeit, erledigen den Job und gehen abends wieder nach Hause, ohne dass sie dabei schlaflose Nächte plagen. Brorhilker will nicht in den Kopf, dass das so lange so gutging, dass das nicht hinterfragt wurde und aufgeflogen ist.

Aus strafrechtlicher Perspektive sieht sie viel Arbeit auf die Gerichte zukommen. Aber was das gesellschaftspolitisch heißt, soziologisch, psychologisch – diese Frage lässt sie einfach nicht los. Der Mensch scheint sich an alles zu gewöhnen, insbesondere dann, wenn es um Geld geht, lautet Brorhilkers Vermutung. Geld beruhigt. Und solange nichts hochkocht, sondern man damit auch noch beruflich erfolgreich ist, dann, so glaubt sie, lässt sich wohl viel verdrängen.

Auch vom Gentleman will sie wissen, wie ist es ihm damit ergangen ist? Ob er kein »Störgefühl« hatte? Eigentlich, gibt der Beschuldigte zu, hätten die Alarmglocken schrillen müssen. Zu Beginn habe er sich schon mal gefragt, ob das denn richtig sei, ob man das machen könne. Es habe schließlich auch erhebliche Risiken gegeben. Aber irgendwie habe er jegliche Zweifel beiseitegedrängt. Wahrscheinlich, so erklärt er es sich selbst, haben ihn schlicht und ergreifend die enormen Profite gelockt. Er beschreibt eine Mischung aus Hochgefühl und Dauerstress. Keine gesunde Mischung. Er sei nicht mehr zur Ruhe gekommen, krank geworden. Erst jetzt habe er sich die Zeit genommen, sein Verhalten zu reflektieren.

Vielleicht ist es auch menschlich, sinniert Brorhilker, dass man seine Bedenken und all das, was man eigentlich in der Lage ist zu erkennen, wegschiebt und sich einfach sagt: »Das ist jetzt mein Arbeitsplatz, das machen alle, ich werde dafür befördert, das ist eine gute Geschichte für mich.«

## Früher Vogel

Mannheim an einem frühen Morgen im Mai 2015. Der Backshop hat gerade erst geöffnet. Eine Mitarbeiterin räumt noch die Stühle von den Tischen, als zwei Männer das Geschäft betreten. Der Grünen-Abgeordnete Gerhard Schick balanciert einen Tee an den Tisch, sein Gesprächspartner, Christoph Spengel, Steuerprofessor an der Uni Mannheim und wissenschaftlicher Berater des Bundesfinanzministers Wolfgang Schäuble, trinkt seinen Kaffee schwarz. So unspektakulär der Ort ihres Treffens, so folgenreich wird das, was sie heute besprechen werden.

Schick ist finanzpolitischer Sprecher der Grünen-Bundestagsfraktion. Schon lange setzt er sich mit dem Cum-Ex-Skandal auseinander. Insider aus der Finanzbranche hatten ihn schon 2011 auf das Problem hingewiesen. Zwar gab es danach einige Presseveröffentlichungen im *Stern*, *Handelsblatt* und der *Süddeutschen Zeitung*. Die breite Öffentlichkeit hat dieser in Schicks Augen unfassbare Skandal aber nie wirklich erreicht. Und auch im politischen Berlin herrscht eine schwer zu ertragende Ignoranz, wenn es um das Thema geht.

Schick stellte 2014 einen Antrag im Deutschen Bundestag, einen Cum-Ex-Sonderermittler einzusetzen, um der Frage nachzugehen, wie dieser Milliardenraub geschehen konnte und für die Zukunft zu lernen. Doch die Regierungsfraktionen von CDU, CSU und der SPD schmetterten die Idee ab. Unter den Ablehnern war Lothar Binding von der SPD. Der Blick zurück helfe hier, so Binding, überhaupt nicht weiter. Man solle lieber nach vorne schauen. »Ich frage einmal die Grünen, insbesondere Gerhard Schick: Passiert denn gegenwärtig in ähnlicher Weise irgendetwas wie vor zwölf Jahren, das wir jetzt nicht erkennen?« Aufzuklären, so der Sozialdemokrat, gebe es nichts, damals wie heute.

Schick hat sich an diesem Mannheimer Maimorgen mit Professor Christoph Spengel verabredet, weil er fürchtet, dass die Regierungsparteien nach Cum-Ex den nächsten Milliarden-Skandal verschlafen: Cum-Cum. Anlass des Termins ist ein Artikel, der kürzlich unter der Überschrift »Schäuble knöpft sich Milliarden-Trickser vor« in der *Wirtschaftswoche* erschienen war. Professor Spengel wird darin mit der Berechnung zitiert, allein in 2015 kosteten den Staat die Cum-Cum-Geschäfte fünf Milliarden Euro. Am Frühstückstisch erklärt der Wissenschaftler dem Abgeordneten nun, wie er zu der Zahl kommt, wie die Geschäfte ablaufen und dass die Gefahr bestehe, dass sie trotz markiger Sprüche aus dem Finanzministerium eben doch nicht so schnell beendet würden.

Gerhard Schick fällt nach dem Gespräch eine Entscheidung: Um die Cum-Cum-Geschäfte zu stoppen, will er einen Untersuchungsausschuss zum Thema Cum-Ex initiieren. Erst wenn die Öffentlichkeit versteht, so sein Kalkül, was bei Cum-Ex alles schiefgegangen ist, würde ein hinreichender Druck auf die Regierung entstehen, auch die andere, noch laufende Masche endlich zu stoppen.

Der Parlamentarische Untersuchungsausschuss ist das schärfste Schwert der Abgeordneten, mit dem sie Kontrolle auf die Regierung ausüben und Fehlverhalten von Abgeordneten und Behörden beleuchten können. Wie Strafverfolger dürfen die Parlamentarier Zeugen vorladen. Und wie in einem Strafverfahren sind die Zeugen verpflichtet, die Wahrheit zu sagen. Ihre Aussage dürfen sie nur verweigern, wenn gegen sie bereits ermittelt wird und sie sich selbst belasten würden.

Die Unterschriften von 25 Prozent der Bundestagsabgeordneten sind vonnöten, um ihn einzuberufen. Auf dem Papier würden die Stimmen von Grünen und der Linkspartei ausreichen. Doch das ist kein Selbstläufer. Ein Untersuchungsausschuss bedeutet erheblichen

Aufwand. Unzählige Beweismittel müssen durchforstet werden, die Anhörungen gehen oft bis tief in die Nacht. Mitarbeiter sind notwendig, um die Sitzungen vor- und nachzubereiten. Während Schick seine eigene Fraktionsspitze rasch überzeugt, sind die Linken unentschlossen. Erst ein Anruf bei Sarah Wagenknecht, damals stellvertretende Fraktionsvorsitzende der Linkspartei, bringt die Wende – und die nötigen Unterschriften der Linken.

Dass er sich eines Tages mit Feuer und Flamme in einen Untersuchungsausschuss zu Finanzmarktthemen stürzen würde, hätte Gerhard Schick wohl lange Zeit seines Lebens nicht für möglich gehalten. Als Jugendlicher verkaufte er fair gehandelte Bananen in einem Dritte-Welt-Laden. Er spürte, dass die Frage des Geldes eine wesentliche ist, wenn man verstehen möchte, warum es auf der Welt derart ungerecht zugeht. Doch er spürte auch, dass er schlicht zu wenig wusste von der Welt des Geldes. Er hatte keine Unternehmer in seinem Umfeld, niemanden, der ihm die drängenden Fragen beantworten konnte. So entschloss er sich, Volkswirtschaft am Walter Eucken Institut in Freiburg zu studieren. Es folgten Stationen bei der Stiftung Marktwirtschaft in Berlin und bei der Bertelsmann Stiftung in Gütersloh.

2005 zog Schick für die Grünen in den Bundestag ein. Mit seiner Expertise wollte er das Themenfeld »Wirtschaft und Finanzen« beackern. Als der Jung-Abgeordnete schließlich für Finanzmärkte vorgesehen wurde, fühlte sich das zunächst wie eine Niederlage an. Doch schon 2006 – er begann, sich mit dem amerikanischen Finanzmarkt zu befassen, und die Anzeichen einer drohenden Krise mehrten sich – spürte er, dass es womöglich gar nicht vorrangig die Wirtschafts- oder Sozialpolitik war, in der wesentliche Gerechtigkeitsfragen verhandelt wurden, sondern die der Finanzmärkte. Es geschah so vieles an diesen nahezu abgeschirmten Orten, das gravierende Folgen für eine schier unvorstellbare Zahl an Menschen hatte. Nach Ausbruch der Weltwirtschaftskrise fühlte er sich bestätigt: Die Finanzmarktpolitik war seine Welt.

Als er sich entschließt, einen Cum-Ex-Untersuchungsausschuss ins Leben zu rufen, ist er bereits einer der profiliertesten Finanzpolitiker der Republik. Aber schon zu Beginn der Ausschussarbeit lässt der Wind in seinen Segeln schnell nach. Denn während für die Einberufung eines Untersuchungsausschusses eine Minderheit der Parlamentarier ausreicht, wird die Tagesordnung mit Mehrheit abgesegnet. Ebenso die Entscheidung, welche Sitzungen als »geheim« eingestuft und unter Ausschluss der Öffentlichkeit abgehandelt werden. Schick wird das Gefühl nicht los, dass die Union kein großes Interesse hat, »ihren« Finanzminister Wolfgang Schäuble mit unangenehmen Fragen zu konfrontieren. Ähnlich gelagert scheint das Interesse der SPD. Denn Schäubles Vorgänger, Peer Steinbrück, war seines Zeichens Sozialdemokrat. Ein Nichtangriffspakt schwebte, unausgesprochen, über den Verhandlungen.

Und auch von anderer Seite muss Schick einen herben Schlag einstecken. Anfang 2016 informiert Schick *Spiegel*-Journalisten exklusiv, dass der Untersuchungsausschuss nun beschlossene Sache sei. Normalerweise ein gefundenes Fressen für Reporter. Doch der Bericht fällt aus Schicks Sicht enttäuschend knapp aus. Ein Muster, das sich während des Ausschusses auch mit anderen Medien wiederholen sollte. Trotz teils spektakulärer Erkenntnisse blieben die Presseplätze im Sitzungssaal oft leer und Cum-Ex in Schicks Wahrnehmung ein Thema für die Wirtschaftsteile und Fachpresse.

## Versuchung

Vier Monate lang fahndet Gerhard Schick gemeinsam mit seinen Mitstreiterinnen und Kollegen der anderen Bundestagsfraktionen im Cum-Ex-Untersuchungsausschuss schon nach den staatlichen Versäumnissen im Steuerskandal. Bei ihren Nachforschungen stoßen sie immer wieder auf den Namen einer der weltgrößten Anwaltskanzleien: Freshfields. Um die Rolle der Topanwälte besser zu verstehen, fordern sie im Juli 2016 einige Unterlagen von der Kanzlei an. Es folgt ein hartes Ringen um die Dokumente.

Während die Abgeordneten in Berlin vergebens auf Antworten warten, geben Freshfields-Anwalt Ulf Johannemann und ein Kanzlei-Kollege am 14. Juli 2016 an anderer Stelle freiwillig Einblicke in ihr Geschäft. Die beiden Juristen steuern den Hörsaal 5 der Bundesfinanzakademie in Brühl an. Jener direkt dem Bundesfinanzministerium unterstellten Fortbildungsstelle für Finanzbeamte, in der die Freshfields-Anwälte seit Jahren als Gastdozenten ein- und ausgehen. Die Veranstaltung läuft unter der Überschrift »Innovative Finanzprodukte aus Sicht der Steuerberatung«. Doch entgegen des trockenen Titels wird es eine muntere Fortbildung. Schließlich sind die Freshfields-Leute sehr gute Redner, die wissen, wie sie eine Diskussion anfachen.

Ihren Vortrag beginnen die beiden Anwälte mit einem Gleichnis biblischen Ausmaßes. Auf der Power-Point-Folie erscheint ein Kunstwerk, das Adam und Eva im Paradies zeigt. Das Paar wird getrennt von einem Apfelbaum. Die Schlange lockt Eva mit einer roten Frucht. Gemäß der Erzählung erliegt Eva der Versuchung – und greift zu.

Doch da die beiden Steueranwälte an diesem Sommertag nicht in die Bundesfinanzakademie gekommen sind, um vor Bankenprüfern aus der ganzen Republik über das Alte Testament zu plaudern, haben sie das Bildnis leicht abgeändert. So greift Eva in der Freshfields-Version nicht nach einem Apfel, sondern nach einem Paragrafen 8b. Gemeint ist der entsprechende Paragraf des deutschen Körperschaftssteuergesetzes, der bestimmte Körperschaften von Steuern befreit.

Wer will, kann das Bild so interpretieren: Der Staat hat mit dem Gesetz eine Versuchung für Steuermodelle aller Art geschaffen. Die Eva wäre in diesem Gleichnis die Bankenbranche, die nicht widerstehen kann, zugreift, um mithilfe der Gesetzesfrucht Geld zu Lasten der Staatskasse zu verdienen.

Im Folgenden gehen die beiden Gastdozenten mehrere Modelle durch, mit denen Banken mittels Steuerdeals Geschäft machen. Darunter ist auch ein detailliertes Schaubild zu finden, wie die Cum-Ex-Geschäfte bis zur Systemumstellung des Gesetzgebers abliefen. Anders, als in der Vergangenheit, beschreiben die Freshfields-Anwälte den Vorgang diesmal nicht als das Ausnutzen einer Gesetzeslücke, sondern stellen fest, dass dies, in der Gesamtschau, wohl nicht rechtmäßig sei. Die Steuerexperten haben ihre Meinung offenbar geändert.

Dass Anwälte der Kanzlei wichtige Berater der zunehmend in Verruf geratenen Cum-Ex-Geschäfte waren, stört bei der wichtigsten Fortbildungsstätte der deutschen Finanzverwaltung offensichtlich niemand. Der Ruf der Kanzlei, so scheint es, ist intakt. Es ist gerade erst ein Jahr vergangen, seitdem die Kanzlei ihr 175-jähriges Bestehen gefeiert hat. Hamburgs Erster Bürgermeister stimmte in aller Öffentlichkeit eine Lobeshymne an. Olaf Scholz, seines Zeichens Jurist, beschrieb die Kanzlei als integer und unbestechlich. Freshfields sei mehr als eine Anwaltskanzlei, das Unternehmen gestalte, so der Sozialdemokrat, die Gesellschaft mit.

Ein Mailverkehr, den Johannemann mit einem Kollegen zur gleichen Zeit der Firmenfeierlichkeiten wechselte, zeigt indes ein anderes Bild. Der Kanzlei wurde am 30. Juli 2015 ein Entwurf aus dem Bundesfinanzministerium zugespielt. In der Verwaltungsanweisung ging es darum, Cum-Cum-Geschäfte, die den Fiskus jährlich Milliarden kosten, zu stoppen. Die Freshfields-Anwälte waren alarmiert. Die beiden berieten, was zu tun sei. Schließlich machte Johannemann eine klare Ansage: Sein Gespür sage ihm, sie sollten nur etwas dazu sagen, wenn sie gefragt würden. Auskünfte nur mündlich – keinen Schriftverkehr! Integre Menschen, die die Gesellschaft offen mitgestalten wollten, würden sich, so könnte man meinen, anders verhalten.

Davon ungetrübt steht Ulf Johannemann als weltweiter Steuerchef der Kanzlei in der Öffentlichkeit weiterhin bestens dar und ist auch gut im Geschäft. Auch jetzt hat der Freshfields-Partner, der zuvor zahlreiche Banken bei der Umsetzung von Cum-Ex-Geschäften beraten hatte und in seinen Gutachten keine Gesetzesverstöße erkennen konnte, noch üppige Mandate, obwohl der Staat die Deals inzwischen gestoppt hat. Johannemann verdient nun an der Aufarbeitung des Skandals mit. Er berät Banken, die Angst vor dem Staatsanwalt haben und arbeitet deren Cum-Ex-Vergangenheit kritisch auf. Zum Beispiel die der Deutschen Bank in den »Xenon Berichten«. Das größte deutsche Geldhaus benannte die Aufarbeitung seiner dunklen Vergangenheit nach dem Edelgas, das unter anderem auch dazu verwendet wird, Autoscheinwerfer hellweiß leuchten zu lassen. Johannemann und seine Kollegen führten im Zuge dieses Auftrags Interviews mit Deutsche-Bank-Angestellten, werteten ganze E-Mail-Postfächer aus, prüften Dokumente. Das Ergebnis der Xenon-Papiere war tatsächlich erhellend, deckten Johannemann und Co. doch zahlreiche Verwicklungen der Bank in Cum-Ex-Deals auf.

Und auch in der Bundesfinanzakademie hält man große Stücke auf Johannemann. Er und sein Kollege sind nach wie vor gern gesehene Gäste. In ihrem Vortrag nähern sich die beiden nun dem Thema der Steuermodelle spielerisch. Auf einer Folie sind bunte Bauklötze zu sehen, die wohl die Bausteine für Steuergestaltungen symbolisieren sollen. Die Gastdozenten zeigen nun, was sich mit diesen Bausteinen denn alles so für Modelle bauen lassen.

Unter anderem thematisieren sie *wash sales*. Diese Methode, erklären die Freshfields-Anwälte den zuhörenden Finanzbeamten im Publikum, sei unter bestimmten Voraussetzungen nicht missbräuchlich. Damit beschreiben die Freshfields-Anwälte ein Geschäftsmodell als womöglich legal, das die Bankenaufsicht BaFin zu diesem Zeitpunkt bereits sehr kritisch sieht. In einer Pressemitteilung hat die BaFin vor den »In-sich-Geschäften« gewarnt, bei dem Verkäufer und Käufer einer Aktie ein und dieselbe Person seien. Oftmals hätten die Geschäfte »steuerliche Motive«.

Am Ende ihres Vortrages spielen Johannemann und sein Kollege darauf an, dass sich die Branche wohl auch in Zukunft immer neue Gestaltungsmodelle ausdenken wird. Sie werfen die provokative Frage auf: »Wann kommt die nächste Runde?«

So sicher sich die Steuerexperten der Kanzlei im Sommer 2016 auch fühlen, ihr makelloses Image wird schon bald Risse bekommen. In ungewohnter Einigkeit wird der Cum-Ex-Untersuchungsausschuss wenige Monate später beschließen, dass die Kanzlei in Frankfurt durchsucht werden solle, schließlich habe Freshfields nicht die geforderten Unterlagen herausgerückt und damit die Untersuchung behindert. Erst der Bundesgerichtshof wird die geforderte Maßnahme im Februar 2017 stoppen.

Und nicht nur die Parlamentarier nehmen nun die Rolle der Freshfields-Anwälte unter die Lupe. Zunehmend interessieren sich auch die Strafverfolger für sie. So stehen die Beratungen des Steueranwalts Johannemann bei der Maple Bank im Zentrum der Ermittlungen der Generalstaatsanwaltschaft Frankfurt. Das Geldhaus mit Hauptsitz in Kanada soll den Strafverfolgern zufolge mit Cum-Ex-Geschäften in Deutschland Steuern in Höhe von rund 385 Millionen Euro hinterzogen haben. Johannemann habe jährlich entsprechende Gutachten aufgesetzt. Als die Finanzbehörden im Jahr 2011 dem

Steuerraub auf die Schliche kamen und Auszahlungen zurückforderten, habe Johannemann dagegen Einspruch eingelegt.

2019 erscheint der Anwalt vier Mal als Beschuldigter zu Vernehmungen der Generalstaatsanwaltschaft. Den Protokollen zufolge hat er Erinnerungslücken und beruft sich immer wieder darauf, er selbst sei von der Maple Bank über den wahren Sachverhalt nicht richtig informiert worden. Welchen Zweck die Geschäfte tatsächlich hatten, habe er erst im Dezember 2014 erfahren.

Reine Schutzbehauptungen, befindet die Staatsanwaltschaft. Aussagen anderer Zeugen und Mails sowie die Gutachten selbst belegten in den Augen der Fahnder, dass der Steuerrechtler den zweifelhaften Zweck der Geschäfte genauestens gekannt und bei seinen Gutachten bewusst ausgeblendet haben soll.*

Im November 2019 berichten WDR und *Süddeutsche Zeitung* schließlich exklusiv über eine bevorstehende Anklage gegen Ulf Johannemann. Die Frankfurter Fahnder der Ermittlungsgruppe »Bär« hatten ihre Erkenntnisse auf 390 Seiten zusammengefasst. Aus Sicht der Ermittler soll Johannemann zwischen 2006 und 2009 Gefälligkeitsgutachten geschrieben haben, außerdem habe er geholfen, die Finanzbehörden bei einer Betriebsprüfung gezielt in die Irre zu führen. Die Empfehlung der Strafverfolger ist eindeutig: Gegen Johannemann solle vor dem Landgericht Frankfurt Anklage erhoben werden. Die Ermittlungen seien abgeschlossen.

Kurz nach Veröffentlichung des Berichts wird bekannt, dass der Freshfields-Partner die Kanzlei auf eigenen Wunsch verlassen habe. Am darauffolgenden Freitag geht dann alles ganz schnell. Die Generalstaatsanwaltschaft Frankfurt beantragt für den früheren Steuer-Chef der Anwaltskanzlei Freshfields Bruckhaus Deringer einen Haftbefehl beim Amtsgericht. Noch am gleichen Tag rücken Beamte des Bundeskriminalamtes an, nehmen Johannemann fest und füh-

---

* Johannemann lässt Nachfragen zu den Vorwürfen später unbeantwortet.

ren ihn der Haftrichterin vor. Im Fall Johannemann besteht nach Ansicht der Frankfurter Richterin offenbar Fluchtgefahr. Er ist der erste Cum-Ex-Akteur, der in Untersuchungshaft landet. Nach vier Wochen kommt er gegen strenge Auflagen und eine Kaution in Millionenhöhe frei.

Millionensummen muss im Januar 2021 auch Freshfields berappen. Um sich nicht als Nebenbeteiligte in einem Strafprozess verantworten zu müssen, zahlt die Kanzlei zehn Millionen Euro an die hessische Finanzverwaltung. Im Gegenzug verzichtete die Generalstaatsanwaltschaft Frankfurt darauf, auch die Kanzlei vor Gericht zu zerren.

Nicht so bei Ulf Johannemann, der sich vor dem Landgericht Frankfurt wegen des Vorwurfs der Beihilfe zur Steuerhinterziehung verantworten soll. Die nächste Runde, nach der Johannemann in seinem Vortrag in der Bundesfinanzakademie 2016 fragt, sie wird in Gerichtssälen ausgetragen.

## Domino

Nachdem der »Gentleman«-Händler begonnen hat, vor Anne Brorhilker auszupacken, fallen zahlreiche Beschuldigte um, einer nach dem anderen, wie Dominosteine. Schnell spricht sich in der Szene herum, dass Kronzeugen ausgesagt und viele neue Namen genannt haben. Schnell spricht sich auch herum, dass sich das Zeitfenster, in dem ein Beschuldigter noch wesentliche Beiträge zur Aufklärung leisten und somit auf eine milde Strafe hoffen darf, schließen könnte.

Im Frühjahr 2017 beginnt für Staatsanwältin Brorhilker ein Verhörmarathon. Neben dem Gentleman, der regelmäßig beim Landeskriminalamt in Düsseldorf aufschlägt, nimmt am 3. April 2017 erstmals ein Mann Platz, der wegen seiner Funktion bei der kleinen Hamburger Varengold-Bank auf der Beschuldigtenliste steht. Sein guter Freund Kai-Uwe Steck habe ihm dazu geraten, sich den Vernehmungen zu stellen. Der kleine Mann betreibt offensichtlich Kraftsport. Die Knöpfe seines Hemdes verhindern nur mit größter Mühe, dass die Muskelmassen zum Vorschein treten.

Die Eltern, einst aus dem Iran nach Deutschland eingewandert, hätten ihm stets disziplinierte Arbeit gelehrt, trägt der Mann vor. Taschengeld habe es nicht gegeben und so habe er mit zwölf Jahren begonnen, in Hamburg Zeitungen auszuteilen. Beim Austragen habe er die übriggebliebenen Zeitungen gelesen und auf der letzten Seite die Aktienkurse entdeckt. Der Junge begann zu spekulieren: Was wäre, wenn ich auf diese oder jene Aktie gesetzt hätte? Er zeichnete Charts. Als er ein Teenager war, überredete er schließlich seine

Mutter, zur Sparkasse zu gehen, um ein Depot zu eröffnen, und sagte ihr, worauf sie spekulieren sollte.

Als er kurz vor seinem Realschulabschluss stand, wurde er auf ein Trainee-Programm in der Finanzbranche aufmerksam. Voller Erwartung machte er sich auf den Weg zur Varengold Handels- und Vermittlungs-GmbH. Doch statt am mondänen Hamburger Jungfernstieg war die Firma an der Automeile in einem Dachboden untergebracht, gleich hinter einem mit Autos vollgestellten Gebrauchtwagenhändler. Im gleichen Gebäude residierte ein Teppichverkäufer. Der Realschüler traf auf eine Gruppe junger Männer, die ein kleines Budget und große Pläne hatten. Er würde viele Jahre hierbleiben – zum Entsetzen seiner Eltern.

Die Geschäfte liefen schleppend. Der Handel mit Futures und Termingeschäften warf so wenig ab, dass es kaum für die Miete reichte. Schlafsacknächte im Büro waren keine Seltenheit. Wie die Jungfrau zum Kind kam der kleine Trupp jedoch kurz vor der Jahrtausendwende zum klanghaften Titel »Wertpapierhandelsbank«. Firmen wie Varengold, die den Handel professionell betrieben, wurden wegen eines neuen Gesetzes nun durch die Bankenaufsicht kontrolliert, durften sich im Gegenzug aber auch Bank nennen. Die neu geschaffene Wertpapierhandelsbank erlebte ausgerechnet durch den Terroranschlag am 11. September 2001 in den USA ihre erste Erfolgsstunde. Zufällig hatten sie auf einige fallende Kurse gewettet, als erst die Türme des World Trade Centers und dann die Aktienkurse infolge des Anschlags einstürzten. Die Abteilung »Jugend forscht«, wie sie sich selbst scherzhaft nannte, machte viel Geld und zog ans Elbufer um, in einen modern ausgebauten, backsteinernen historischen Elbspeicher. Ihre Bleibe war repräsentativ. Nur leider wollte sie trotzdem niemand besuchen. Sie fühlten sich immer noch wie Spieler der Kreisklasse, zumindest ihr Ausblick war Spitzenklasse.

Ein Jahr später kamen sie erstmals mit einem jungen Juristen namens Kai-Uwe Steck ins Geschäft. Ein kleiner Auftrag. Aber der Kontakt sollte bestehen bleiben. Im Jahr 2007 brachten die immer noch sehr jungen Banker ihr Unternehmen an die Börse. Drei Millionen Euro spielte der Börsengang ein, doch die Finanzkrise 2008 sorgte dafür, dass die Männer in den Zwanzigern abermals die Schlafsäcke mit ins Büro bringen mussten.

Mitten in der Krise meldete sich plötzlich Steck wieder, der Topanwalt, und fragte, ob er einmal mit einem Banker der Schweizer Sarasin-Bank vorbeischauen könne? Die Jungbanker waren elektrisiert. Die Champions League hatte angeklopft. In frisch polierten Schuhen und ihren besten Anzügen empfingen sie kurz darauf die Gäste – und waren tief beeindruckt. Braun gebrannt, mit zurückgegelten Haaren sei der Sarasin-Banker hereingeschneit. Der Mann entschuldigte sein Outfit, hanseatisches Hemd, Jeans, er komme gerade erst aus seinem sechswöchigen Urlaub auf Sylt. Die Jungbanker wirkten wie Buben in Kommunionsanzügen, seit gefühlt zehn Jahren hatten sie keinen Urlaub gemacht und staunten nicht schlecht. Was Steck hier heute auf den Flipchart malte, verstanden sie noch nicht so ganz. Sie wussten aber eines: Sie wollten dabei sein.

Beim Folgetreffen in Zürich habe sie Steck mit einer Vertraulichkeitsvereinbarung empfangen. Die Männer unterschrieben, ohne sie gelesen zu haben. Sie witterten das große Geld. Bei dem Geschäftsmodell, das ihnen vorgestellt wurde, würden vermögende Kunden bis zu 50 Millionen Euro investieren, Investmentbanken aus den USA würden ihrerseits viel Geld hereingeben, mit Aktien handeln, die Geschäfte absichern, und nach sechs bis acht Monaten kämen über die Steuerbescheinigungen Gewinne von acht bis zehn Prozent heraus. Man habe nun neue Strukturen über Fonds entwickelt, mit denen das Geld viel schneller fließe. Diese Fonds sollten die Varengold-Leute nun betreuen. Die Kunden würde der Sarasin-Banker vermitteln.

Der damals 28-Jährige sei von den Socken gewesen. Investmentbanken, hohe Millionensummen. Das alles wirkte auf den Mann wie ein Traum. Kurze Zeit später hatte er tatsächlich den ersten millionenschweren Kunden am Hörer.

Die Vernehmungen des Varengold-Bankers bringen Brorhilker wieder ein Stück weiter. Die Staatsanwältin versteht, dass hochintelligente Menschen wie der Topjurist Steck oder auch die Händler sich gezielt eine Bank mit jungen, unerfahrenen Burschen gesucht hatten, um eine nötige Banklizenz zu nutzen und Gesichter für die Front zu haben. Außerdem hat der Beschuldigte wertvolle Unterlagen dabei. Dokumente, deren Bedeutung er wahrscheinlich selbst nicht bis zur Gänze durchdringt. Es sind Belege für Modelle, die nach Cum-Ex betrieben wurden.*

Am 4. Mai 2017 stellt sich ein weiterer Beschuldigter den Vernehmungen in Düsseldorf, der in einer ganz anderen Liga spielt. Der Mann mit indischen Wurzeln, wie der Gentleman wohnhaft auf der Palmen-Insel Jumeirah in Dubai, wirkt ob seiner kleinen, schmächtigen Statur fast jungenhaft. Bei der Investmentbank JP Morgan hatte er es ganz nach oben gebracht. Als Strukturierer war der gebürtige Kanadier das strategische Gehirn hinter steuergetriebenen Handelsgeschäften.

Um seine geistigen Kapazitäten zu beschreiben, bemühen Vertraute gerne einen scherzhaften Vergleich: Wenn Topwissenschaftler diesem Kerl erklären würden, wie man eine Atombombe baut, würde er nach drei Tagen Ratschläge geben, wie man es besser machen könne. Im wahren Leben war Cum-Ex die Bombe, an der dieser Mann tüftelte. Gewissenhaft grub er sich durch die Steuervorschriften zahlreicher Länder, immer auf der Suche nach vermeintlichen Lücken und Schwachstellen der Gesetze. Hatte er eine solche Stelle identifiziert, fächerte er binnen kürzester Zeit die nötigen Schritte auf, um die Schwachstellen auszunutzen. Er gab die Struktur vor, die im Folgenden die Händler umzusetzen hatten.

Nicht nur den Cum-Ex-Deals gab er Struktur, auch seine Antwor-

---

* Nachfragen zu den Aussagen wird der Anwalt des Beschuldigten aus Rechtsgründen später ablehnen. Man dürfe sich nicht zu Details des Verfahrens äußern.

ten in der Vernehmung haben die Anmutung einer Diplomarbeit. Nicht selten antwortet er in Unterpunkten, 1.1, dann 1.1.1 und so weiter. Seinen Rechtsanwalt nervte er zuvor, indem er sich vor dem Verhör eine deutsche Strafprozessordnung besorgte, diese durch ein Übersetzungsprogramm jagte und schließlich eigene juristische Vorschläge machte, etwa den Paragrafen 153 ins Spiel zu bringen: Absehen der Verfolgung bei Geringfügigkeit. Angesichts des Vorwurfs einer millionenschweren Steuerhinterziehung eine originelle wie schlechte Idee.

Alles andere als geringfügig ist sein Beitrag zur Aufklärung. Anders als die Händler kann er zwar nicht die Absprachen zwischen den Marktakteuren beschreiben, dafür aber hat er einen kalkulatorischen Ansatz. Den staunenden Ermittlern rechnet er im Vernehmungsraum bis ins Detail vor, wie die Geschäfte aufgesetzt werden mussten, damit jeder seinen versprochenen Anteil vom Kuchen bekam.

Nicht einmal zwei Wochen später reist ein britischer Investmentbanker an, seine Villa steht ebenfalls auf »Palm Jumeirah« in Dubai. Im schnittigen Anzug verkörpert er das, was sich viele Menschen wohl unter einem Banker vorstellen würden. Er kommt bestens vorbereitet, schließt in seinen fünf Vernehmungen genau jene Wissenslücken, die Brorhilker zu dieser Zeit umtreiben.

Die Vernehmungen mit einem weiteren Beschuldigten aus der Varengold-Bank, die im Sommer laufen, entpuppen sich eher als Enttäuschung.

Am 14. Dezember 2017 betritt schließlich ein Mann in Begleitung seiner Strafverteidigerin Helen Schilling den Vernehmungsraum, den Brorhilker später als ersten Kronzeugen anklagen wird. Der Mann mit der hohen Stirn ist britischer Staatsbürger und trägt gern Pullover über seinem Hemd. Er wirkt eher wie ein Professor, nicht wie der Händler, der er jahrelang war. Auch er hat wie der Gentleman in Oxford studiert. Mit einem Abschluss in Ingenieurswesen, Wirtschaftswissenschaften und Management verließ er die Uni und bewarb sich, wie die überwältigende Mehrheit seiner Kommilitonen in der City of London, bei Investmentbanken.

Das hohe Tempo, die mathematischen Anforderungen, der knallharte Wettbewerb – all das habe ihn magisch angezogen. Zunächst hatte er gehofft, als Ingenieur anspruchsvolle technische Probleme zu lösen, doch die ersten Berufserfahrungen schreckten ihn ab. Schließlich begann er als 23-jähriger Junior-Trader bei Merrill Lynch. Sein Chef war der Investmentbanker Paul Mora.

Tatsächlich fand der Oxford-Absolvent hier die technischen Herausforderungen, die er suchte. Das Ziel war stets, eine profitable Transaktion zu konstruieren. Der Händler lernte schnell die Variablen kennen und setzte sie so zusammen, dass möglichst viel Geld bei der US-Investmentbank hängen blieb. Dabei war es eine klare Ansage, dass die Trades auch steuerattraktiv sein sollten. In dieser Zeit entwickelte er vor allem Cum-Cum-Geschäfte. Die Ausgangslage war simpel: Ausländische Halter europäischer Aktien mussten hohe Dividendensteuern zahlen, inländische Banken nicht. Also lieh die Investmentbank die Aktien von Ausländern und lieferte sie an die EU-Inländer. Das Geschäft wirkte seltsam auf den Neuling. Früher oder später, so seine Prognose, würden die Staaten diese Praxis verbieten.

Anfang 2006 folgte der britische Händler seinem einstigen Chef Paul Mora zur Hypovereinsbank. Als Eigenhändler vertraute ihm sein neuer Arbeitgeber große Geldsummen an, um Gewinne für die Banken zu erzielen. Der Händler machte nun auch Cum-Ex-Geschäfte und der Handelstisch, über den die Käufe und Verkäufe abgewickelt wurden, zählte zu den erfolgreichsten der Branche. Hier bei der HVB lernte der Brite nicht nur Steueranwalt Hanno Berger und seinen Mandanten Rafael Roth kennen, sondern arbeitete auch mit der Hamburger Privatbank M.M. Warburg zusammen.

2008 entschlossen sich Paul Mora und der Händler, sich selbstständig zu machen, später schlossen sich ihnen noch zwei frühere Händler der Deutschen Bank an. Mit ihrem Unternehmen Ballance

Capital machten sie nun eigene Cum-Ex-Geschäfte. Ihre Geschäftspartner hießen Berger und Steck.

Mit jeder dieser Vernehmungen setzt sich in Brorhilkers Kopf das Cum-Ex-Puzzle um ein Teilchen mehr zusammen. Mal ist es ein finanztechnisches Detail, mal eine bislang fehlende Verbindung zwischen den Akteuren, die den Bauplan des perfiden Geschäftsmodells komplettieren helfen. Das Bild verdichtet sich. Brorhilker hat nicht nur Sachbeweise wie E-Mails und Verträge in der Hand. Sie hat inzwischen auch zahlreiche Aussagen vorliegen, die die gesamten Absprachen, das gewaltige Netzwerk, die Gewinnverteilung offenlegen. Die Geschäfte sollen wie folgt abgelaufen sein:

Kurz vor dem Hauptversammlungstag eines deutschen Aktienkonzerns verkaufen Leerverkäufer Aktien mit Dividendenanspruch (cum) an einen Erwerber. Da es ein Leerverkauf ist, hat der Verkäufer die Aktien zum Zeitpunkt des Geschäfts gar nicht in seinem Depot. Die Aktie muss der Leerverkäufer erst zwei Tage nach Geschäftsabschluss liefern – so lautet das ungeschriebene Gesetz an den Börsen. Der Leerverkäufer hat jetzt zwei Tage lang Zeit, um sich bei dem eigentlichen Inhaber der Aktien mit den Wertpapieren einzudecken. Er kauft die Aktien aber *nach* dem Tag der Hauptversammlung, *ohne* Dividendenanspruch (ex). Der Leerverkäufer liefert die Aktie schließlich an den Erwerber. Da sie erst nach dem Tag der Hauptversammlung gekauft wurde und keinen Dividendenanspruch hat, überweist der Leerverkäufer zum Ausgleich eine Kompensationszahlung in Höhe der Nettodividende.

Für die Bank des Erwerbers sieht diese Gutschrift nun so aus, als ob hier eine Aktie plus Nettodividende vorliegt, also die Steuer tatsächlich gezahlt wurde – und stellt eine Steuerbescheinigung aus. Mit dieser Steuerbescheinigung kann sich der Erwerber nun die Steuer erstatten lassen. Dabei wurde auf »seine« Aktie gar keine Steuer gezahlt. Zum Zeitpunkt der Hauptversammlung lag sie ja noch bei dem ursprünglichen Inhaber, er hat die Steuer entrichtet. Nur er.

Die Aktie wird vom Erwerber für das Finanzamt einmal ins Schaufenster gestellt, um eine Steuererstattung zu bekommen – und dann wieder an ihren ursprünglichen Ort zurückgelegt. Denn das Geschäft wird nun komplett rückabgewickelt. Der Erwerber gibt dazu die Aktie zurück an den Leerverkäufer und der Leerverkäufer gibt sie dem eigentlichen Inhaber zurück. Den Gewinn, die Steuererstattung, teilen sich alle Beteiligten untereinander auf.

Leerverkäufe sind eigentlich dazu gedacht, auf fallende Aktienkurse zu wetten. Glaubt ein Spekulant, den Niedergang eines Unternehmens vorherzusehen, kann er mit den »Short Sales« daran verdienen. Befürworter von Leerverkäufen argumentieren, dass über dieses legale Instrument auch strauchelnde Unternehmen noch an frisches Geld auf den Finanzmärkten kommen. In Sachen Cum-Ex allerdings wurden Leerverkäufe für ein Scheingeschäft missbraucht. Die Effekte von Kursschwankungen, auf die Leerverkäufer normalerweise wetten, sie wurden mit Absicherungsgeschäften ausgeschlossen. Damit hatten die Geschäfte lediglich den Zweck vorzutäuschen, dass es zur gleichen Zeit zwei Besitzer einer einzigen Aktie gebe und somit zwei Erstattungen fällig würden. Ein Fake.

Das ist es also, das große Cum-Ex-Rätsel. Es ist so gut wie entschlüsselt. Endlich. Und das Beweismaterial reicht aus, um erste Anklagen vorzubereiten. Brorhilker spürt, wie ein Gefühl von Triumph in ihr aufsteigt.

Erst vor wenigen Tagen hat Kai-Uwe Steck ein entscheidendes Puzzleteil geliefert. Nach verdammt zähem Ringen.

Die Vernehmungen mit ihm dauerten nun schon länger als ein Jahr an. Zugegeben, er machte Fortschritte, was seine Auskunftsfreude anbelangte, aber im Sommer 2017 riss Brorhilker dann doch der Geduldsfaden, vor allem nach Stecks fragwürdigem Auftritt in München.

Steck war zu Vernehmungen der Steuerfahndung München in die bayerische Landeshauptstadt geladen worden, denn auch im Freistaat liefen Cum-Ex-Ermittlungen. Als Brorhilker die Protokolle der zweitägigen Münchner Vernehmung in die Hände bekam, war sie wie vom Donner gerührt. Plötzlich hatte dieser Steck in seinen Aussagen doch glatt seine tragende Rolle wieder relativiert und sich als unwissender Steuerlaie gegeben. Und noch schlimmer: Manche seiner Antworten klangen so, als habe sie ihm während der Vernehmungen in Düsseldorf bestimmte Aussagen in den Mund legen wollen. Nein, befand Brorhilker, dieser Steck verschwendete ihre Zeit.

Es folgten Monate der Funkstille. Die Staatsanwältin war für den Beschuldigten und dessen Strafverteidiger kaum zu erreichen. Neue Termine gab es nicht. Stecks Umfeld sollte diese Phase später als eine Art Nahtoderfahrung bezeichnen. Der Schock des Kontaktabbruchs und das Bangen um sein Kronzeugendasein verfehlten aber ihre Wirkung nicht.

Am 23. November 2017, nach mehreren Monaten Pause, saßen sich Brorhilker und Steck erstmals wieder gegenüber. Einmal mehr kroch der Beschuldigte zu Kreuze, gab unumwunden zu, dass er in München in alte Muster verfallen sei und nicht sein ganzes Wissen dargelegt habe. Nun, beteuerte er, sei er einen großen Schritt weiter. Er sei die Akte durchgegangen und wolle an vielen Stellen Ergänzungen vornehmen.

Noch am gleichen Tag verwies er auf zahlreiche konkrete E-Mails, die seine Aussage belegten, alle Beteiligten hätten gewusst, dass es sich um Leerverkäufe gehandelt habe. Dass die Steuer also nie entrichtet worden sei, die man später vom Fiskus zurückverlangte.

# Abrechnung

Ohne das Wissen darum, dass bei der Staatsanwaltschaft Köln gerade ein Cum-Ex-Akteur nach dem anderen auspackt, tritt Gerhard Schick am Freitag, den 23. Juni 2017, um kurz nach 13 Uhr, mit gemischten Gefühlen ans Rednerpult des Deutschen Bundestages. Die blau bestuhlten Reihen des Parlaments sind zur Mittagszeit nur spärlich besetzt. Die Regierungsbänke links hinter dem Rednerpult sind nahezu verwaist. Schick versucht, die Absenzen der Bundestagsabgeordneten auszublenden und sich davon nicht beirren zu lassen. Er konzentriert sich auf sein Skript. Heute will er die Aussprache über den Abschlussbericht des Cum-Ex-Untersuchungsausschusses für eine Abrechnung nutzen.

Hinter Schick und den anderen Ausschuss-Mitgliedern liegen 46 Sitzungen, in denen sie 70 Zeugen vernommen und fünf Sachverständige gehört haben. Abenteuerliches haben sie erlebt. Schon die Suche nach unabhängigen Experten offenbarte, dass die Fühler des Cum-Ex-Netzwerkes selbst bis in die Wissenschaft reichten. Im Herbst 2016 räumten gleich zwei der Sachverständigen, ein, dass sie auch Rechtsgutachten zu Cum-Ex geschrieben hatten, die die Schlüsselfigur Hanno Berger in Auftrag gegeben hatte.

Auf Professor Joachim Englisch von der Rechtswissenschaftlichen Fakultät der Universität Münster war Berger 2010 und 2011 zugekommen. Der Steueranwalt habe nicht mit seiner eigenen Sicht auf das Thema zurückgehalten. Für Englisch war das nichts Ungewöhnliches. Nahezu alle seine Auftraggeber klopfen bereits mit einer vorgefestigten Meinung an. Englisch wird später betonen, nur dann die Aufträge anzunehmen, wenn er diese Auffassung auch vertreten könne und dass er bei seinen Gutachten zu Cum-Ex stets von der Annahme ausgegangen sei, dass zwischen den Akteuren keine Absprachen erfolgten. Professor Englisch gab an, 500 bis 600 Euro in der Stunde für die Berger-Gutachten erhalten zu haben.

Sein Kollege, Professor Marc Desens von der Universität Leipzig kam im Frühjahr 2012 mit Berger ins Geschäft. Es ging um eine rechtliche Stellungnahme zu Gerichtsurteilen, Gerichtsbescheiden, Gesetzesbegründungen und Verwaltungsschreiben in Sachen Cum-Ex. Er sei nie beeinflusst worden und habe teilweise die Dinge auch anders als sein Auftraggeber bewertet. Dass sich Berger eine »Literaturmeinung« zusammengekauft habe, hielt Professor Desens für unmöglich.

Die Ausschuss-Mitglieder hörten auch dem amtierenden Bundesfinanzminister Wolfgang Schäuble (CDU) zu, wie er in seiner dreistündigen Aussage versicherte, man habe alles unternommen, um die Deals zu stoppen. Ebenso lauschten die Bundestagsabgeordneten Schäubles Amtsvorgänger Peer Steinbrück (SPD), wie er – gewohnt schnodderig – zu Protokoll gab, niemand habe gewarnt: »Vorsicht an der Bahnsteigkante!« Der frühere Finanzminister des Landes Nordrhein-Westfalen, Helmut Linssen (CDU), versicherte seinerseits, er habe mehrfach nachgefragt, ob bei der WestLB »etwas ist«. Überall habe die Antwort geheißen: »Fehlanzeige«.

Nicht nur mauernde Minister machten Gerhard Schick und den Aufklärungswilligen im Ausschuss zu schaffen. Mehrfach beschloss der Ausschuss mit den Stimmen von Union und SPD, die zu dieser Zeit gemeinsam in der großen Koalition regierten, wichtige Sitzungen als »geheim« einzustufen, weil beispielsweise im Fall jenes Whistleblowers, der die BaFin bereits 2007 vor Cum-Ex-Geschäften unter Mitwirkung der NRW-Landesbank WestLB gewarnt hatte, auch über Geschäftsgeheimnisse der beteiligten Banken gesprochen werden würde. Das hatte zur Folge, dass Presse ausgeschlossen wurde und die Öffentlichkeit erst Jahre später durch Recherchen von

WDR und *Süddeutscher Zeitung* von der frühen Warnung erfuhr, mit der die Geschäfte schon 2007 hätten gestoppt werden können.

Und auch der frühere Steuerchef der Hypovereinsbank fühlte sich um seine Rechte beschnitten. Kurz nach seiner Zeugenaussage am 29. Oktober 2016 reichte er Beschwerde beim Präsidenten des Deutschen Bundestages, Norbert Lammert, ein. Vor allem der Vorsitzende des Untersuchungsausschusses, Hans-Ulrich Krüger von der SPD, habe darauf gedrängt, dass seine Aussage als »geheim« eingestuft werde. Dabei bezögen sich seine Aussage und die eingereichten Dokumente vor allem auf die Jahre 2006 bis 2011. Tatsächliche Geschäftsgeheimnisse, aus denen Konkurrenten der Bank Vorteile ziehen könnten, seien damit nicht verbunden. »Es kann eben nur peinlich für die ein oder andere Führungskraft, einen Berater oder Händler sein. Aber genau dieses Naming and Shaming wie es die Angelsachsen nennen, ist doch Sinn öffentlicher parlamentarischer Untersuchungsausschüsse«, schrieb der frühere Steuerchef. Er bat um die Möglichkeit, seine Kernaussagen öffentlich wiederholen zu dürfen. »Ansonsten«, so endet sein Brief, »bliebe nur die Schlussfolgerung, dass auch der Deutsche Bundestag vor den Banken einknickt und keine ernsthafte Aufklärung beabsichtigt.« Der Bundestagspräsident verwies den zürnenden Zeugen auf den Vorsitzenden des Ausschusses, nur er sei zuständig, und der Sozialdemokrat Krüger hielt den einsteigen HVB-Insider mehrere Monate hin, bevor er sein Anliegen ablehnte. Auch das Bundesverfassungsgericht, bei dem der einstige Hypovereinsbanker ebenfalls Beschwerde einlegte, verwarf die Anträge. Die Verfassungsbeschwerde werde nicht zur Entscheidung angenommen, hieß es knapp in dem zweiseitigen Antwortschreiben des Verfassungsgerichts, da die »Möglichkeit einer Grundrechtsverletzung« nicht deutlich geworden sei. Auch der Europäische Gerichtshof für Menschenrechte änderte daran nichts. Die Aussage, die Einblicke in die Abläufe der Bank geben sollte, blieben geheim.

Trotz der Nackenschläge feierten Schick und seine Mitstreiter auch Erfolge. So kam das Thema Cum-Cum, wie von Schick im Mannheimer Café erhofft, tatsächlich auf die Agenda. Und auch wenn der Untersuchungsausschuss nicht die gewünschte Öffentlichkeit erfuhr, so machte zumindest die Geschichte des »Maulwurfes« Arnold Ramackers, der, von den Banken bezahlt, im Finanzministerium an Gesetzen mitarbeitete, die Runde. Das ARD-Politmagazin »Monitor« widmete der Causa einen Beitrag. Und auch die *Bild*-Zeitung sorgte im November 2011 mit ihrem Artikel »Banken bezahlten Maulwurf im Ministerium« dafür, dass der Cum-Ex-Skandal einem Millionenpublikum bekannt wurde.

Im Sommer 2017 schließlich überreichte der Ausschussvorsitzende Hans-Ulrich Krüger von der SPD dem Bundestagspräsidenten Norbert Lammert den Abschlussbericht. Auf dem obligatorischen Foto der Übergabe lächelt Gerhard Schick gequält in die Kamera. Denn das Fazit, das von der Mehrheit aus CDU, CSU und SPD durchgesetzt wurde, teilte der Grünen-Abgeordnete genauso wenig wie sein Kollege von der Linkspartei. Der Ausschuss sei demnach gar nicht notwendig gewesen. »Das Gremium hat die Überzeugung gewonnen, dass in den zuständigen Behörden sachgerecht und pflichtgemäß gearbeitet wurde.« Der Bundesregierung, insbesondere dem Bundesfinanzministerium, könne kein Vorwurf gemacht werden. »Die Aufarbeitung der Cum/Ex-Geschäfte zeigt eine tatkräftige Finanzverwaltung, die leistungsorientiert und engagiert die Fälle bearbeitet und sich dabei durch vereinzelte Marktakteure nicht einschüchtern lässt.« Der entstandene Schaden, den Professor Spengel nach Auswertung von Transaktionsdaten der Börse auf zwölf Milliarden Euro berechnet hatte, sei, so die Bundesregierung im Abschlussbericht, indes nur einen Bruchteil so hoch. Der Ausschuss endete also, nach mehr als anderthalb Jahren Arbeit mit einem Persilschein für alle Verantwortlichen.

Gerhard Schick wollte das so nicht stehen lassen. Genauso, wie Richard Pitterle von der Linkspartei schrieb er ein Sondervotum in den Abschlussbericht, in dem er seine Kritik offen formulierte.

Und auch jetzt in der anschließenden Aussprache im Deutschen Bundestag legt Schick kräftig nach. Das Ergebnis, alle Behörden hätten alles sachgerecht und pflichtgemäß gemacht, sei schlicht absurd, feuert der Grünen-Abgeordnete den Abgeordneten von Union und SPD entgegen. »Ist es denn sachgerecht, wenn ich den Hinweis eines Whistleblowers, der in der Finanzaufsicht sagt: Da läuft etwas schief, wenn ich den liegen lasse, *nicht* die Staatsanwaltschaft einschalte, wenn ich es *nicht* weiterleite an das Bundesfinanzministerium? Ist *das* sachgerecht? Und ist es sachgerecht, wenn, obwohl man Anfang 2009 Bescheid wusste, dann immer noch bis 2011 die Auszahlungen an diese Fonds erfolgten?« Nein, beantwortet Schick seine Fragen gleich selbst, es sei ein Fehler gewesen, der zu Milliardenverlusten für Steuerzahlerinnen und Steuerzahler geführt habe. Schick richtet sich abermals an die Regierungsparteien der großen Koalition: »Sie wollten das alles, all diese Fehler, unter den Teppich kehren. Aber Sie haben keinen Teppich gefunden, der groß genug wäre, um diesen größten Finanzskandal in der Geschichte der Bundesrepublik Deutschland herunterzukehren.« Auch mit den Verantwortlichen rechnet Schick ab: »Zu dem größten Finanzskandal der Bundesgeschichte, der in ihrer Amtszeit stattgefunden hat, hat die Bundeskanzlerin keine Silbe gesagt, und genauso Peer Steinbrück, der in Vorträgen landauf, landab die ganze Welt erklären kann, außer im Untersuchungsausschuss, wo er gesetzlich verpflichtet war, hat er bisher kein Wort gesagt dazu, was in seinem Geschäftsbereich, in seiner Verantwortung schiefgelaufen ist. Und genauso ist es bei Wolfgang Schäuble. Es ist wieder signifikant, dass er auch bei dieser Debatte nicht anwesend ist. Außer im Untersuchungsausschuss, wo wir ihn dazu zwingen konnten, dazu Stellung zu nehmen, hat er, der über Flüchtlingskrise und Donald Trump und alles immer ganz groß Auskunft gibt, noch kein einziges Wort gesagt.« Wie viel Steuergeld, fragt Schick empört, muss eigentlich verloren gehen, dass es einmal Konsequenzen gibt?

Konsequenzen wird der Untersuchungsausschuss jedoch zumindest für mehrere Zeugen haben, die vor dem Gremium ausgesagt haben. Manager von einer Finanzfirma und einer Bank werden Jahre später in das Visier von Staatsanwältin Anne Brorhilker geraten. Sie hat inzwischen mehrere Ermittlungsverfahren eingeleitet. Die Beschuldigten sollen gegen Paragraf 162 des Strafgesetzbuches verstoßen haben, wonach Falschaussagen auch vor nationalen Untersuchungsausschüssen strafbar sind. Und Brorhilker hat in ihren Ermittlungen tatsächliche konkrete Anhaltspunkte dafür gefunden, dass mancher Zeuge die Parlamentarier in einer Weise zum Narren gehalten hat, dass diese auch nicht zu einer angemessenen Einschätzung kommen konnten.

## Cum-Fake

Je mehr Anne Brorhilker mit Strukturierern, Händlern und Vermögensverwaltern spricht, desto naheliegender erscheint es ihr, dass diese logisch denkenden Naturwissenschaftler womöglich im Jahr 2012, als der Gesetzgeber die ursprünglichen Cum-Ex-Geschäfte beendet hat, die Variablen umgestellt und ihren Diebeszug mit anderen Werkzeugen fortgesetzt haben. Wenn sie jetzt schon auskunftsfreudige Insider in den Vernehmungen vor sich sitzen hat, will sie auch wissen, ob denn nun und wenn ja, wie der Steuerdiebstahl weitergegangen ist. Der Fantasie sind schließlich keine Grenzen gesetzt. Und so eine Szene, die seit Jahren damit beschäftigt ist, sich immer neue Modelle auszudenken, würde aller Lebenserfahrung nach nicht einfach ihr lukratives Geschäft einstellen. Schließlich sind hier ganze Abteilungen in Banken unterwegs, weltweit.

Wenn es in Deutschland gerade schwer ist, werden die sich, mutmaßt Brorhilker, zum Beispiel Dänemark angucken. Was hat Dänemark für Mechanismen? Wie sieht es da rechtlich aus, wie funktioniert deren Transaktionssystem? Wie ist das dänische Pendant zum Bundeszentralamt für Steuern aufgestellt? Und wie läuft das in Frankreich, Norwegen, Finnland oder Spanien? Die Cum-Ex-Akteure werden wohl so schlau sein, sich all das ganz genau anzuschauen und zu analysieren. Sie werden sicherlich Unmengen von finanztechnischen Ideen haben, die man immer wieder neu kombinieren und ändern kann. Schließlich gibt es auch Transaktionen, die über verschiedene Länder laufen. Die Insider sprechen von *double dips*: Wie ein Kinogast seine Nachos in verschiedene Saucen dippt, so dippen die Händler mit ihren Aktiengeschäften in die Steuertöpfe verschiedener Länder – in der Hoffnung, dass diese sich sowieso nicht austauschen, was die Steuersysteme anbelangt. Und wer sagt denn, dass Deutschland nicht noch immer eines dieser Länder ist?

Die »Cum-Ex-Files« weisen ebenfalls in diese Richtung. Medien aus zwölf Ländern, darunter der Norddeutsche Rundfunk, die *Zeit* sowie das gemeinnützige Recherchebüro *Correctiv*, veröffentlichen ihre Erkenntnisse im Herbst 2018. Demnach liefen Cum-Ex- und Cum-Cum-Modelle auch zu Lasten von Ländern wie Dänemark, Frankreich, Italien und Belgien. Der Schaden beträgt Schätzungen zufolge mehr als 50 Milliarden Euro. Im Zuge der Berichterstattung sagt auch erstmals ein Insider vor der Kamera aus. Aufwendig wird er von einem Maskenbildner unkenntlich gemacht. Die Aussagen aus dem 72-minütigen Interview kommen Brorhilker so bekannt vor, dass sie glaubt, sie einer ihr bekannten Person zuordnen zu können. Auch in der Cum-Ex-Szene wird fortan nur noch vom »Mann mit der Maske« gesprochen, wenn es um Kai-Uwe Steck geht. Mit versteckter Kamera filmen die Journalisten der »Cum-Ex Files« unter dem Vorwand, als vermögende Deutsche Geld anlegen zu wollen, zudem einen weiteren Insider der Cum-Ex-Szene, der ihnen nichtsahnend neue Modelle schmackhaft machen will. Der Steuerdiebstahl, so die Botschaft, geht weiter.

Anne Brorhilker überraschen die Enthüllungen der Journalisten indes nicht. Die Insider beschreiben im Vernehmungsraum Abwandlungen der ursprünglichen Cum-Ex-Masche, die sie auf Namen wie »Reverse Market Claims« oder »Manufactured Overseas Dividends« getauft hatten. Immer wieder nennen die Beschuldigten auch »American Depositary Receipts« (ADR), jene Papiere, die von Banken ausgestellt und in den USA stellvertretend für ausländische Aktien gehandelt werden. Hier, so scheint es Brorhilker, lohnt sich ein genauerer Blick.

Im Sommer 2018 hat die Staatsanwältin gerade die Fährte aufgenommen, da geht die amerikanische Börsenaufsicht SEC mit Ermittlungsergebnissen zu ADRs an die Öffentlichkeit. Ins Visier der Aufseher war unter anderem die US-Tochter der Deutschen Bank geraten. Im Juli 2018 stimmt das größte deutsche Geldhaus einem Vergleich zu: Die Deutsche Bank überweist 75 Millionen Dollar Strafe wegen unsauberer Handhabung von ADRs in den Jahren 2011 bis 2016.

In den deutschen Tageszeitungen füllt diese Nachricht nur wenige Zeilen in den Meldungsspalten. Offenbar interessiert sich kein Journalist tiefergehend dafür, was genau hinter der millionenschweren Strafe für Deutschlands größte Bank steckt. Womöglich sind Berichterstatter und Öffentlichkeit schon zu abgestumpft, angesichts der zahlreichen Skandale, wegen derer die Deutsche Bank bereits zur Kasse gebeten wurde.

Brorhilker jedoch ist alarmiert. Passen die öffentlich einsehbaren Erkenntnisse der SEC doch exakt zu dem, was sie in den Vernehmungen gehört hat. Die erste Spur nahmen die US-Fahnder schon 2014 auf. Ein Informant hatte den Aufsehern gesteckt, dass mit ADRs illegale Geschäfte betrieben würden. Womöglich wandte sich der Hinweisgeber nicht aus reiner Mildtätigkeit an die Behörden. In den USA werden Whistleblower bei erfolgreichen Ermittlungen an den Mehreinnahmen des Staates beteiligt.

Die SEC-Aufseher konnten dank der Insider-Tipps ermitteln, dass mit den Papieren jahrelang Schmu getrieben wurde. So hätten Großbanken und Aktienhändler Millionen von ADR-Papieren herausgegeben, die gegen die Regel nicht mit einer echten Aktie hinterlegt waren, sogenannte Pre-released-ADRs. Mit diesen Phantomaktien, so der Verdacht, soll es einen »potenziellen Missbrauch« gegeben haben.

Was damit gemeint sein könnte, brachten die SEC-Ermittler ebenfalls zu Papier – quasi als »Beifang« ihrer ursprünglichen Ermittlungen. Ihnen fielen E-Mails und Excel-Tabellen in die Hände, aus denen hervorging, wofür die ADRs offenbar genutzt worden sein sollen. Genau zu jenem Zeitpunkt, als die Dividende fällig wurde, seien die Scheinpapiere bei steuerlich Begünstigten gelandet. Beispielhaft rechneten die Aufseher vor, wie die Beute, also die ausländische Steuer, unter allen Akteuren aufgeteilt wurde. Nach dem Geschäft – so der Verdacht – verschwanden die ADRs wie von Zauberhand wieder dort, wo sie einst erstellt wurden, nämlich bei Depotbanken wie der US-Tochter der Deutschen Bank. Das Perfide: Da die Deals in den USA abgewickelt wurden, waren sie für europäische Steuerbehörden nicht einsehbar. Die Beute, also die illegale Steuererstattung, sollen sich Banker, Aktienhändler und Investoren laut SEC anschließend untereinander aufgeteilt haben. Die Zeche hätten einmal mehr die ehrlichen Steuerzahler gezahlt.

Die SEC verdonnert 15 Depotbanken, Händler und Einzelpersonen zu Strafzahlungen von insgesamt 432 Millionen Dollar, darunter eben die US-Tochter der Deutschen Bank. Zu den Übeltätern gehören ferner BNY Mellon und JP Morgan, zwei Akteure, die Brorhilker bestens aus den Cum-Ex-Ermittlungen kennt. Zu den mit Strafen belegten Händlern wiederum zählen unter anderem Tochterfirmen der ABN Amro und Merrill Lynch, ebenfalls mutmaßliche Cum-Ex-Akteure.

So spannend die neuen Erkenntnisse aus den USA auch sind, so wenig helfen sie Brorhilker zunächst weiter. Denn öffentlich zugänglich sind lediglich die mit den Banken geschlossenen Vergleiche, nicht aber das Beweismaterial und die Zeugenaussagen. Die amerikanische Börsenaufsicht interessiert sich vor allem für die Verstöße in den USA. Ob mit den Geschäften im Ausland die Staatskassen geplündert wurden, ist für die US-Aufseher höchstens zweitrangig. Für sie sind die meisten Fälle in dem Moment abgeschlossen, in denen die Banken die Strafzahlungen leisten.

Doch für Brorhilker geht die Arbeit erst richtig los. Zumindest in Bezug auf die Deutsche Bank gibt es weitere konkrete Anhaltspunkte für illegale Geschäfte mit ADRs. Und die hat das Geldhaus selbst geliefert. Am 22. September 2017 waren gleich mehrere Anwälte der Deutschen Bank im Landeskriminalamt in Düsseldorf erschienen. Steuerfahnder, Staatsanwälte und vier Mitarbeiter des Bundeszentralamtes für Steuern empfingen die Juristen.

Das Thema des Meetings war delikat: Hat es neben »Cum-Ex« eine weitere Methode gegeben, mit denen Banker und Aktienhändler in die Staatskasse griffen? Mit einer Power-Point-Präsentation legten Anwälte der Kanzlei Allen & Overy sowie der Strafrechtler Walther Graf im Auftrag der Deutschen Bank die Erkenntnisse interner Untersuchungen des Geldhauses offen. Demnach sei es möglich, mit den ADR-Papieren unberechtigte Steuererstattungen zu erhalten.

Bei der Deutschen Bank gebe es auch tatsächlich kritische Transaktionen. Insgesamt sechs an der Zahl hatten die internen Revisoren entdeckt. Zwischen 2010 und 2012 seien hierbei Steuern in Höhe von 1,5 Millionen Euro möglicherweise zu Unrecht erstattet worden. Für die Auszahlungen habe es einer rechtlichen Würdigung zufolge keine Anrechnungsvoraussetzung gegeben. Die Deutsche Bank habe im Rahmen einer Betriebsprüfung beim zuständigen Frankfurter Finanzamt die Fälle in einem Brief vom 2. Mai 2017 selbst offengelegt.

Die Power-Point-Präsentation der Deutschen-Bank-Anwälte, die Ermittlungen der SEC, die Aussagen der Beschuldigten zu den ADRs – Brorhilker ist sich sicher, dem nächsten Steuerbetrug auf der Spur zu sein.*

Doch das ADR-Thema wird warten müssen. Brorhilker versinkt mit ihrem winzigen Ermittlerteam bereits in der anschwellenden Flut an Cum-Ex-Fällen. Für die Ermittlung neuer Modelle fehlt schlicht die Zeit.

In Berlin weiß man von den neuen Spuren zunächst offenbar

---

* Die Deutsche Bank wird später betonen, dass sie mit der Staatsanwaltschaft Köln in der Sache vollumfänglich kooperiere und sich nicht zu den laufenden Ermittlungen äußern will.

nichts. Bundesfinanzminister Olaf Scholz erklärt öffentlich, nach Cum-Ex komme es jetzt darauf an zu verhindern, dass nicht neuerliche Versuche der aggressiven, grenzüberschreitenden Steuerbetrügereien erfolgten. »Ich habe das Bundesfinanzministerium deshalb angewiesen, jeglichen Hinweisen auf solche Geschäfte nachzugehen.« Hinweise der eigenen Leute aus dem Bundeszentralamt für Steuern, dass es mit ADRs womöglich eine neue solche Masche gebe, haben den Minister scheinbar nicht erreicht. Denn sein Haus reagiert vollkommen überrascht, als WDR und *Süddeutsche Zeitung* Anfang November 2018 nach der neuen ADR-Masche und den Vorwürfen gegen die Deutsche Bank fragen. Die Recherchen sorgen bundesweit für Schlagzeilen. Die neue »Cum-Fake«-Masche schafft es auch groß in die ARD-Sendung »Tagesthemen«. Der Begriff »Cum-Fake« ist nicht wie »Cum-Ex« eine Wortschöpfung der Finanzbranche. Gerhard Schick ist es, der in Gesprächen mit Journalisten diesen Terminus erfindet, in Anlehnung an Cum-Ex. Das »Cum« soll signalisieren, dass es eine Weiterentwicklung der Cum-Ex-Geschäfte ist, das Wort »Fake« soll nahelegen, dass hierbei nicht mit Aktien, sondern mit Scheinpapieren gehandelt wird. Der Begriff wird sich fortan, zur Verwunderung manchen Investmentbankers, in der Öffentlichkeit durchsetzen.

Nach anfänglichem Dementieren und Zögern zeigt sich das Bundesfinanzministerium nach der Konfrontation mit den WDR/*SZ*-Recherchen aufgerüttelt – und zieht sofort erste Konsequenzen. Per Erlass stoppt das Ministerium vorsorglich sogar das digitalisierte Erstattungsverfahren. Das Datenträgerverfahren für ADRs könnte es potenziellen Kriminellen bis dato besonders leicht gemacht haben, in die Staatskasse zu greifen. Aus dem BMF heißt es, man habe die zuständigen Stellen in den Bundesländern umgehend angewiesen, zur Aufklärung beizutragen. Auch internationale Partner habe man um Mithilfe gebeten. Ziel sei eine umfassende Aufarbeitung des Verdachtsfalls. Bei der Bankenaufsicht BaFin wird eine Taskforce zur Bekämpfung von ADR-Missbrauch eingerichtet, der Besteuerungsbereich beim Bundeszentralamt für Steuern wird mit Beamten aufgestockt, die schwerpunktmäßig gegen ADR-Gestaltungen vorgehen.

Auch die Deutsche Bank ist durch die Berichterstattung nun zu einer Stellungnahme gezwungen. Das Unternehmen betont auf Anfrage, man habe im Jahr 2014 aufgehört, die fragwürdigen Papiere um den Dividendenstichtag auszugeben, »weil es Bedenken zu potenziellem Missbrauch gab«. Schließlich habe man die Bedenken der SEC zum Anlass genommen, die noch verbliebenen Geschäfte mit den Papieren im Jahr 2016 komplett zu beenden.

Dieses Mal, so scheint es, klemmt sich das Bundesfinanzministerium tatsächlich dahinter. Cum-Fake erfährt höchste Priorität – zumindest für eine kurze Zeit. Am 18. Dezember 2018 sitzt Staatsanwältin Anne Brorhilker im Zug nach Berlin. Der Bundesfinanzminister hat sie eingeladen. Gemeinsam mit Kolleginnen und Kollegen des Bundeszentralamtes für Steuern und der Steuerfahndung soll sie zunächst dem Staatssekretär, später dann auch dessen Chef persönlich erklären, was es mit dieser neuen Masche auf sich hat und wie man die Bekämpfung gegen Steuerbetrug besser aufstellen könne. Ein Bundesminister, der sich von ermittelnden Strafverfolgern auf den Stand bringen lässt? Das imponiert Brorhilker.

Dem Dienstsitz des Bundesfinanzministeriums im historischen Regierungsviertel Berlins sieht man an, dass er einst von den Nationalsozialisten als Prestigebau geplant und errichtet wurde. In dem wuchtigen Gebäude residierte seinerzeit Hitlers Vertrauensmann Hermann Göring als Chef des Reichsluftfahrtministeriums. Jeder Schritt hallt in der großen, von schweren Steinsäulen getragenen Eingangshalle. Die Menschen, die hier ein- und ausgehen, wirken klein und verloren. Im linken Hallenflügel bieten eine Europa-Flagge und eine deutsche Fahne die Kulisse für Pressestatements. Zu ihrem Termin geht es für Brorhilker und die anderen Besucher die Treppe hinauf, schwere Marmorsteine rahmen die Türen eines langen Ganges, hinter denen die Entscheider sitzen.

Nach einem Vorgespräch mit dem Staatssekretär wird das Besuchergrüppchen in das Büro des Ministers gebeten. Die Dunkelheit hat sich an diesem vorweihnachtlichen Abend über die Hauptstadt gelegt. Olaf Scholz sitzt am Schreibtisch, das Jackett hängt über dem Stuhl, die Ärmel sind hochgekrempelt, als die Ermittler eintreten. Auf Brorhilker wirkt er müde. Freundlich stellt Scholz ein paar gezielte Fragen und die Experten beraten, ob man eine neue bundesweite Einheit gegen Steuerbetrug beim Bundeskriminalamt ansiedeln könne. Vor allem aber sitzt Olaf Scholz da und hört konzentriert zu, was die jung wirkende Kölner Staatsanwältin ihm über Cum-Fake und ihre bisherigen Erkenntnisse zu berichten hat.

Doch nach dem ersten eiligen Treiben kehrt im Bundesfinanzministerium Stille ein. Ein Jahr nach den ersten »Cum-Fake«-Veröffentlichungen gibt das Scholz-Ministerium auf Presseanfragen an, man ermittele zwar nach wie vor intensiv und gehe jedem Hinweis nach. Aber: Zum jetzigen Zeitpunkt seien »keine konkreten Einzelfälle« bekannt, in denen mit Bezug auf die US-Papiere ungerechtfertigte Steuern erstattet worden seien. Die inzwischen öffentlich bekannten Deutsche-Bank-Geschäfte sind offenbar noch immer nicht vom Bundeszentralamt für Steuern an das Ministerium gemeldet worden. Dabei hat sich die Bundesbehörde nach eigenem Bekunden sogar schon seit 2016 mit möglichen Gestaltungen unter Verwendungen von ADRs auseinandergesetzt und erste Ermittlungshypothesen aufgestellt. Mitarbeiter hätten demnach bereits amerikanische Pensionsfonds und Depotbanken gezielt nach ADRs befragt.

Bundesfinanzminister Olaf Scholz präsentiert sich derweil entschlossen im Kampf gegen Steuerbetrug. Nach dem Rücktritt der Sozialdemokratin Andrea Nahles im Sommer 2019 kandidiert Scholz nun um den Vorsitz der SPD. Einer seiner ärgsten Widersacher ist ausgerechnet der frühere NRW-Finanzminister Norbert Walter-Borjans, der sich als »Steuerjäger« einen Namen gemacht hat. Gerade als die SPD-Mitglieder abstimmen, verkündet Scholz, er werde eine bundesweite Ermittlungseinheit errichten, um Steuerbetrug zu bekämpfen. Für die Spezialtruppe beim Bundeszentralamt für Steuern sollen dazu 43 Experten bereitgestellt werden. Insgesamt würden sogar 100 Stellen im Kampf für Steuergerechtigkeit geschaffen werden. Das verlangt selbst seinen Kritikern anerkennende Worte ab. Die Wahl zum Parteivorsitzenden beschert Scholz die Ankündigung indes nicht. In einer Stichwahl unterliegt das Duo Klara Geywitz/Olaf Scholz gegen Saskia Esken/Norbert Walter-Borjans.

So sehr sich Olaf Scholz in Sachen Cum-Fake und Steuerbetrug als williger Aufklärer in der Öffentlichkeit inszeniert, so verschwiegen zeigt sich das Haus, das er leitet. Bereits 2018 stellte der WDR zu dem Thema einen Antrag nach dem Informationsfreiheitsgesetz (IFG) – dieses Gesetz sichert jedem Bürger den Zugang zu amtlichen Informationen. Tatsächlich schickte das Ministerium einige Monate später eine Reihe von Dokumenten. Eine entscheidende E-Mail, die sich die Journalisten schließlich an anderer Stelle beschafften, fehlte hierbei allerdings. Es waren die Hinweise des Clearstream-Managers aus dem Jahr 2012, in denen er bereits vor Missbrauch mit ADRs warnte. Eine andere wichtige E-Mail rückte das Ministerium zwar heraus, schwärzte aber ausgerechnet jenen Absatz, in dem der Clearstream-Mann seine explizite Warnung vor einem Missbrauch mit ADRs wiederholte. »Bei den geschwärzten Passagen handelt es sich um ein Betriebsgeheimnis der Clearstream AG«, erklärte das BMF im IFG-Schlussbescheid vom April 2019. Welches Betriebsgeheimnis das Ministerium in der Passage erkannt haben will, erklärte das Haus auf Nachfrage nicht. Auch die Frage, ob das BMF die frühen Warnungen zu Cum-Fake bewusst vertuschen wollte, ließ das Haus unbeantwortet.

Eine Reaktion gibt es schließlich doch. Versteckt in einem Elektro-Auto-Gesetz entledigt sich das Bundesfinanzministerium im Dezember 2019 einer lästigen Transparenzpflicht: Wie die Nichtregierungsorganisation »Frag den Staat« enthüllt, schafft das Ministerium heimlich eine »Cum-Ex-Ausnahme« von der Informationsfreiheit. Demnach bleiben Besprechungen und Korrespondenzen zwischen Bundes- und Landesfinanzbehörden zu diesem Thema künftig für die Bürger eine Blackbox. »Die Vertraulichkeit der Sitzungen ist zu wahren, wenn nicht im Einzelfall einstimmig etwas anderes beschlossen wurde. Für Beratungen im schriftlichen Verfahren gilt entsprechendes.«

Damit beschneidet das BMF jene IFG-Anträge, die der Öffentlichkeit zuvor wichtige Einblicke in das Staatsversagen bei Cum-Ex und Cum-Fake ermöglicht haben.

## Mangelwirtschaft

Die Zeit läuft ihr davon. Anne Brorhilker spürt immer neue Fährten auf, doch die Verjährung droht. Für Steuerhinterziehung lautet die Verjährungsfrist im Sommer 2019: zehn Jahre. Alle Cum-Ex-Fälle, die vor 2009 gelaufen und noch nicht erkannt sind, sind bereits nicht mehr strafbar. Und in diesen Tagen drohen auch die Fälle der Dividendensaison 2009 zu verjähren. Doch Ermittlungsverfahren einzuleiten ist selbst dann nicht einfach, wenn man die beteiligten Banken und Finanzfirmen kennt. In Deutschland gibt es kein Unternehmensstrafrecht. Strafverfahren richten sich nur gegen natürliche Personen. Echte Menschen. Mit Hochdruck arbeitet Brorhilker deshalb daran herauszubekommen, welche Personen konkret mit welchen Deals befasst waren – und wie sie zu erreichen sind. Denn die Beschuldigten müssen auch über das eingeleitete Strafverfahren informiert werden. Erst wenn dies geschehen ist oder andere Ermittlungsmaßnahmen ergriffen wurden, ist die Verjährung unterbrochen. Erst dann ist die Uhr gestoppt und die Strafverfolger haben weitere Jahre Zeit, den Fall auszuermitteln.

Gerade hat sie gegen rund 70 heutige und frühere Mitarbeiter der größten deutschen Bank Ermittlungsverfahren eingeleitet. Zu den Beschuldigten bei der Deutschen Bank zählen auch der stellvertretende Vorstandsvorsitzende Garth Ritchie sowie die früheren Vorstandsvorsitzenden Josef Ackermann und Anshu Jain. Als WDR und *Süddeutsche Zeitung* exklusiv über die Ermittlungen berichten, bestätigt ein Sprecher der Bank auf Anfrage die Ausweitung der Ermittlungen gegen »weitere ehemalige und aktuelle Mitarbeiter und Vorstandsmitglieder«, äußert sich jedoch nicht zu einzelnen Personen. Mit dem Vorgehen habe die Staatsanwaltschaft lediglich die Verjährung möglicher Straftaten unterbrechen wollen. »Das ist ein übliches Vorgehen und die Staatsanwaltschaft ist so auch bei anderen Banken verfahren. Die Bank geht nicht davon aus, dass diese prozessuale Maßnahme auf einer geänderten Einschätzung durch die Staatsanwaltschaft beruht.«

Die Deutsche Bank ist allerdings nur ein Kandidat auf der Liste der mutmaßlich Beschuldigten. Brorhilker und ihre Kollegen haben inzwischen insgesamt 50 umfangreiche Ermittlungskomplexe eingeleitet, die sich gegen 200 Beschuldigte richten. Der geschätzte Schaden für den Fiskus aus den Kölner Fällen summiert sich auf bis zu fünf Milliarden Euro. Jeder einzelne Ermittlungskomplex ist so umfassend wie die bislang größten Wirtschaftsverfahren der deutschen Geschichte insgesamt.

Doch Brorhilker ist mit den gigantischen Cum-Ex-Verfahren bei der Staatsanwaltschaft nahezu allein auf weiter Flur. Und auch auf Seiten der Ermittler ist die Besetzung im Vergleich zu anderen Großverfahren mehr als spärlich. Gerade einmal bis zu 15 Steuerfahnder der Ermittlungsgruppe »Stopp« sowie eine Handvoll Kriminalbeamter der Einheit »Tax« arbeiten den Steuerskandal auf.

Und es ist nicht nur die geringe Zahl der Fahnder, die Brorhilker das Leben schwer macht, sondern teilweise auch deren Qualifikation. Um Beweismaterial zu sammeln, müssen Fahnder in die verschlossene Welt der Finanzmärkte vordringen, mit großem finanztechnischen und steuerrechtlichen Wissen aufwarten und bestes Englisch sprechen können. Sie sollten IT-Kenntnisse haben, um mithilfe von Computerprogrammen die unzähligen Aktientransaktionen nachvollziehen zu können. Bei Weitem nicht alle Ermittler können mit diesen Fähigkeiten glänzen.

Druck kommt zudem aus Bonn, vom Landgericht. Weil in vielen Fällen ausländische Cum-Ex-Akteure die Steuererstattungen beim Bundeszentralamt in Bonn beantragt haben, ist der Tatort der Straftat in der ehemaligen Bundeshauptstadt und das dortige Gericht zuständig. In Bonn wartet Stefan Weismann, Präsident des Landgerichts, zusehends ungeduldig auf die ersten Anklagen. Er hat bereits viele Hebel für die Cum-Ex-Aufarbeitung in Gang gesetzt.

Im Winter zuvor stattete Brorhilker gemeinsam mit ihrem Chef dem Landgerichtspräsidenten in Bonn einen Besuch ab. Die Gäste kündigten eine Vielzahl an Cum-Ex-Verfahren für den Spätsommer 2019 an. Es gebe mehrere hundert Beschuldigte, die Materie sei äußerst komplex. Eine Prozesslawine rolle da auf Bonn zu. Solche Sätze hört kein Gerichtspräsident gern, bedeuten sie doch einen Haufen an Arbeit.

Weismann hatte zwar von Cum-Ex in der Wirtschaftszeitung gelesen, für ihn war das aber ein völlig fremdes Terrain. Zwischen Weihnachten und Neujahr las er sich den Bericht des Untersuchungsausschusses des Bundestages durch, um überhaupt ein Gefühl dafür zu bekommen, was das für Verfahren werden könnten, ob sie irgendwelche Maßnahmen im Gericht erforderten. Nicht nur wegen der winterlichen Jahreszeit erstarrte der Richter.

Weismann spürte, dass er handeln musste. Einen einfachen Ladendiebstahl, den kann man leicht verhandeln und aburteilen. Ein einfaches Insolvenzverfahren kann man einfach abarbeiten. Die Justiz, davon ist Weismann überzeugt, muss sich aber auch bewähren, wenn es um komplizierte Verfahren geht. Der Landgerichtspräsident dachte spontan an andere riesig große Prozesse, wie etwa die Aufarbeitung der Love-Parade-Katastrophe. Zig Beispiele gab es für Fälle, die an sich für ein einzelnes kleines Gericht zu groß waren. Schon länger trieb Weismann die Sorge um, dass die Bevölkerung die Arbeit der Gerichte unter dem Motto »Die Großen lässt man laufen, die Kleinen hängt man« wahrnehme. Dass die Menschen ihr Vertrauen in die Rechtsprechung verlören. Nein, befand der Richter, der Cum-Ex-Prozess müsse rechtsstaatlich, fair, sauber, kenntnisreich abgewickelt werden. Weismann erkannte, dass die angekündigten Verfahren das Gericht praktisch lahmlegen würden. Direkt nach den Weihnachtsferien, am 8. Januar 2018, berief er deshalb eine Präsidiumssitzung ein. Man entschied, Richter freizustellen, die sich in die Sachmaterie einarbeiteten. Man wollte nicht warten, bis die Lawine das Landgericht überrollte. Man wollte vorbereitet sein. Schließlich ging es hier nicht um einen Stoff, der den Richtern geläufig war.

Das hier war eine andere, abstrakte, schwierige Nummer. Auf die Richter wartete eine mühselige und langwierige Aktenarbeit. Allein die Akte für das erste Verfahren hatte 25 000 Blatt. In diese Aufgabe zwingen wollte der Präsident niemanden seiner Richter. Ihm war klar, dass es eine gewisse Affinität für das Steuerrecht brauchte. Schließlich konnte man ja auch niemanden in die Arzthaftungskammer stecken, der nicht Bilder von Operationen ertragen kann.

Für die Operation Cum-Ex fand sich schließlich Richter Roland Zickler. Trotz seiner 53 Jahre war er in Sachen Strafrecht ein Neuling. Den allergrößten Teil seines Berufslebens hatte er Zivilgerichten vorgestanden. Zuletzt bei der »Bankenkammer« in Bonn, vor der unzählige Kunden gegen ihre Immobilienfinanzierer klagten, nachdem herausgekommen war, dass die Banken fehlerhafte Widerrufsbelehrungen in die Verträge geschrieben hatten. Bevor Zickler nach Bonn gekommen war, hatte er jahrelang beim Amtsgericht Kerpen gearbeitet, wo er nahezu alles kennengelernt hatte: Zivilrecht, Registerrecht, Betreuungsrecht. Stets hatte er sich schnell in die neuen Rechtsgebiete eingearbeitet. Und so traute ihm der Präsident des Landgerichts Weismann nun auch den Vorsitz in der Wirtschaftsstrafkammer zu, die sich fortan vor allem mit Cum-Ex beschäftigen soll. Für Zickler sprach noch etwas anderes: In den Achtzigerjahren hatte er eine Bankenlehre absolviert und mehrere Jahre in der Branche gearbeitet. Zickler war damals auch mit Options-, Termin- und Aktiengeschäften an der Börse in Berührung gekommen. Auch wenn diese Erfahrungen lange Jahre zurücklagen – ein Grundverständnis für das Treiben an den Börsen ist geblieben.

Zu Zickler gesellten sich Bernhard Nicknig, der als ehemaliger wissenschaftlicher Mitarbeiter am Bundesgerichtshof ein ausgewiesener Experte im Revisionsrecht ist, und Johannes Koranyi, der jüngste der drei Richter, der sich voller Elan in die neue Materie stürzte.

Doch während am Gericht bereits eine eigene Kammer eingerichtet ist und die Richter zunehmend eingearbeitet sind, geschieht von Seiten der Staatsanwaltschaft: nichts. Die angekündigten Anklagen bleiben aus. Anne Brorhilker fehlt das Personal, Herrin über die Situation zu werden. Sie kämpft gegen die Verjährung vieler Fälle – und kommt einfach nicht dazu, die ersten Anklageschriften zu tippen.

Im Frühjahr 2019 berichtet das WDR-Magazin »Westpol« über den Personalmangel bei der Aufarbeitung des größten Steuerskandals der Bundesgeschichte. Sebastian Fiedler, Vorsitzender des Bundes Deutscher Kriminalbeamter, sieht Handlungsbedarf: »Unserer Schätzung zufolge fehlen 30 bis 40 zusätzliche Kräfte. Das müssen hochspezialisierte Fahnder sein.« Der Interessenvertreter befürchtet, dass viele Fälle ganz unter den Tisch fallen. »Dadurch, dass wir zu wenige Ermittlungskräfte zur Verfügung haben, droht in den Fällen, die wir jetzt noch zutage befördern, eine Verjährung.« Mit anderen Worten: Mutmaßliche Steuerhinterzieher kämen ohne Strafe davon. Zudem geht es auch um Steuergeld. »Dem Fiskus entgeht hier ein deutlicher Betrag an Mehrerlösen.«

Die Journalisten fragen bei den zuständigen Ministerien in NRW an. Es sind gleich drei. Keines sieht in Sachen Cum-Ex Personalprobleme. Das Finanzministerium erklärt, dass der Personaleinsatz von Steuerfahndern »immer angemessen« gewesen sei, seine Kräfte »hochspezialisiert« seien. Der Innenminister gibt über seine Pressestelle zu Protokoll, dass die personelle Ausstattung durch das LKA »quantitativ wie qualitativ ausreichend« sei. Und auch das Justizministerium gibt nach außen hin Entwarnung. Eine drohende Verjährung sei nicht bekannt, die Ausstattung an Staatsanwälten für Cum-Ex-Fälle sei »auskömmlich«.

Intern will es NRW-Justizminister Peter Biesenbach, CDU, hingegen genau wissen. Er arbeitet sich ein, fragt an vielen Stellen seines Justizsapparats nach und fällt den Entschluss, Cum-Ex zur Chefsache zu machen.

## Prozess

Der Tag, auf den Anne Brorhilker sechs Jahre lang hingearbeitet hat, beginnt für die Staatsanwältin in einer überfüllten Regionalbahn. Sie muss am Morgen des 4. August 2019 die ganze Zugfahrt lang stehen. Keiner der Fahrgäste in der Bahn nach Bonn ahnt wohl, dass sich die blonde Frau mit dem Pagenschnitt gerade auf den Weg macht, dreistellige Millionensummen ihrer Steuergelder zurückzuholen. Vor dem Landgericht Bonn startet an diesem Tag der bundesweit erste Strafprozess wegen der Cum-Ex-Deals. Brorhilker hat den britischen 41-jährigen Aktienhändler Martin S. angeklagt, der zunächst bei der Hypovereinsbank und später als Selbstständiger Cum-Ex-Geschäfte aufgesetzt haben soll. Neben ihm wird sein früherer 38-jähriger Kollege Nicholas D., ebenfalls größtenteils geständig, auf der Anklagebank Platz nehmen. Beide kennt sie aus den zahlreichen Vernehmungen im Landeskriminalamt. Insgesamt, so haben es die Ermittlungen ergeben, sollen die beiden mit Cum-Ex-Geschäften 447,5 Millionen Euro aus der deutschen Staatskasse gestohlen haben. Schon dieser erste Prozess sprengt nahezu alle bisher gekannten Dimensionen der Steuerhinterziehung.

Brorhilker springt an diesem sonnigen Augusttag zuversichtlich aus der muffigen Bahn. Die Beweislage ist dicht, doch ein Restrisiko bleibt. Hoffentlich wiederholen die beiden Angeklagten bei Gericht das, was sie in den Dutzenden Vernehmungen ausgesagt haben. Sie müssen das nicht. Eine Kehrtwende der Angeklagten ist jederzeit noch möglich.

Dass sie überhaupt so weit gekommen ist, hat Banker im In- und

Ausland und ihre Berater in Aufruhr versetzt. Bislang liefen Geschäfte mit derart komplexen Steuergestaltungen wie eine gut geölte Maschine. Jedes Rad Griff ins andere. Von außen gab es kaum Störungen. Und wenn doch einmal ein Finanzamt oder eine Regierung nachforschte, war höchstens für ein paar Tage Sand im Getriebe. Die Branche justierte ein paar Stellschrauben, danach lief es weiter. Der Beschuldigte Steck nannte das eine »Teufelsmaschine«.

Dass sich irgendwo in den vielen Ländern, in denen sich die Cum-Ex-Akteure munter aus dem Steuersäckel bedienten, ein Ermittlerteam an ihre Fersen heften und nicht lockerlassen würde, damit hatte offenbar keiner von ihnen gerechnet. Für die meisten im Ausland ist Deutschland ohnehin ganz weit weg. Viele kennen das Land, das sie um Milliarden erleichtert haben, höchstens von ein paar Dienstreisen oder dem Oktoberfest, meistens jedoch nur auf dem Papier. Durch Steuergesetze, die sie ausgewertet haben. Durch Aktienwerte, die sie gehandelt haben. Und auch hierzulande war die Banken- und Beraterszene von der Annahme beseelt, dass dieses Verfahren den gleichen Weg wie immer nehmen würde: Früher oder später würde es schon eingestellt werden, vielleicht gegen eine Zahlung, und dann ist es auch gut.

Das historische Gebäude des Bonner Landgerichts thront an diesem Morgen vor einem strahlend blauen Himmel. Preußenkönig Wilhelm IV. hatte das Gericht Mitte des 19. Jahrhunderts erbauen lassen. Noch heute prägt der Säulengang den Eingangsbereich des sandsteinfarbenen Gebäudes. Anne Brorhilker lässt die langen Schlangen vor dem Besuchereingang rechts liegen, steuert durch die linke Tür ins Gebäude. Dieser Eingang ist dem Justizpersonal sowie der Presse vorbehalten. Schnellen Schrittes eilt sie in den modernen Anbau des Gerichts, in dem die Sitzungssäle untergebracht sind. Schon in der großen Vorhalle drängen sich Menschenmassen.

Der Zuschauerraum ist mit unzähligen Anwälten, teilweise die namhaftesten ihrer Zunft, gefüllt. Ein untrügliches Zeichen: Nicht nur die beiden Briten sitzen auf der Anklagebank, sondern gefühlt auch die gesamte Cum-Ex-Branche. Es ist eine Art Musterprozess. Zum ersten Mal wird ein deutsches Strafgericht darüber entscheiden, ob Cum-Ex eine Straftat ist. Und somit wird auch die Behauptung, die von Schlüsselfigur Hanno Berger nach wie vor vehement platziert wird, Cum-Ex sei das legale Ausnutzen einer Gesetzeslücke zum ersten Mal von einem Strafrichter beurteilt.

Während sich Brorhilker im Saal die schwarze Robe überstreift, klicken die Kameras der Fotografen wie Maschinengewehre. Zuschauer halten ihre Handys hoch. Radioreporter zücken die Mikrofone. Doch die Schaulustigen haben es nicht auf Brorhilker abgesehen. Sie nimmt weitestgehend unbeachtet auf der linken Seite des Saals Platz, wo die Strafverfolger während der Gerichtsverhandlungen sitzen. Das Publikum drängelt sich um die besten Plätze vor der Anklagebank. Alle wollen Blicke auf die ersten beiden Cum-Ex-Angeklagten erhaschen. Martin S. trägt, wie schon oft bei seinen Vernehmungen in Düsseldorf, einen Pullunder über dem Hemd. Nicholas D. hat sich geschäftsmäßig gekleidet: breite blaue Krawatte mit den weiß-roten Streifen, dazu ein sportlicher dunkelblauer Anzug. Der 37-Jährige bewegt sich unsicher zu seinem Platz, mit den Händen hält er sich am Stuhlrücken fest, als brauche er eine Stütze.

Gleich hinter den beiden Aktienhändlern und ihren Anwältinnen und Anwälten finden auch die Verteidiger von fünf Finanzfirmen ihre Plätze: Es sind die juristischen Beistände der Hamburger Privatbank M.M. Warburg, deren Tochter Warburg Invest, einer Gesellschaft der Société Générale aus Frankreich, der amerikanischen Bank of New York Mellon (BNY) sowie der Hamburger Hansainvest. Das Gericht hatte sie kurz vor Prozessbeginn überraschend hierher beordert. Als Nebenbeteiligte droht ihnen, dass sie den entstandenen Schaden zurückzahlen müssen.

Möglich wird das durch ein neues Gesetz zur Abschöpfung krimineller Gewinne, mit dem der Gesetzgeber ursprünglich vor allem Clankriminelle härter bekämpfen wollte. Etwa, die des in der Öffentlichkeit viel beachteten arabischen Clans, deren Mitglieder offiziell

Hartz-IV bezogen, in Wahrheit aber mutmaßlich durch kriminelle Geschäfte eine Vielzahl von teuren Immobilien besaßen. Dank des neuen Gesetzes kann der Staat bei Vorliegen einer Straftat die Gewinne abschöpfen, ungeachtet, wohin sie genau geflossen sind. Dass das neue Gesetz einmal auf namhafte Privatbanken angewendet werden könnte, daran hatte der Gesetzgeber wohl anfangs nicht gedacht.

Richter Roland Zickler setzt dem lauten Stimmengewirr im größten Saal des Landgerichts mit seinem Auftritt ein jähes Ende. Der Vorsitzende Richter schreitet gemeinsam mit seinen beiden Richterkollegen, einer Schöffin und einem Schöffen in den Raum, begrüßt die Anwesenden mit knappen, entschlossenen Worten: »Guten Morgen, bitte Platz nehmen – und, an die Pressevertreter mit der Bitte, die Kameras nun auszuschalten.« Der charismatische Mann mit den graumelierten Schläfen übergibt das Wort nach weiteren Formalitäten an: Anne Brorhilker.

Das ist der Moment, in dem die Staatsanwältin zum ersten Mal der breiten Öffentlichkeit bekannt wird. Augenscheinlich hat sie sich nicht vorgenommen, diese Gelegenheit für einen medienwirksamen Auftritt in eigener Sache zu nutzen. Über mehrere Stunden liest sie die 55-seitige Anklageschrift vor. Ihre Stimme ist auffallend unaufgeregt und monoton. Die Vortragsweise will so gar nicht zu dem passen, was hier gerade inhaltlich aufs Tapet gebracht wird. Fall für Fall beschreibt Brorhilker, wie die beiden Angeklagten Millionen über Millionen aus der Staatskasse erbeutet haben sollen. Welche Aktien sie mithilfe von Leerverkäufen verschoben haben, welche Absprachen nötig waren, welche Codes sie benutzten, damit alle am Markt wussten, was zu tun sei. Detailliert legt sie das ganze Bild auf den Tisch, das sie in den letzten Jahren mühsam zusammengepuzzelt hat. Um 12.24 Uhr endet ihr Vortrag.

Ab jetzt liegt es am Gericht herauszufinden, ob die Taten objektiv so geschehen sind, wie Brorhilker sie ermittelt hat, und ob die beiden Angeklagten wirklich wussten, was sie da eigentlich taten.

# KI

Der groß gewachsene Mann mit den dünnen Haaren und der fahlen Gesichtsfarbe, der am Morgen des 27. August 2019 auf die Gruppe erfahrener Steuerfahnder und Kriminalpolizisten zugeht, ist an diesem Tag zum ersten Mal bei einer Cum-Ex-Razzia dabei – und doch wird er den Unterschied machen. Staatsanwältin Anne Brorhilker hatte sich bei dem Informatiker gemeldet, ihm ihr Problem geschildert. Banken im 21. Jahrhundert seien gefühlt mehr IT-Firmen als Geldhäuser. Nahezu das gesamte Geschäft, das die Strafverfolger entschlüsseln wollen, wird über abgeschirmte Computersysteme abgewickelt. Bei Razzien hörten sie von den Banken immer wieder, die Daten, die sie suchen, seien im Ausland oder die E-Mails seien längst gelöscht worden. Die Staatsanwältin spürte, dass sie technisch auf Augenhöhe sein musste, wenn sie Schutzbehauptungen entlarven und die wichtigen Beweismittel, die E-Mails und Dateien, vor allem aber die Transaktionsdaten sicherstellen wollte.

Nun soll der IT-Experte die Fahnder auf ebendiese Augenhöhe heben. Bereits als Teenager hatte der Mann begonnen, sich für Computer und das Programmieren zu interessieren. Nach dem Informatikstudium arbeitete er für einige Firmen, zu seinen Auftraggebern zählten auch immer wieder Staatsanwaltschaften, die ihn als Sachverständigen engagierten. So war er schon bei einigen Razzien vor Ort, wenn es um Kinderpornografie ging. Als Sachverständiger besteht seine Aufgabe ausschließlich darin, die meist geschützten Computer zu knacken, deren Inhalte zu »spiegeln«, also zu kopieren, sicherzustellen, dass die beschlagnahmten Daten unverfälscht sind, und sie für die Fahnder verwertbar zu machen. Die Inhalte sichten oder gar bewerten muss er zu seiner großen Erleichterung nicht.

Jetzt betritt der Informatiker neues Terrain. Er folgt der selbstbewussten Staatsanwältin und den erfahrenen Ermittlern in den modernen Deutsche-Börse-Kubus in Eschborn bei Frankfurt. Draußen klettern die Temperaturen an diesem heißen Sommertag schon auf die 30-Grad-Marke, hinter der verspiegelten Glasfassade des Gebäudes ist es angenehm klimatisiert. Auf dem Programm steht die Durchsuchung des Tochterunternehmens Clearstream. Brorhilker hat die Razzia anberaumt, obwohl vor dem Landgericht Bonn gerade der erste Cum-Ex-Prozess läuft. Es muss weitergehen. Clearstream verwahrt die Wertpapiere in seinen Tresorräumen. Das Unternehmen müsste also stets wissen, wem zu welchem Zeitpunkt die eingelagerten Aktien gehören. In den Computersystemen sollte also die Antwort auf die Frage schlummern, ob die bei Cum-Ex gehandelten Aktien kurzfristig bei einem anderen Besitzer lagen, es sich um Leerverkäufe handelte. Vor allem auf die Transaktionsdaten haben es die Strafverfolger deshalb abgesehen.

Der gefragte Computernerd ist mit beinahe kindlicher Vorfreude bei der Sache. Sicherlich, er könnte seine Zeit auch für lukrativere Aufträge in der Wirtschaft verwenden. Schließlich zahlt die Staatsanwaltschaft nach dem Justizvergütungs- und -entschädigungsgesetz nur einen Bruchteil dessen, was es bei großen Konzernen zu verdienen gäbe. Doch den Technikfreak reizt etwas anderes.

In Banken und Börsen, das spürt er schon bei dieser ersten Maßnahme, herrschen für Informatiker paradiesische Zustände. Heerscharen der besten Computerexperten arbeiten hier, ihnen steht Hardware vom Feinsten zur Verfügung – ihre Systeme sind entsprechend leistungsstark und ausgeklügelt. Diese Systeme zu verstehen und auszuwerten, das ist für den Programmierer eine megaspannende Herausforderung – und gleichzeitig eine Lehrstunde. Jedes neue System, das er kennenlernt, bringt ihn als Informatiker weiter.

Während Staatsanwältin Brorhilker dem Vorstand den Durchsuchungsbeschluss eröffnet und allerlei rechtliche Fragen diskutiert werden, geht der IT-Experte gedanklich schon die bevorstehende Aufgabe durch. Zum Beispiel die Frage nach den E-Mails. Nutzt das Unternehmen Microsoft Office oder die »Notes«-Software von Lotus, die auch die Möglichkeit zur verschlüsselten Kommunikation bietet? Gab es in der Vergangenheit eine Migration, also einen Umzug, zwischen verschiedenen Mailprogrammen? Welche E-Mails wurden gelöscht – und wo findet er die gelöschten Nachrichten wieder (so ganz verschwunden sind sie nämlich nie)? Wo sind frühere Backups der Systeme?

Wenn es um die Ordner auf den Rechnern geht, ist das »Ticketsystem« eines Unternehmens meist der Schlüssel zum Erfolg. Die allermeisten Unternehmen arbeiten mit »Tickets«: Immer, wenn ein Mitarbeiter eine Zugriffsberechtigung für bestimmte Festplatten und Programme benötigt, eine neue Software bestellt oder neue Geräte geliefert bekommt, legt die IT-Abteilung ein solches Ticket an. Anhand der Tickets lässt sich ablesen, wer welche Soft- und Hardware nutzt und wer wann für welche Bereiche Zugriffsrechte hat. Wie komme ich, fragt sich der Informatiker, am schnellsten an die Daten?

Die größte Herausforderung sieht er allerdings nicht kommen: die der Transaktionsdaten. Ein Aktienhändler gibt seine Kaufs- und Verkaufsorder in eine Maske auf dem Computerbildschirm ein. Da die professionellen Händler jedoch Millionen von Transaktionen umsetzen, verschwinden die Handelsbewegungen nach 30 bis 180 Tagen von dieser Maske und werden woanders gespeichert. Nur wo landen die Daten? Cum-Ex-Geschäfte liegen zu diesem Zeitpunkt bereits zehn Jahre und länger zurück. Wo sind die Transaktionsdaten der Geschäfte gespeichert?

Vom CISO, dem Chief Information Security Officer, lässt sich der Informatiker die IT-Landschaft erklären. Der Informatiker erfährt, dass die Daten in einem »Data Warehouse« landen. Dort sind sie, bildlich gesprochen, in unzähligen Regalen, die grob nach Themen angeordnet sind, verfügbar. Will man sie abrufen, dauert es eine Weile, bis sie griffbereit sind. Doch auch ein solches Warenhaus hat nur begrenzte Kapazitäten und so landen ältere Transaktionsdaten in einem »Datensee«. Zahlreiche Abteilungen der Bank haben eine Leitung für Daten in diesen See gelegt, sie lassen die Daten hineinfließen, die schon alt sind, aber vielleicht irgendwann noch einmal benötigt werden – wenn zum Beispiel ein Kunde eine Transaktion hinterfragt. Oder eben die Staatsanwaltschaft vor der Tür steht.

Ohne einen erfahrenen Angler ist es quasi unmöglich, in diesem Datensee die benötigten Informationen herauszufischen. Der CISO breitet vor dem Sachverständigen eine regelrechte Tapete aus, auf der Diagramme mit allen Nutzern und Schnittstellen verzeichnet sind. Schnell wird klar, den »einen« Datensatz gibt es nicht. Ein einziges Handelsgeschäft ist in Informationshäppchen unterteilt und diese sind an verschiedenen Stellen abgelegt. Außerdem gilt es, Eingabefenster zu verstehen, in denen beispielsweise Kürzel wie »A« für: Aktienkauf gespeichert, »B« für Aktienkauf abgeschlossen oder »X« für Geschäft noch offen vermerkt sind. Dank der fachlichen Erläuterungen des hauseigenen IT-Manns gelingt es dem Informatiker mit einer gehörigen Portion Know-how und Geduld, die relevanten Daten aus den Tiefen des Datensees zu fischen. Er wird anschließend noch lange brauchen, um sie zu dem perfekten Datensatz zusammenzufügen, mit dem die Steuerfahnder schließlich einzelne Cum-Ex-Geschäfte nachvollziehen können.

Der IT-Experte hilft an diesem Tag noch an anderer Stelle. So erklärt die Deutsche Börse, dass die Handelsdaten der Luxemburg-Tochter im Ausland lägen und nicht verfügbar seien. Brorhilker macht das stutzig. Kann wirklich niemand in der deutschen Zentrale die Geschäfte nachvollziehen? Spätestens an dieser Stelle wäre bei früheren Durchsuchungen Schluss gewesen. Wie hätte man die Datenlage auch kontrollieren können? Doch der Programmierer bringt den nötigen IT-Sachverstand mit. Er macht sich an die Analyse der Schnittstellen zwischen Frankfurt und Luxemburg. Der

Zufall will es, dass einem Fahnder währenddessen ein Handbuch in die Hände fällt, aus dem hervorgeht, dass auch die luxemburgischen Fäden in Eschborn zusammenlaufen müssten. Mit gezielten Nachfragen werden die Fahnder fündig und sichern sich nun auch die Daten aus Luxemburg.*

Fortan werden der Informatiker und seine Kollegen immer bei den Razzien als IT-Sachverständige mitwirken. Ihre Fähigkeiten sind unentbehrlich. Und auch im Nachgang der Durchsuchungen erweisen sich die Computernerds als von unschätzbarem Wert: Sie entwickeln für die Ermittler eine spezielle Software, die mithilfe von Künstlicher Intelligenz, KI, einen gigantischen Datensatz mühelos durchsuchbar macht. So erkennt das Programm anhand von E-Mails Personennetzwerke und macht auch Vorschläge, welche weiteren Suchworte in einem bestimmten Kontext Sinn ergeben. Dank der intelligenten Software sparen sich die Ermittler enorm viel Zeit – ein Gut, das angesichts der Verjährungsfristen von zentraler Bedeutung ist – und stoßen auf erheblich mehr Treffer als früher.

Die zusätzliche Unterstützung der Staatsanwaltschaft empfinden offenbar nicht alle als einen Segen. Man rüstet sich zur Gegenwehr. Vorschub leistet ein Korruptionsskandal, in dem der frühere Arbeitgeber des Informatikers 2020 verstrickt ist. Dabei soll ein Strafverfolger der Generalstaatsanwaltschaft Frankfurt von der alten IT-Firma Schmiergeld kassiert und im Gegenzug Aufträge vergeben haben. Das ist ein gefundenes Fressen für schwere Vorwürfe gegen den IT-Sachverständigen in Brorhilkers Diensten. Mehrere Strafanzeigen gegen ihn gehen ein. Nach mehreren Monaten werden die Ermittlungen zwar eingestellt, da er nachweislich nichts mit dem Skandal zu tun hat, aber die Attacken haben ihm Zeit, Geld und Nerven geraubt. Mehr noch, sein Name wird auch nach der Einstellung

* Die Deutsche Börse wird später die Durchsuchung an jenem Tag bestätigen, möchte sich zu Einzelheiten jedoch nicht äußern.

des Verfahrens gerne in Strafverteidigerkreisen mit dem Korruptionsfall in Zusammenhang gebracht. Ob Zufall oder nicht: Es sind ausgerechnet renommierte Wirtschaftsanwälte, die auch Cum-Ex-Mandate von Beschuldigten haben, die den Programmierer verunglimpfen.

## Risse

Der bundesweit erste Cum-Ex-Strafprozess ist keine zwei Monate alt, da lädt NRW-Justizminister Peter Biesenbach zur Pressekonferenz. An seiner Seite: Vertreter der Staatsanwaltschaft Köln. Allerdings ist es nicht Anne Brorhilker, die wissbegierigen Journalisten heute Rede und Antwort steht, sondern ihre beiden Vorgesetzten Oberstaatsanwalt Torsten Elschenbroich und Behördenchef Joachim Roth.

Auf den ersten Blick sind sich die drei Herren einig. Angesichts der wachsenden öffentlichen Kritik, die Justiz stelle zu wenig Personal für die Aufarbeitung des größten Steuerskandals der Bundesgeschichte zur Verfügung, erklären sie unisono, mehr Personal hätte in der frühen Phase der Ermittlung nicht geholfen.

So betont der Justizminister, zunächst habe man das System erkennen und hinter die Strukturen kommen müssen. In dieser Phase, so seine beschwichtigende Botschaft, habe es vor allem Ermittler bei Polizei und Steuerfahndung gebraucht, die die Daten auswerten. »Bei der Staatsanwaltschaft gilt es, den Überblick zu behalten. Hier müssen die Fäden konzentriert zusammenlaufen. Während dieses Zeitraums war die Zahl der Ermittler, wie mir der Leitende Oberstaatsanwalt versichert, auskömmlich. Auch Vernehmungen werden nicht von fünf Ermittlungsbeamten geführt. Insbesondere wenn sie aufeinander aufbauen, müssen sie in einer Hand beziehungsweise in wenigen Händen liegen.«

Oberstaatsanwalt Elschenbroich springt dem Minister bei. Demnach habe es Sinn gemacht, die Ermittlungen mit möglichst wenig

Personal anzugehen. Es hätte »nichts gebracht, wenn zehn Staatsanwälte Akten gewälzt hätten, ohne zu wissen, wonach sie suchen sollten«. Und auch der Chef der Staatsanwaltschaft Köln, Joachim Roth, bemüht eine Metapher um klarzumachen, dass alles bestens gelaufen sei: »Es kam darauf an, einen Faden zu entwirren und das Knäuel dann neu zu ordnen. Da nützt es nichts, wenn 100 Leute an dem Faden ziehen oder einer das macht und 99 schauen zu.«

56 Ermittlungskomplexe gebe es nun, mit mehr als 400 Beschuldigten. Minister Biesenbach kündigt eine deutliche Personalaufstockung an. Fünf weitere Strafverfolgerinnen und Staatsanwälte sollen hinzukommen. »Unser Rechtsstaat ist stark, auch wenn er sich für die Aufklärung die notwendige Zeit nimmt!«

Anne Brorhilkers Name fällt nicht. Justizminister Biesenbach lobt sie indirekt, indem er die Presse aufgreift: »Dies ist kein Prozess, bei dem wir über Tage, Wochen oder Monate reden, sondern über Jahre. Insbesondere die in einem Onlinemedium als ›unbekannte Heldin des deutschen Wirtschaftsrechts‹ bezeichnete Oberstaatsanwältin und nicht zuletzt die Recherche der investigativ tätigen Journalisten haben dazu geführt, dass das Ausmaß der häufig als ›größter Steuerraub in der Geschichte‹ bezeichneten Cum-Ex-Deals langsam sichtbar wird.«

Doch so sehr die Agierenden auf Harmonie bedacht sind, so sehr wird die Pressekonferenz in der Finanzszene den gegenteiligen Eindruck hinterlassen. Es sind nur wenige Worte, doch die liefern Strafverteidigern von Banken und Beratern Anlass genug, ihre Strategie zu überdenken.

Ausgesprochen werden sie von Oberstaatsanwalt Elschenbroich. Der Hauptabteilungsleiter unterteilt den derzeitigen Beschuldigtenkreis in drei Kategorien. Unter ihnen gebe es »Drahtzieher«, verantwortliche Personen in Banken, aber auch »kleine Handlanger«. Man werde sich auf die Hauptverantwortlichen konzentrieren. Bei etlichen Beteiligten sei auch »über andere Maßnahmen als Anklagen nachzudenken«.

Auf die Hauptverantwortlichen konzentrieren? Andere »Maßnahmen« als Anklagen? Was Brorhilkers Vorgesetzter auf offener Bühne verkündet, widerspricht dem Ansatz der Strafverfolgerin zu hundert Prozent. Brorhilker sieht Cum-Ex ähnlich gelagert wie ein Umsatzsteuerkarussell, bei dem Akteure Waren zum Schein über Landesgrenzen hinweg handeln und sich Umsatzsteuern erstatten lassen, die sie nicht gezahlt haben. Auch hier müssen sich *alle* Beteiligten verantworten, wenn die Masche auffliegt. Vom Drahtzieher bis zum ahnungslosen Bauern in Süditalien, der seinen Namen für eine GmbH hergegeben und so Monat für Monat Geld kassiert hat. Sie will sich gerade nicht auf wenige Hauptverantwortliche konzentrieren, sondern der Frage nachgehen, ob vielmehr nicht eine ganze Branche am Werk ist. Und andere Maßnahmen als Anklagen, etwa eine Einstellung der Verfahren gegen Geldbuße, hält sie allein schon wegen der enormen Schadenssummen für rechtlich ausgeschlossen. Ab einer Steuerhinterziehung von mehr als einer Million Euro sieht das Strafrecht Freiheitsstrafen vor. Diese Summe ist in nahezu allen Cum-Ex-Fällen weit überschritten.

Staatsanwalt Elschenbroich wird später betonen, er habe nie die Ansicht vertreten oder geäußert, man solle nur die Hauptverantwortlichen verfolgen und alles andere einstellen. Einen Richtungsstreit dieser Art habe es bei der Staatsanwaltschaft Köln nicht gegeben.

Doch die Strafverteidiger der Banken interpretieren die Geschehnisse offenbar anders, manche wittern jetzt einen Konflikt in der Staatsanwaltschaft. Hatte Brorhilkers Vorgesetzter ihnen nicht die Hand gereicht, womöglich doch den üblichen Weg zu gehen: Einstellung gegen Geldbuße, weil man eben kein »Hauptverantwortlicher« gewesen sei? Sofort kochen Gerüchte in Frankfurt hoch, wo nicht nur die Banken, sondern auch die besten Wirtschaftskanzleien sitzen. Brorhilker sei intern angeschlagen. Sie habe sich verzettelt. Sie würde nun vom Chef zurechtgestutzt. Vielleicht, so denkt nun mancher Topanwalt, macht es doch mehr Sinn, einfach abzuwarten, ob sie die zähe Staatsanwältin nicht doch noch loswerden, bevor man sich zu der Sache einlässt.

Brorhilker wäre nicht die erste Strafverfolgerin, die es mit reichen und mächtigen Gegenspielern aufgenommen, eine gewisse Öffentlichkeit erfahren hat – und schließlich in der Versenkung verschwinden würde. Prominente Strafverfolger machen sich nicht nur bei ihren Gegenspielern unbeliebt. Auch innerhalb des eigenen Behördenapparates werden sie kritisch beäugt. Schließlich soll im Staatsdienst, so die ureigene Idee, jeder jede Aufgabe übernehmen können, alle gleich behandelt und auch wahrgenommen werden. Dass einzelne Personen herausstechen, durch Prominenz oder gar Leistung, wird in diesem System nicht gefördert.

Dass Brorhilker seit Prozessbeginn zunehmend ins Interesse der Öffentlichkeit rückt, ist wohl auch in Köln niemandem entgangen. Die *Süddeutsche Zeitung* berichtet im August 2019 ausführlich über eine seltene Ehre, die Brorhilker zuteil wird. Die »stille Heldin« sei von dem Fachjournal für internationale Ermittlungen *Global Investigations Review* mit ihrer Abteilung bei der Staatsanwaltschaft Köln für die Ermittlungen zum Cum-Ex-Betrug als »Strafverfolgerin des Jahres« nominiert. Auch der Vorschlag eines Journalisten, Brorhilker für das Bundesverdienstkreuz vorzuschlagen, wurde intern wahrgenommen.

Für Brorhilker wird die wachsende Aufmerksamkeit, so scheint es, zunehmend zur Gefahr. Zu sehr ist das Beispiel der Bochumer Staatsanwältin Margrit Lichtinghagen noch präsent. Die Strafverfolgerin war bundesweit zu einer Berühmtheit geworden, als sie den früheren Chef der Deutschen Post, Klaus Zumwinkel, vor laufenden Kameras abführte. Auch Lichtinghagen war in Steuersachen unterwegs. Unermüdlich wertete sie Informationen über Liechtensteiner Konten aus, auf denen wohlhabende Deutsche mutmaßlich unversteuertes Geld versteckt haben sollen. Die Strafverfolgerin leitete Hunderte Strafverfahren ein. Aber schon nach der ersten Anklage gegen Zumwinkel und noch bevor das Hauptverfahren gegen den früheren Topmanager beginnen konnte, war für sie Schluss. Die Mutter zweier Töchter wurde in einem internen Streit mit schweren Vorwürfen konfrontiert, zog schließlich die Konsequenzen und wechselte als Richterin an ein Amtsgericht. Die Vorwürfe, Lichtinghagen habe gezielt Strafgelder zu bestimmten gemeinnützigen Organisationen geschanzt, erhärteten sich nach umfangreichen Untersuchungen später nicht.

Und auch in der Finanzverwaltung zeigte sich unlängst, dass allzu viel öffentliche Aufmerksamkeit im Staatsdienst keine Lebensversicherung ist. Die Steuerfahndung Wuppertal war über die deutschen Landesgrenzen hinweg als jene Finanzbehörde bekannt, an die sich Whistleblower mit brisantem Material aus Banken wenden konnten. Oberster Wuppertaler Steuerjäger war Peter Beckhoff. Seine Abteilung versetzte nach dem Ankauf mehrerer Steuer-CDs unter Bankern und Reichen Angst und Schrecken. Seine Abteilung war es auch, die nach dem Kauf einer weiteren CD für zahlreiche neue Cum-Ex-Verfahren sorgte. Als Beckhoff in den Ruhestand ging, erfuhr keiner seiner engsten Vertrauten eine Beförderung. Die beiden Spitzensteuerfahnder Sandra Höfer-Grosjean und Volker Radermacher, die jahrelang mit Beckhoff eng zusammengearbeitet hatten, schienen nicht für dessen Nachfolge dauerhaft infrage zu kommen. Sie zogen die Konsequenzen und wechselten die Seiten. Beim Wirtschaftsprüfer Deloitte beraten die beiden erfahrenen Steuerfahnder nun Konzerne. Ein für die Finanzverwaltung schmerzhafter Seitenwechsel.

Für einige Banker, Aktienhändler und Berater steht wohl fest: Weihnachten und Ostern fallen auf einen Tag, sollte auch Brorhilker irgendwann entnervt die Segel streichen oder gar gehen müssen.

## Ungeprüft

Ungeachtet der Störfeuer aus den eigenen Reihen läuft der erste Cum-Ex-Prozess über weite Strecken so, wie es sich Brorhilker erhofft hat. Der in Strafsachen unerfahrene Richter Zickler führt die Verhandlung souverän. Die Beschuldigten bleiben bei ihren Aussagen und fügen sogar noch neue Informationen hinzu. Auch Kai-Uwe Steck, in diesem Verfahren nur als Zeuge geladen, stellt sich, ohne zu murren, dreitägigen Vernehmungen und gibt öffentlich zu Protokoll, was er in den Vernehmungen schon ausgesagt hat. Schritt für Schritt erfahren nun Gericht und Öffentlichkeit, was Brorhilker in ihren Ermittlungen zutage gebracht hat. Dokumente werden per Beamer an die Wand geworfen, Berechnungen von einem der Angeklagten plausibel gemacht. Jeder, der will, kann sich nun ein Bild von der Sache machen.

Und selbst für Brorhilker gibt es noch etwas in der Hauptverhandlung zu lernen. Vor allem die zahlreichen Zeugenbefragungen von Finanzbeamten lassen sie staunen. So fragt Richter Roland Zickler immer wieder danach, wie die Finanzbeamten eigentlich geprüft hätten, ob die Steuermilliarden, die sie erstatteten, überhaupt zuvor gezahlt worden seien.

Die Antworten auf diese Frage überraschen. So beschreibt ein Steueramtsrat des Bundeszentralamtes für Steuern die Tücken des sogenannten Sammelantragsverfahrens. Ähnlich wie das Datenträgerverfahren, das für ausländische Banken gedacht ist, müssen beim Sammelantragsverfahren inländische Banken keine Belege vorlegen, die Erstattung laufe auch hier elektronisch. Man habe dabei die Depotbanken der Aktionäre als Verwaltungsgehilfen genutzt. Die hätten die Rechtmäßigkeit der Erstattungsanträge versichern müssen. Mit anderen Worten: Banken, nicht Finanzbeamte hatten zu prüfen, ob die Steuer tatsächlich abgeführt worden war. Das heiße doch, hakt der Richter neugierig nach, ein Kreditinstitut brauche nur die Zulassung zum Sammelantragsverfahren und »hatte dann die Möglichkeit, auf Knopfdruck, ohne weitere Nachweise Ihnen gegenüber, Erstattungsbeträge zu bekommen?« Die Antwort lautet: ja.

Ein Bundesbetriebsprüfer des Bundeszentralamtes für Steuern ergänzt am nächsten Prozesstag, man habe im Sammelantragsverfahren lediglich geprüft, ob die Banken die nötigen Versicherungen abgegeben hatten. Nicht geprüft worden sei, ob die Angaben auch tatsächlich stimmten.

Auch einen Referatsleiter desselben Amtes fragt Zickler, ob die im Gesetz vorgeschriebenen Merkmale, dass die Steuern »einbehalten und abgeführt« werden, geprüft wurden. Der hohe Bundesbeamte antwortet mit einem knappen Nein. Auf die gleiche Frage gibt ein ebenfalls als Zeuge befragter Finanzbeamter aus Wuppertal an: »Nein, auf jeden Fall nicht. Das war auch kein Thema, ganz klar.«

Einzig Hoffnung, was die Integrität der Finanzämter anbelangt, macht ein Bediensteter des Finanzamtes Frankfurt V Höchst, das für Banken zuständig ist. Er bejaht zunächst die Frage, ob auch geprüft werde, ob die Dividendensteuern, die erstattet werden sollen, überhaupt bezahlt wurden. Bei der Nachfrage, wer das denn zu prüfen habe, wird die Antwort allerdings dünner. Man habe 250 bis 300 Kreditinstitute zu prüfen. Deshalb würden die Steuern zunächst unter »Vorbehalt der Nachprüfung« erstattet. Ob und wie intensiv bei diesen Nachprüfungen Nachforschungen angestellt würden, könne er nicht sagen.

Brorhilker machen die Zeugenaussagen fassungslos. Da erstattet der Staat Jahr für Jahr Milliardensummen an Steuern – und dann prüft niemand, nicht mal in Stichproben, ob diese Steuern auch vorher bezahlt wurden? Und das ist noch nicht alles. Während der

Hauptverhandlung muss sie erfahren, dass es noch nicht einmal eine Gegenüberstellung der eingenommenen und der erstatteten Steuern gibt. Der Fiskus kann also nicht einmal sagen, ob überhaupt Geld durch die Dividendensteuer hängen bleibt. Oder ob er vielleicht sogar mehr zurückzahlt, als er eingenommen hat.

# Urteil

Im März 2020 hebt das Virus SARS-CoV-2 die Welt aus den Angeln. Das Virus ist höchst ansteckend und löst bei unzähligen Menschen die mitunter lebensbedrohliche Lungenkrankheit Covid-19 aus. Wenige Wochen nach seiner offiziellen Entdeckung in China, hält das Virus auch Europa fest im Griff. Bilder von einer nicht enden wollenden Reihe aus Militärfahrzeugen, die im italienischen Bergamo nachts Särge abtransportieren, gehen in diesen Tagen um die Welt. Nicht nur in Italien, auch in Frankreich hat die Regierung bereits Lockdowns verhängt, die Menschen dort dürfen nur noch in Ausnahmefällen vor die Tür. Auch die deutsche Bundesregierung beschließt am Montag, den 16. März 2020, einen solchen Schritt. Ab dem folgenden Sonntag müssen auch die Deutschen zu Hause bleiben.

Am Dienstag, den 17. März 2020, eröffnet Richter Roland Zickler am Landgericht Bonn den 43. Verhandlungstag des Cum-Ex-Strafverfahrens. Der sonst so beherrschte und selbstsichere Mann wirkt an diesem Tag angefasst. Bevor er in das Tagesprogramm startet, möchte er eine Erklärung abgeben. Es gehe um die Schöffin, hebt er an. Sie sei älter als 65 Jahre. Zickler versagt die Stimme, Tränen schießen ihm in die Augen. Er muss sich sammeln. Mit zittriger Stimme erklärt er, dass die ehrenamtliche Richterin zur Gruppe der Risikopatienten zähle und darum gebeten habe, möglichst weit von allen anderen Personen im Raum zu sitzen. Anders als die anderen rund 90 Personen im Saal trägt sie einen Mund-Nasen-Schutz. In ihren Augen steht die Angst vor dem Virus.

Der Druck auf die Schöffin ist gewaltig. Obwohl sie keine juristische Ausbildung hat, zählt ihre Stimme genauso viel wie die der drei Berufsrichter. Dass Ehrenamtler in wichtige Strafprozesse eingebunden werden, soll das Vertrauen der Bürger in den Rechtsstaat stärken. Nicht nur Juristen in Roben, so die Botschaft, sondern auch jeder Freiwillige, der mag, darf bei Urteilen mitsprechen. Ohne die Stimme der Schöffin, kann im ersten Cum-Ex-Prozess kein Urteil gefällt werden. Es gibt keinen Ersatzschöffen, der den laufenden Prozess von Beginn an vom Zuschauerraum aus miterlebt hat. Fällt die Schöffin um, muss die gesamte Hauptverhandlung von vorne beginnen.

Und dem Abschluss des Hauptverfahrens droht auch von anderer Seite Ungemach. Die Strafprozessordnung ist schlicht nicht auf die Tücken einer Pandemie vorbereitet. Hauptverhandlungen dürfen nur eine gewisse Zeit lang unterbrochen werden, danach gelten sie als geplatzt und müssen komplett neu aufgerollt werden. Wie lange der nun von der Bundesregierung angekündigte Lockdown dauern wird, weiß niemand. Hinzu kommt, dass die beiden Beschuldigten aus Großbritannien und Gibraltar einreisen. Es herrschen bereits Quarantäneregeln und Einreisestopps. Unklar ist daher, wann die beiden überhaupt wieder nach Deutschland kommen können, sollte die Hauptverhandlung nicht noch vor dem Lockdown am Sonntag beendet werden.

Nachdem Richter Zickler sich gesammelt hat, kündigt er ein volles Programm an. Er trennt das Verfahren gegen vier der fünf Banken ab, die als Nebenbeteiligte hinter den Angeklagten sitzen. Ihre Fälle werden gesondert verhandelt. Nur die Hamburger Privatbank M.M. Warburg wird sich weiterhin verantworten müssen. Letzte Beweise sollen noch erhoben werden. Dann soll der Prozess auf die Zielgerade gehen.

Doch der Anwalt der Warburg-Gruppe hat andere Pläne. Er stellt einen Antrag. Die funktionierende Strafrechtspflege sei ein hohes Gut, aber es gebe Zeiten, wo das möglicherweise auch nicht alles sei und wo andere Dinge doch wichtiger seien. Vor dem Hintergrund bitte er die Kammer, seinen Antrag auf die Unterbrechung der Hauptverhandlung für 14 Tage entgegenzunehmen. »Bedauerlicherweise zählt gerade das Bundesland Nordrhein-Westfalen zu den Hochrisikogebieten. Das Robert-Koch-Institut hat zu den besonders betroffenen Gebieten in Deutschland den Landkreis Heinsberg (Nordrhein-Westfalen) hinzugenommen. Der Landkreis Heinsberg, keine 100 Kilometer von Bonn entfernt, wird damit mittlerweile so risikoreich eingestuft wie die chinesische Provinz Hubei, dem Ausgangspunkt der Pandemie.«

Den Antrag, den manche als schlichtes Zeitspiel werten, lehnt das Gericht ab und schließt noch am gleichen Tag die Beweisaufnahme. Und so wird der folgende, 44. Verhandlungstag der letzte des ersten Cum-Ex-Strafprozesses in der Geschichte sein.

Am Mittwochmorgen, den 18. März 2020, bewachen bewaffnete Vollzugsbeamte den größten Saal des Landgerichts. Wegen der Corona-Krise sind nur 60 Personen zugelassen. Im Saal herrscht keine Maskenpflicht, dafür wird nur jeder dritte Stuhl besetzt. Richter Zickler erteilt um 9.12 Uhr Anne Brorhilker das Wort. Ohne vernünftige Zweifel, stellt sie zu Beginn ihres Plädoyers fest, hätten sich die beiden Angeklagten wegen der ihnen vorgeworfenen Taten strafbar gemacht. Beide hätten eingeräumt, dass der Gewinn aus dem Umstand resultiert, dass sich jemand eine Steuer erstatten lässt, die niemand bezahlt hat, und dass es somit mysteriöse »Marktineffizienzen« nie gegeben habe. Beide hätten zugegeben, dass dieser Gewinn unter allen Beteiligten verteilt wurde. Beide bestätigten, dass Cum-Ex-Geschäfte weit im Vorfeld detailliert geplant werden mussten. Beide hätten geschildert, dass die lukrativen Geschäfte im Markt weit verbreitet gewesen seien.

Weniger eindeutig, so Brorhilker, hätten sich die beiden Angeklagten eingelassen, wenn es um ihre eigene, subjektive Schuld ginge. »Eine Strategie, die darauf beruht, sich Steuern erstatten zu lassen, die zuvor nicht abgeführt worden sind – und da hat man kein

Störgefühl? Das kann man glauben, muss man aber nicht.« Wenn man vielmehr davon ausgehe, dass es am Anfang doch ein Störgefühl gegeben habe, stellten sich die Fragen: Wo ist es denn dann im weiteren Verlauf der Dinge geblieben? Wie wurde es überwunden?

Im Folgenden nimmt Brorhilker die Argumente auseinander, die die Angeklagten zu ihrer Entlastung vorgetragen hatten. Etwa das Argument, Juristen hätten die Cum-Ex-Geschäfte geprüft und für legal befunden. Auf die Frage, entgegnet Brorhilker, ob sie die Rechtsgutachten gelesen hätten, antworteten die Angeklagten, sie hätten sie nicht oder nicht vollständig gelesen. »Bei einer derartig krassen Ausgangslage, bei der jeder normal intelligente Mensch reflexartig denkt: ›Ach, kann das denn sein?‹, sollte man doch annehmen, dass einen interessiert, ob das rechtlich in Ordnung ist. Das setzt allerdings auch voraus, dass ich einen Rechtsrat einhole, der ergebnisoffen ist, dass ich als Auftraggeber nicht das Ergebnis vorgebe, dass das Ergebnis also nicht von vornherein feststeht. Wenn das Ergebnis allerdings von vornherein feststeht und der Rechtsrat nur noch eingeholt wird, um die eigene Position nach außen hin abzusichern, dann ist es auch verständlich, dass ich das Gutachten gar nicht mehr lesen muss.«

Auch das Argument, ihre Vorgesetzten hätten den Angeklagten vermittelt, die Geschäfte seien rechtmäßig, lässt Brorhilker nicht gelten. Das Strafrecht verlange von jedem Menschen, auch von Angestellten, selbst zu denken. »Kein Mensch kann die Verantwortung für sein Handeln komplett auf andere verlagern.«

Der Aussage, dass alle anderen in der Branche die Geschäfte ebenfalls betrieben hätten, tritt Brorhilker ebenfalls entgegen. Mit diesem Argument solle versucht werden, die Cum-Ex-Geschäfte als derart normal darzustellen, dass sich gar kein Störgefühl hätte bilden können. Dies treffe bereits in objektiver Hinsicht nicht zu. Vielmehr habe das Umfeld der Angeklagten, also die Investmentbanken und die Händler, sehr wohl auf das mit der Zeit gestiegene Prüfungsrisiko beziehungsweise das gestiegene Entdeckungsrisiko reagiert.

Schließlich schmettert Brorhilker auch das Argument ab, der Staat habe ja zugesehen, aber nicht eingegriffen. Ständige Rechtsprechung des Bundesgerichtshofes sei es, dass sich diese mangelnden Kontrollsysteme der Steuerbehörden nicht strafmildernd auswirken, da das Besteuerungssystem auf wahrheitsgemäße Angaben der Steuerpflichtigen angewiesen ist und eine umfassende Überprüfung aller steuerrechtlich relevanten Sachverhalte durch die Finanzverwaltung ausgeschlossen ist. Es bestehe »kein Anspruch des Straftäters darauf, dass die Ermittlungsbehörden rechtzeitig gegen ihn einschreiten, um seine Taten zu verhindern.«

Woran liegt es dann, fragt Brorhilker, dass solche entlastenden Argumente mit Inbrunst und Vehemenz vorgebracht werden, zumal es sich bei den Angeklagten um hochintelligente Personen handelt? Welche psychischen Mechanismen ermöglichten es den Tätern, sich in konkreten Tatsituationen über die Rechtsnorm hinwegzusetzen? In der kriminologischen Forschung werde insoweit auf den psychischen Mechanismus der »Rationalisierung« des eigenen kriminellen Verhaltens hingewiesen. Der Täter findet im Nachhinein entlastende Gründe für sein eigenes Verhalten. Man könnte auch davon reden, dass er sich sein eigenes Verhalten schönredet und sein schlechtes Gewissen neutralisiert. Das führe psychologisch dazu, dass er sich besser fühlt, weil er wieder mit sich im Reinen ist. Brorhilker zitiert den ehemaligen Präsidenten des Bundeskriminalamtes, Jörg Ziercke, der dieses Verhalten als geradezu typisch für Wirtschaftskriminalität bezeichnete: »Ein besonderes Charakteristikum der Täter der Wirtschaftskriminalität ist eine nicht selten fehlende Unrechtseinsicht. In ihrer Selbstwahrnehmung werten sie ihre Handlungen nicht als kriminell. Wirtschaftsstraftäter halten sich mehrheitlich für Personen, die wichtige und verantwortliche Mitglieder der Gesellschaft sind und sich nichts Strafbares zu Schulden kommen ließen. Die begangenen Taten deuten sie meist als im betrieblichen Interesse liegend. Die Überregulierungen durch den Staat, die Verantwortung für Arbeitsplätze, die in der Branche üblichen, zum Überleben notwendigen Gewohnheiten am Rande der Legalität machten die Taten unvermeidlich – so die Rationalisierungsargumente.« Diese psychischen Mechanismen macht Brorhilker verantwortlich dafür, dass die Cum-Ex-Akteure trotzdem gut schlafen und mit Inbrust ihre Gutgläubigkeit geltend machen konnten.

Trotz der objektiven und subjektiven Schuld fordert die Staatsanwältin mit einem Jahr und zehn Monaten für Martin S. beziehungsweise zehn Monaten für Nicholas D. vergleichsweise milde Strafen. Eine mögliche Kritik daran, spricht sie in ihrem Plädoyer selbst an. »Auf den ersten Blick könnte der Eindruck entstehen, hier kämen die Täter zu milde davon. Geht es hier nicht um Millionenschäden? Muss man da nicht zwingend ins Gefängnis? Knickt der Rechtsstaat hier erneut vor den großen Fischen ein? Dem ist zu entgegnen, dass hier genau zwei von derzeit Hunderten von Beschuldigten vor Gericht stehen. Es wäre sehr einfach, diese beiden Angeklagten, die im Rahmen von langwierigen Vernehmungen die komplexen Vorwürfe komplett eingeräumt haben, jetzt stellvertretend für alle anderen Beschuldigten hart zu verurteilen und ein Exempel zu statuieren. Damit würde man zwar einen vordergründigen Show-Effekt erzielen, man würde dabei aber auch unter den Tisch fallen lassen, dass der sogenannte größte Steuerraub der deutschen Geschichte eben nicht nur eine Sache von zwei Personen war, sondern nur durch eine ganze Branche umgesetzt werden konnte.«

Das Ziel der Ermittlungen müsse es sein, das System zu ermitteln und offenzulegen. Cum-Ex sei ein Fall organisierter Kriminalität. Und deshalb sei auch hier die Kronzeugenregelung anzuwenden. Brorhilker schließt ihr Plädoyer mit Worten, die als Kampfansage verstanden werden können: »Diese Anklage und dieses Urteil markieren nicht den Abschluss der Ermittlungen. Diese Anklage und dieses Urteil sind der Anfang und der Auftakt der strafrechtlichen Aufarbeitung eines massiven Problems. Und dieses Problem ist noch lange nicht gelöst. Es ist vielschichtig und komplex und bedarf weiterer langwieriger Ermittlungen und zahlreicher weiterer Strafverfahren. Und das ist nur mithilfe von Insidern und Mechanismen wie der Kronzeugenregelung möglich.«

Wie üblich folgen auf das Plädoyer der Staatsanwaltschaft die der Strafverteidiger. Doch anders als oftmals in großen Wirtschaftsstrafsachen sind die Anwälte noch am gleichen Tag, im direkten Anschluss, an der Reihe. Wie ein Damoklesschwert schwebt der Lockdown über dem Prozess. Und so stellt auch die Verteidigerin von Martin S., die Topjuristin Helen Schilling, zu Beginn ihres Plädoyers fest: »Dass ein Virus die Welt lahmlegen und dass dieser Gerichtssaal eine der wenigen Inseln auf diesem Planeten sein würde, auf der das Leben fast normal ist, wäre Stoff für einen eher platten Science-Fiction-Film und ist jetzt Realität.« Als sich die Zeichen verdichteten, habe ihr Mandant die Koffer gepackt, sich von seiner Frau und seinen sieben Kindern verabschiedet und sei nach Deutschland eingereist. Und so habe er sich auch während der Hauptverhandlung verhalten: »Er hat stets geliefert, ohne den Preis zu kennen.« Denn Gespräche über den Verfahrensausgang habe es zu keinem Zeitpunkt gegeben. Er habe seine »Blase«, sein Umfeld bei den Banken verlassen, auch wenn dies dort durchaus als Verrat empfunden werde. Und er habe nicht nur in Bezug auf Vermögenseinziehungen angekündigt, zahlen zu wollen, sondern habe bereits drei Millionen Euro auf freiwilliger Basis auf ein staatliches Verwahrkonto eingezahlt.

Auch Professor Stefan Kirsch fordert in seinem Plädoyer, als er um 12.05 Uhr das Mikrofon auf seinem Tisch heranzieht, Milde für seinen Mandanten. Der Anwalt warnt davor, das Strafrecht zu nutzen, um politisch-gesellschaftliche Probleme zu lösen. »Mr Weinstein benimmt sich nicht gut gegenüber Frauen, also muss irgendwie das Strafrecht plötzlich her. Wir haben das vor 20 Jahren im Umweltstrafrecht erlebt: Das Umweltstrafrecht soll unsere Umweltprobleme lösen. Aber das Umweltstrafrecht hat gar nichts gelöst; denn das Umweltstrafrecht schützt nicht die Umwelt, sondern es schützt den Verwaltungsgehorsam im Umweltverwaltungsrecht, aber nicht die Umwelt.« Es sei falsch, irgendjemandem strafrechtlich die Verantwortung zuzuschieben, wenn grundsätzlich etwas schieflaufe. Das behindere Lernprozesse. »Die Steuerverwaltung hat gepennt. Das muss man einfach sagen. Das ist auch in diesem Verfahren deutlich geworden.« In Bezug auf seinen Mandanten betont er, dass Nicholas D. stets bei einer Bank angestellt gewesen sei. Er habe gemacht, was ihm gesagt wurde.

Die letzten Worte, bevor das Urteil gesprochen wird, haben die Angeklagten. Martin S. ist blass, seine Hände zittern, als er sich an das Rednerpult stellt. Er stamme aus einer Familie von Landwirten, Lehrern, lokalen Geschäftsleuten und Stützen ihrer Gemeinden, sagt er mit dünner Stimme. Er habe seinen Kindern, seiner Familie Schmerz und Sorge bereitet – etwas, das ihn für immer begleiten werde. »Der Schaden für den deutschen Steuerzahler und die Glaubwürdigkeit der Finanzindustrie im Ganzen ist erheblich. Ich bedaure meine Rolle an diesem Schaden, und ich sehe die Wiedergutmachung meiner vergangenen Fehler als meine Pflicht an.«

Etwas gefasster, doch nicht minder persönlich wird Nicholas D. in seiner Ansprache. Die Ermittlungen hätten den größten Teil seiner Jahre zwischen 30 und 40 überschattet. Während der Hauptverhandlung habe er viele Erfahrungen verpasst, die er nie wieder nachholen könne. Den ersten Schultag seiner Tochter. Den ersten Geburtstag seines Sohnes. »Ich wünschte, dass mir jemand, bevor ich in Cum-Ex eingebunden wurde, geholfen hätte zu verstehen, was ich jetzt über Cum-Ex weiß. Mit diesem Wissen wäre ich so schnell, wie mir nur möglich gewesen wäre, in die entgegengesetzte Richtung gelaufen.«

Am Ende eines langen Prozesstages betreten Richter Zickler, seine beiden Kollegen, die Schöffin und der Schöffe, durch die in der holzvertäfelten Fassade des Saals S.011 versteckte Tür. Es ist Zeit, das Urteil zu verkünden. Draußen hat sich die Nacht über Bonn gelegt, drinnen herrscht angespannte Stille. Dieser Moment, am 18. März 2020 um 19.36 Uhr, trennt die Cum-Ex-Historie in ein Davor und ein Danach. In diesem Moment wird zum ersten Mal entschieden, ob Cum-Ex strafbar ist.

Anne Brorhilker hat sich von ihrem Platz erhoben. Ihr Puls schlägt schneller. Zwar war Richter Zickler stets transparent in dem, was er über den Fall denkt. Er hat sogar vor einigen Wochen ein Zwischenstatement abgegeben, nachdem er Cum-Ex grundsätzlich für illegal befinde. Aber wird die Kammer auch den Ansatz teilen, die Kronzeugen milde zu bestrafen? Wenn das Gericht jetzt sagen würde, die Täter kämen mit milden Strafen davon, müssen aber trotzdem für fünf bis sechs Jahre ins Gefängnis, wären ihre taktischen Überlegungen hinfällig. Dann würde sich garantiert niemand mehr als Kronzeuge zur Verfügung stellen, im Gegenteil, alle würden mauern und schweigen.

Auf der gegenüberliegenden Seite des Saals steht Helen Schilling mit weichen Knien. Es hat keine Absprachen gegeben. Der Strafrahmen beträgt zehn Jahre. Sollte das Gericht ihrer Forderung nach Milde nicht folgen und Martin S. ins Gefängnis schicken, würde man das auch ihr ankreiden. Schließlich hatte sie ihrem Mandanten dazu geraten, umfassend auszusagen. Es hängt nicht nur das Schicksal ihres Mandanten an dem Urteil, sondern auch ihre Reputation als renommierte Strafverteidigerin.

Zickler bittet das Publikum, stehen zu bleiben. Er verkündet, im Namen des Volkes, folgendes Urteil: Martin S. wird zu einer Bewährungsstrafe von einem Jahr und zehn Monaten verurteilt, außerdem werden bei ihm Taterträge in Höhe von 14 Millionen Euro eingezogen. Nicholas D. wird zu einer Gesamtfreiheitsstrafe von einem Jahr verurteilt, ebenfalls auf Bewährung. Die Warburg-Gruppe als Nebenbeteiligte wird zur Einziehung von 176 Millionen Euro verurteilt. Das Gericht ist weitestgehend den Anträgen der Staatsanwaltschaft gefolgt.

Zickler führt nicht nur aus, warum er die Schuld der beiden Geständigen für erwiesen hält. Nach 44 Verhandlungstagen will er auch Grundsätzliches loswerden. Während der Hauptverhandlung hätten alle Beteiligten Dinge erfahren, die schlichtweg nur fassungslos machen können.

»Wir haben über Anwälte gesprochen, die in ihrem Büro sitzen – in welchem Stock auch immer – und denen, wenn sie denn vielleicht gefragt haben, ob das Modell, das da beraten wird, wirklich in Ordnung sei, gesagt worden sein soll: ›Wenn das für jemanden hier im Raum ein Problem ist, dass wegen unserer Tätigkeit etwa ein Kindergarten nicht gebaut werden kann: Da ist die Tür.‹«

In der Verhandlung hätten sie auch gehört, dass in solchen Kanzleien die Vorstellung herrsche, dass jeder jeden bescheiße. »Was ist das eigentlich für eine Welt«, fragt Zickler, »wenn es normal ist, dass jeder jeden ›bescheißt‹?«

Ebenfalls hätten alle im Saal gehört, dass der Zeuge Steck als »Ziehsohn« von Hanno Berger seinen Förderer dahingehend hintergangen habe, dass er hinter dessen Rücken neue Parallelgeschäfte aufgezogen habe, um das ganze Geld in die eigene Tasche zu wirtschaften.

»Wir haben von Anlegern gehört«, fährt Zickler fort, »denen 12 Prozent risikolose Rendite in wenigen Monaten nicht ausreicht, die mehr haben wollten und deshalb Erpressungsszenarien aufgesetzt haben.«

Auch von Bankenvertretern sei die Rede gewesen, deren Institute in den Jahren der Finanzkrise in damals beispiellosem Umfang durch staatliche Mittel gerettet wurden, weil sie systemrelevant waren. Ebendiesem Staat hätten Vertreter der geretteten Banken hintenherum in die andere Tasche gegriffen und weitere Milliardenbeträge herausgeholt.

Außerdem seien Aufsätze zur Sprache gekommen aus der Feder von Professoren, die an deutschen Hochschulen Recht lehren, die da Inhalte zusammenschrieben, für die man im Jurastudium keine drei Punkte bekäme, weil sie das Primärprinzip des deutschen Zivilrechts, das Abstraktionsprinzip, verkannten. »Es sind auch Aufsätze geschrieben worden, wo drinsteht, das Recht müsse sich der Praxis sozusagen anschmiegen. Was ist das für ein Verständnis, wenn sich das Recht der Praxis anschmiegen soll? Ich habe immer gedacht, dass jeder von uns sein Verhalten am Recht ausrichtet.«

Um 20.58 Uhr ist der erste Cum-Ex-Strafprozess beendet. Laut dröhnen die Stimmen in der Vorhalle. Wie beseelt schwebt Anne Brorhilker durch die Reihen der Prozessbeteiligten, lacht, scherzt, verabschiedet sich von den Dolmetschern. Ein Strafprozess ist eine enorme psychische Anstrengung, eine Stresssituation. Die Last fällt ab. Von allen. Die Verteidiger haben Gefängnisstrafen abgewendet. Die Verurteilten dürfen kurz vor Beginn des Lockdowns Deutschland verlassen und in ihre Heimat zurückkehren.

Und obwohl die Welt in diesen Tagen im Corona-Chaos versinkt, schafft es das Thema in die Hauptnachrichten. Die »Tagesthemen« widmen dem Urteil sogar einen Kommentar. Viele Bundesbürger erfahren nun zu bester Sendezeit zum ersten Mal von einem Skandal, der Banker und Berater reich gemacht hat. Auf ihre Kosten.

# Liste

Das bundesweit erste Cum-Ex-Urteil ist ein Meilenstein. Auch wenn es vom Bundesgerichtshof noch geprüft wird – zum ersten Mal hat ein deutsches Strafgericht mit der Legende aufgeräumt, Cum-Ex sei nur das Ausnutzen einer Gesetzeslücke gewesen. Dennoch hat der Prozess für Anne Brorhilker kein echtes Happy End. Eine Zeugenaussage lässt sie nicht mehr los. Es sind die Worte eines Referatsleiters aus dem Bundeszentralamt für Steuern, die ihr nicht mehr aus dem Kopf gehen.

Der hohe Beamte war am 16. Verhandlungstag als Zeuge geladen. Die Veranstaltung machte ihm spürbar keinen Spaß. Seine Antworten waren mitunter patzig. Der Mann wirkte wie jemand, der glaubte, sich verteidigen zu müssen. Vor allem als die Befragung auf das Jahr 2009 zusteuerte, sank die ohnehin schon gereizte Stimmung des Zeugen in den Keller. Richter Roland Zickler wollte von ihm wissen, wie genau das Bundeszentralamt für Steuern nachhakte, als Banken und andere Finanzfirmen in den Jahren um 2009 Steuererstattungen in Millionenhöhe anforderten.

Konkret ging es um die Meldepflicht, die im Mai 2009 mit einem BMF-Schreiben in Kraft getreten ist. Der Gesetzgeber hatte damals bereits Hinweise auf die Cum-Ex-Masche. Der Bund verdonnerte deshalb jede Bank und jeden Fonds dazu, dem Bundeszentralamt für Steuern zu melden, wenn die technischen Voraussetzungen für Cum-Ex-Deals gegeben waren. Was denn mit diesen Meldungen geschehen sei?

Die Aussage des Referatsleiters überraschte alle im Saal. Tatsächlich hätten die Finanzakteure ihr Treiben vorschriftsmäßig gemeldet. Es gebe eine Liste mit 566 Einträgen. Überprüft habe man die Angaben aber nicht weiter, auch nicht in Stichproben. Die Erklärung des Beamten: »Man hatte gar kein Gespür dafür, weil das für uns irgendwie nicht greifbar war. Wir sind keine Börsenprofis gewesen oder Wertpapierprofis oder Bankenprofis, sondern Steuerbeamte, die da ein relativ einfaches, aber sehr effektives Verfahren betrieben haben, an dem an verschiedenen Stellen schon Prüfungen vorgenommen wurden und – das muss ich auch mal sagen – natürlich auch die Seriosität der Banken eine ganz wichtige Rolle spielt.« Auf die Nachfrage, was die Bundesbehörde denn dann mit den Informationen gemacht habe, antwortete der Referatsleiter: »Wir haben diese Liste zusammengestellt und an die betreffende Stelle im Finanzministerium weitergegeben. Was die damit gemacht haben, weiß ich nicht.«

Rechtsanwalt Bernd Groß, der an diesem Tag im Gerichtssaal saß, um eine nebenbeteiligte Bank zu verteidigen, traute seinen Ohren nicht. Fast schon wie in einem Sketch kam es dem Strafverteidiger vor, dass da ein hoch dekorierter Bundesbeamter saß und angab, die Liste abgelocht, an das Ministerium geschickt und sie sich nicht weiter angeschaut zu haben. Groß bohrte mit eigenen Fragen nach: »Es kommt dieses Schreiben aus dem Mai, und danach führt man diese Meldepflicht mit Berufsträgerbescheinigungen ein. Jetzt haben Sie – für mich überraschend – gesagt, das reduziert die Zahl auf 566 Fälle, bei denen ich weiß: Das ist technisches Cum-Ex, wenn ich das mal so nennen darf. Vom zeitlichen Ablauf her ist das Cum-Ex. Jetzt rede ich nur noch über 566 Fälle, die man sich möglicherweise genauer anschauen kann. Das habe ich noch nicht verstanden: Hat man sich diese 566 Fälle genauer angeschaut?« Der Bundesbeamte antwortete gereizt: »Wir haben diese Liste zusammengestellt und an die betreffende Stelle im Finanzministerium weitergegeben, die auch dieses Schreiben entwickelt hatte. Was die jetzt damit gemacht haben, da kann ich nur spekulieren. Die haben sie bestimmt nicht nur auf die Seite gelegt.« Wenn man ihn 2009 gefragt hätte, so der Bundesbeamte, ob Banken Bescheinigungen für bedeutende Sachverhalte ausstellten, die gar nicht stattgefunden haben, er hätte das nicht für möglich gehalten. »Die Seriosität der Banken war zu diesem Zeitpunkt, ich rede jetzt von 2009 und auch noch von 2010, definitiv Bedingung dafür, dass überhaupt so ein Verfahren lief. Und es lief ja schon 30 Jahre, ohne dass es irgendwelche Skandale oder Betrugsfälle oder irgendetwas gegeben hätte. Also muss ja diese Seriosität aller Teilnehmer aus der ganzen Finanzwirtschaft mal dagewesen sein. Es ist ja auch so, dass es heute noch seriöse Menschen in dieser Branche gibt.«

Die Aussage des Referatsleiters erstaunte nicht nur das Publikum bei Gericht. Sie wirft auch Nachfragen bei Anne Brorhilker auf. Die Liste, von der da die Rede war, ist ihr nicht bekannt. Wo ist diese Liste? Niemand vom Bundeszentralamt für Steuern hatte sie je darauf hingewiesen. Zusammen mit Steuerfahndern, Kriminalbeamten und eben den Experten des BZSt hatte sie seit 2013 in jahrelanger Kleinstarbeit nach Cum-Ex-Akteuren gefahndet. Banken und Privatwohnungen durchsucht, Millionen von Dokumenten gesichtet, Kronzeugen befragt. Und nun soll es seit dem Frühjahr 2010 eine Liste geben, auf der 566 potenzielle Verdachtsfälle fein säuberlich festgehalten sind? Und das auch noch in jener Bundesbehörde, die von Amts wegen zur Hilfe bei der Ermittlung verpflichtet ist?

Brorhilker wird die Liste erst im Juni 2020 erhalten. Zehneinhalb Jahre nach Erstellung. Mehr als sieben Jahre nach dem Start ihrer Cum-Ex-Ermittlungen. Und mehrere Monate nach Ende des ersten Strafprozesses wegen Cum-Ex-Geschäften.

In der besagten Excel-Tabelle finden sich nachweislich kriminelle Cum-Ex-Geschäfte. So sind in der Liste unter anderem jene beiden Fonds festgehalten, wegen derer die beiden britischen Aktienhändler im ersten Cum-Ex-Verfahren verurteilt worden sind. Gegen zahlreiche weitere Akteure auf der Liste sind im Laufe der Zeit Ermittlungen eingeleitet worden. Wäre die Liste früher in den Händen der

Strafverfolger gelandet, wären zahlreiche Verdächtige wohl schon etliche Jahre früher auf ihrem Radar erschienen. Manche Fälle auf der Liste sind Brorhilker bis dato gänzlich unbekannt. Hier droht gar die Verjährung.

Das Bundesfinanzministerium wird später auf Nachfrage einräumen, man habe den Ermittlungsbehörden die Liste im Juni 2020 »auf gesonderte Anforderung« zur Verfügung gestellt. Tatsächlich habe das Bundeszentralamt für Steuern die Liste auch schon zu einem früheren Zeitpunkt eigenständig geprüft, jedoch der Staatsanwaltschaft nur »fallbezogen, also im Zusammenhang mit konkreten Fällen, Informationen aus der Liste übermittelt.« Das Bundesfinanzministerium pocht zudem darauf, dass die auf der Liste festgehaltenen Berufsträgerbescheinigungen »kein taugliches Mittel« seien, um Cum-Ex-Gestaltungen erkennen zu können. Dies gelte auch für den Fall, »dass diverse Bescheinigungen in einer Liste zusammengefasst sind.«

Oberstaatsanwältin Anne Brorhilker sieht das komplett anders. Ihre Behörde kritisiert das Vorgehen aufs Schärfste, als WDR und *Süddeutsche Zeitung* es im Sommer 2020 in einem exklusiven Bericht öffentlich machen. Dass es eine Liste gebe, habe das Bundeszentralamt nie mitgeteilt, geschweige denn sie mit den zuständigen Behörden geteilt, betont die Staatsanwaltschaft Köln in einer offiziellen Stellungnahme. »Im Rahmen der geführten Ermittlungen lag die hier in Rede stehende Liste bis Juni 2020 – auch auszugsweise – nicht vor«, erklärte ein Sprecher. Aus diesem Grunde habe die Behörde die Liste ja angefordert. Das Dokument sei in jedem Fall ermittlungsrelevant. »Diese Liste, die für die weiteren Ermittlungen der Staatsanwaltschaft von Bedeutung ist, wird derzeit unter allen rechtlichen Gesichtspunkten ausgewertet.«

Gerhard Schick macht der Vorgang so richtig wütend. Der Finanzexperte hat inzwischen die Grünen-Bundestagsfraktion verlassen, um sich als Geschäftsführer bei der Bürgerbewegung »Finanzwende« zu engagieren. Von der Nichtregierungsorganisation aus, so seine

Hoffnung, kann er mehr Menschen erreichen als durch seine Arbeit im Deutschen Bundestag. Ihn wurmt gewaltig, dass er die Liste nicht schon früher gesehen hat. Angeblich war sie im Material enthalten, dass das Bundesfinanzministerium dem Cum-Ex-Untersuchungsausschuss zur Verfügung gestellt hatte. Doch es gab damals Dutzende Ordner mit unsortierten Dokumenten, die er in der Geheimschutzstelle des Bundestages nur unter hohem Zeitdruck einsehen konnte. Diese Liste hatten seine Mitarbeiter und er damals einfach nicht wahrgenommen. Hätte er sie entdeckt, wäre ihm ihr Inhalt direkt ins Gesicht gesprungen, da ist er sich sicher.

Im Juli 2020 erstattet Gerhard Schick schließlich Strafanzeige wegen des Vorwurfes der Strafvereitelung im Amt. Auf Twitter erklärt er diesen Schritt in einem Video. »Es ist eine Sache, ob man sich ärgert, dass Behörden nicht gut arbeiten«, sagt Schick, »und eine andere Sache, ob Regeln richtig verletzt werden und wenn das wahrscheinlich auch wissentlich geschieht. So zumindest ist meine Einschätzung und deswegen habe ich Strafanzeige gegen Verantwortliche beim Bundeszentralamt für Steuern gestellt.«

Schicks Anzeige wird in den folgenden Monaten von der Staatsanwaltschaft Bonn an die Staatsanwaltschaft Aachen abgegeben, wo der zuständige Staatsanwalt bis zum Redaktionsschluss dieses Buches noch prüfen wird, ob ein Anfangsverdacht besteht.

Anne Brorhilker jedenfalls kommt durch den Vorgang noch mehr ins Grübeln. Kämpft sie jetzt etwa an zwei Fronten? Muss sie nicht nur gegen Banker, Berater und Aktienhändler ermitteln, sondern womöglich auch gegen Finanzbeamte? Und wem kann sie vertrauen, wenn selbst die Kollegen, mit denen sie so eng zusammenarbeitet, ihr solch wichtige Informationen vorenthalten?

# Lex Cum-Ex

Berlin, der Deutsche Bundestag am 29. Juni 2020. Um Punkt 11 Uhr leitet Wolfgang Schäuble, inzwischen im Amt des Bundestagspräsidenten angekommen, die Aussprache zum »Zweiten Corona-Steuerhilfesegetz« ein. Ausgearbeitet wurde der Vorschlag maßgeblich im Bundesfinanzministerium. Die Corona-Pandemie stelle viele Menschen und Unternehmen vor erhebliche Herausforderungen. Jetzt gehe es darum, dass die Wirtschaft schnell wieder an Schwung gewinne. Maßnahmen, die Finanzminister und Vizekanzler Olaf Scholz im Vorfeld als »großen Wumms« angepriesen hatte. Die Abgeordnetenplätze im Plenarsaal sind gut gefüllt. Die Redner debattieren über Kinderboni, die Erhöhung steuerlicher Freibeträge, eine andere Verteilung der Umsatzsteuer. Als Wolfgang Schäuble nach knapp 90 Minuten um Abstimmung per Handzeichen bittet, wurde über vieles gesprochen. Das Gesetz wird mit der Regierungsmehrheit von Union und SPD verabschiedet.

Ein Thema spielte bei der Aussprache jedoch keine Rolle: Cum-Ex. Dabei haben die Parlamentarier – in den meisten Fällen, ohne es überhaupt zu bemerken – gerade ein Gesetz beschlossen, das weitreichende Folgen im Cum-Ex-Steuerskandal haben könnte. Für Banken und Finanzfirmen dürfte es ein Lichtblick sein, für ehrliche Steuerzahler ein Rückschlag.

Es geht um den neuen Paragrafen 375a in Deutschlands Steuergrundgesetz, der Abgabenordnung. Die Änderung, die überhaupt nichts mit Corona zu tun hat, wurde Teil des Gesetzespakets, das an diesem Tag zur Abstimmung stand. Die neue Regelung soll es Staatsanwaltschaften ermöglichen, die Cum-Ex-Beute von Banken und anderen Beteiligten nach einer Verurteilung einzuziehen. Und zwar auch dann noch, wenn die Fälle steuerlich bereits verjährt sind. Bislang war diese Frage nicht klar geregelt – und hochumstritten. Doch so gut der neue Paragraf wohl gemeint war, so fatal ist seine Ausgestaltung.

Es sind Recherchen von WDR und *Süddeutscher Zeitung*, die eine Schwachstelle des Gesetzes offenlegen, die selbst erfahrene Finanzpolitiker übersehen haben. Das neue Gesetz bewirkt in vielen Fällen nämlich genau das Gegenteil seines eigentlichen Zwecks. Milliarden an Steuergeldern, die sich Cum-Ex-Akteure mit ihren Geschäften ergaunert haben, sind durch das neue Gesetz für den Staat für immer verloren. Selbst wenn die Täter verurteilt würden, dürften die beteiligten Finanzfirmen in diesen Fällen ihre Beute behalten: Steuergeld, das ihnen nicht zusteht.

Grund ist eine Einschränkung, die der Deutsche Bundestag bei seiner Abstimmung an diesem Tag gleich mit abgenickt hat. Demnach gilt der neue Paragraf 375a fatalerweise gerade nicht für Altfälle, die steuerlich bereits verjährt sind – und aus steuerlicher Sicht verjährt sind jede Menge Cum-Ex-Fälle. Die Finanzämter hatten sie bis dahin nicht erkannt oder den Finanzbeamten war die Rechtslage zu unsicher, um das Geld mit Haftungsbescheiden zurückzufordern und somit teure Rechtsstreitigkeiten mit Banken zu riskieren. Einige hatten auch schlicht abgewartet, was beim ersten großen Strafprozess in Bonn herauskommt. Durch das »Lex Cum-Ex«, wie der Paragraf auch genannt wird, kann dieses Geld nun auch nicht mehr durch Strafprozesse in die Staatskasse zurückgeholt werden.

Als WDR und *Süddeutsche Zeitung* das Bundesfinanzministerium damit konfrontiert, erklärt die Behörde, bei bereits verjährten Fällen seien ihr die Hände gebunden. »Für bereits verjährte Steueransprüche ist eine Einziehung nicht zulässig«, heißt es aus dem Ministerium. Grund sei das in Artikel 20 des Grundgesetzes verankerte Rechtsstaatsprinzip. Für belastende Gesetze gelte ein grundsätzliches Verbot einer Rückwirkung. Anders gesagt: Wer zu einem bestimmten Zeitpunkt von einem Gesetz betroffen ist, muss auch darauf vertrauen können, dass es in Zukunft gilt. Deshalb darf der Gesetzgeber normalerweise nicht im Nachhinein die Regeln ändern.

Grundsätzlich habe das Bundesfinanzministerium Recht, bestätigt der Verfassungsrechtler Simon Kempny von der Universität Bielefeld. Doch Ausnahmen vom Rückwirkungsverbot seien durchaus möglich. »Um die Frage zu entscheiden, ob Altfälle mit einbezogen werden dürfen, kommt es für das Bundesverfassungsgericht darauf an, ob der Gesetzgeber damit einen legitimen gesetzgeberischen Zweck verfolgt und für diesen Zweck die Einziehung der Altfälle erforderlich und verhältnismäßig ist«, so Kempny.

Der Universitätsprofessor sieht durchaus Chancen, dass das neue Gesetz auch ohne zeitliche Beschränkung vor dem Bundesverfassungsgericht Bestand haben würde. Warum das Bundesfinanzministerium nicht zumindest den Versuch unternimmt, ein solches Gesetz zu erlassen, kann er beim besten Willen nicht nachvollziehen. Ein Vertrauen darauf, Vermögensvorteile aus strafbaren Cum-Ex-Geschäften behalten zu dürfen, sei verfassungsrechtlich nicht schutzwürdig. Der Gesetzgeber verzichte ohne juristische Not auf ein Stück politische Wirkmacht. »Das Verfassungsgericht kann seine Rechtsprechung zum Vertrauensschutz nur weiterentwickeln, wenn man ihm Fälle gibt. Wenn der Gesetzgeber aus vorauseilender Sorge eine Gesetzesänderung unterlässt oder zusammenstreicht, kommt es aber erst gar nicht dazu.«

Als NRW-Justizminister Peter Biesenbach vom Lex Cum-Ex erfährt, will er sich damit nicht abfinden. Längst hat sich der CDU-Politiker selbst ein Bild vom Fortgang der Ermittlungen und dem Personalbestand gemacht, mit Staatsanwälten und Polizisten gesprochen. Dass es in seinem Bundesland und in der von ihm verantworteten Justiz zum ersten Cum-Ex-Urteil gekommen ist, erfüllt ihn mit Stolz. Der 72-Jährige ist seiner Heimat, dem Städtchen Hückeswagen im Bergischen Land treu geblieben. Einer Region im

Kölner Umland mit vielen Wäldern und Stauseen und Menschen, denen man eine gewisse Starrköpfigkeit nachsagt.

Biesenbach ist alles andere als ein politischer Durchstarter. Lange Zeit ließ er sich nicht davon beirren, dass ihn seine Mitbürger im Bergischen offenbar nicht für den besten Kandidaten hielten, um ihre Interessen im Landtag zu vertreten. Drei Anläufe brauchte er, bis er es im Jahr 2000 doch in den Düsseldorfer Landtag geschafft hat. Drei weitere Versuche kostete es den Juristen, bis er es schließlich auf seinen Traumposten des Justizministers gebracht hatte. Nun ist er der älteste Minister der Republik. Er ist auf dem Zenit seiner Karriere. In seinem Alter schielt er nicht mehr auf weitere Ämter. Vielleicht auch deshalb hat er sich fest vorgenommen, sich in seiner Ministerzeit mit einem Thema in die Geschichte zu brennen: Cum-Ex. Er will diese Chance nutzen, auch wenn er dafür manche Konflikte in Kauf nehmen muss. Seinen Kabinettskollegen geht »der Peter« bisweilen mit diesen Steuersachen auf die Nerven. Innen- und Finanzministerium geizen lange Zeit auch mit Personal, um Cum-Ex nachzugehen.

Doch Biesenbach ist nicht nur stur. Seitdem er als Jurastudent eine Zeit in Indien gelebt hat, ist er vom Land und dem Buddhismus fasziniert. In der Ruhe liegt die Kraft. Mit Ausdauer bleibt er am Thema – und nimmt sich nun dieses Lex Cum-Ex aus Berlin vor, das die NRW-Justiz in dem Versuch blockieren würde, Cum-Ex-Beute zurück in die Staatskasse zu holen.

An einem Herbstabend sucht er die Nähe zu den CDU-Finanzsprechern im Bundestag. In einem Besprechungszimmer des Reichstagsgebäudes prangert Biesenbach das in seinen Augen missratene Gesetz an. Unerträglich sei es, so der Landesminister in seinem Appell, wenn wir sagen, wir verurteilen zwar möglicherweise Personen zu Haftstrafen, aber das Geld ist weg, an das kommen wir nicht mehr ran. Hier müsse eine Regelung gefunden werden, das könne man niemandem sonst erklären. Der CDU-Politiker fordert eine Diskussion darüber, wie auch Altfälle noch erfasst werden können. Hier gehe es schließlich um einen Haufen Steuergelder, womöglich um Milliarden.

Tatsächlich überzeugt Biesenbach seine Berliner Kollegen. In der Hauptstadt bildet sich eine ungewöhnliche Allianz. Denn auch die Linkspartei ist gewillt, das Gesetz zu korrigieren, allen voran Fabio De Masi, finanzpolitischer Sprecher seiner Fraktion und einer der profiliertesten Finanzexperten im Parlament. Ja, Gesetze dürfen nicht im Nachhinein für Altfälle verändert werden. Bürger müssen immer darauf vertrauen können, dass die derzeitigen Gesetze auch künftig noch gelten. Das leuchtet de Masi ein. Doch gilt dieser Vertrauensschutz tatsächlich auch für verurteilte Steuerbetrüger, die Milliarden aus der Staatskasse entwendet haben?

De Masi hat Zweifel und beauftragt den Wissenschaftlichen Dienst des Deutschen Bundestages mit einem Gutachten. Das Papier stellt die Sicht des Finanzministeriums infrage. Zwar bestehe tatsächlich das Interesse der Beteiligten auf Rechtssicherheit. Demgegenüber stehe jedoch das Allgemeininteresse, »Tätern wie der Rechtsgemeinschaft vor Augen zu führen, dass strafrechtswidrige Bereicherungen nicht geduldet werden und Straftaten sich nicht lohnen«. Die Vermögensabschöpfung, so die Gutachter, diene dem Ziel, das »Vertrauen der Bevölkerung in die Gerechtigkeit und die Unverbrüchlichkeit der Rechtsordnung zu stärken«. Vor diesem Hintergrund könne eine »echte« Rückwirkung ausnahmsweise zulässig sein.

Im Fall des Cum-Ex-Gesetzes müsste wohl das Bundesverfassungsgericht in Karlsruhe am Ende entscheiden, ob es eine Ausnahme geben kann. Nur: Warum hat das Bundesfinanzministerium unter dem Vizekanzler Olaf Scholz gar nicht erst versucht, das Cum-Ex-Gesetz für steuerlich verjährte Fälle zu regeln?

Eine erste Gelegenheit für Nachbesserungen lässt das BMF verstreichen. Das Jahressteuergesetz 2020 – jenes Gesetz, mit dem der Fiskus einmal im Jahr das Steuerrecht anpasst – stand bereits auf der Tagesordnung des Bundestages, bevor das Gutachten des Wissenschaftlichen Dienstes vorliegt. Den umstrittenen Cum-Ex-Paragrafen ließ Scholz hierin unangetastet.

Im Oktober 2020 kommt dann plötzlich doch die Wende. Das Schreiben von Bundesjustizministerin Christine Lambrecht (SPD) an die Abgeordneten des Deutschen Bundestages ist nur fünf Absätze lang. Doch der Inhalt hat es in sich. Selbst gewiefte Finanzpolitiker aus der Opposition hätten mit dieser Wende in der Causa »Lex Cum-Ex« nicht mehr gerechnet. Bis zuletzt sah es so aus, als würde eine folgenschwere Lücke erst im kommenden Jahr, also 2021, korrigiert. So hatten es die SPD geführten Ministerien der Justiz und der Finanzen angekündigt. In ihrem Brief erklärt Justizministerin Lambrecht nun jedoch überraschend, dass es eine zeitnahe Lösung im Jahressteuergesetz geben werde. Man wolle »keinen Tag länger warten als notwendig«. Die Justizministerin Lambrecht räumt jetzt ein, man habe gemeinsam mit dem Bundesfinanzministerium eigentlich erst im Zuge einer angedachten Reform der Strafprozessordnung Mitte nächsten Jahres das Cum-Ex-Gesetz ändern wollen. Nun habe man sich aber entschlossen, das Gesetz im Rahmen des Jahressteuergesetzes zu korrigieren. »Cum-Ex hat auf erschreckende Weise gezeigt, wie viel Energie manche entfalten, um sich auf Kosten des Gemeinwesens zu bereichern. Unser Rechtsstaat muss auf dieses perfide Betrugsschema eine wirkungsvolle Antwort geben. Ein schlagkräftiges Instrument hierfür ist gefunden«, heißt es in dem Brief.

Zum 1. Januar 2021 wird das Jahressteuergesetz in Kraft treten, mitsamt des korrigierten Lex Cum-Ex. Für einen ist die Korrektur ein ganz besonderer Erfolg: NRW-Justizminister Peter Biesenbach. Er hatte sich nicht nur auf die Hinterfüße gestellt und die CDU/CSU-Bundestagsfraktion überzeugt, in seinem Haus wurde auch ein Gesetzesvorschlag erarbeitet, der letztlich in weiten Teilen umgesetzt wurde. Sein Bergischer Sturkopf hat sich einmal mehr durchgesetzt.

# Ausgebremst

Wie kann es sein, dass noch im Jahr 2020 – nach all den leidvollen Erfahrungen im Cum-Ex-Skandal – dieses derart fragwürdige Lex Cum-Ex verabschiedet wird? Sind die Beamten im Finanzministerium von Olaf Scholz unfähig, die Finanzbranche zu regulieren und die Strafverfolgung milliardenschwerer Steuerbetrügereien zu sichern – oder wollen sie es womöglich gar nicht? Während sich der öffentliche Fokus im Sommer 2020 zunehmend auf die Rolle des Staates richtet, folgt Anne Brorhilker einer Spur, die sie ins Zentrum der SPD führt. Eine Spur, die verdächtig nahe an die Vergangenheit des derzeitigen Bundesfinanzministers Olaf Scholz heranreicht.

Brorhilker hat zahlreiche Indizien zusammengetragen, Ermittlungen eingeleitet, bei der zuständigen Kölner Amtsrichterin einen Durchsuchungsbeschluss beantragt. Ihr Verdacht klingt ungeheuerlich: Ehemalige Größen der Hamburger SPD sowie eine Finanzbeamtin sollen der Privatbank M.M. Warburg geholfen haben, Millionensummen aus illegalen Cum-Ex-Geschäften behalten zu dürfen. Laut Strafgesetzbuch ist dies »Begünstigung« und wird im Falle einer Verurteilung mit einer Strafe von bis zu fünf Jahren Haft geahndet. Ging der Skandal also auch nach dem formalen Ende der Cum-Ex-Geschäfte weiter, als der Fiskus versuchte, die Steuergelder zurückzuholen?

In Brorhilkers Visier sind frühere SPD-Politiker wie Johannes Kahrs geraten. Kahrs war Vorsitzender des SPD-Kreises Hamburg-Mitte. Als einstiger haushaltspolitischer Sprecher im Deutschen Bundestag galt er als bestens vernetzt. Immer wieder sicherte er von

Berlin aus Bundesgelder in die Hansestadt und kam so auch oft mit Olaf Scholz in Kontakt, der vor seiner Zeit als Bundesfinanzminister von 2011 bis 2018 Erster Bürgermeister Hamburgs war. Kahrs Rolle als Sprecher des einflussreichen Seeheimer Kreises, dem konservativen Flügel der SPD, hatte ihn zum gefragten Mann auch jenseits der Hamburger Stadtgrenzen gemacht.

Neben Kahrs zählt Brorhilker den früheren Innensenator der Freien und Hansestadt Hamburg, Alfons Pawelczyk, zu den Beschuldigten. Der einstige Senator ist seit Jahrzehnten Wegbegleiter und Ratgeber von Olaf Scholz.

Nicht nur die beschuldigten Politiker sind von Brisanz. Auch die Finanzbeamtin, die sich in den Augen von Brorhilker und dem Landeskriminalamt äußerst verdächtig verhalten hat, ist für die Strafverfolger kein unbeschriebenes Blatt. Sie war als Beamtin des Hamburger Finanzamtes für Großunternehmen für die Warburg-Bank zuständig. Brorhilker hatte sie bereits persönlich kennengelernt. Dass sich ihre Wege ein weiteres Mal im Rahmen einer Razzia kreuzen würden und die Finanzbeamtin dann als Beschuldigte vor ihr säße, ahnte Brohilker beim ersten Treffen noch nicht.

Es war Anfang 2016, als die Staatsanwältin gemeinsam mit ihren Kollegen der Steuerfahndung und des Landeskriminalamtes erstmals bei dem feinen Hamburger Geldhaus vorstellig wurde. Der Portier der Traditionsbank, Gründungsjahr 1798, zeigte sich sichtlich irritiert, als die Fahnder ganz ohne Termin erschienen waren und forsch nach den Verantwortlichen fragten. Bei dieser ersten Razzia ging es unter anderem um die Scheinrechnungen, mit denen die Warburg-Bank Berger und Steck heimlich vergütet haben soll, aber auch um zahlreiche Cum-Ex-Geschäfte, in die Warburg verwickelt gewesen sein soll.*

---

* Die Privatbank wird später vehement betonen, sie habe zu keinem Zeitpunkt steuerrechtswidrige Aktiengeschäfte betreiben, fördern oder sich an darauf aus-

Wenige Monate nach der Razzia, im Juni 2016, wollte es nun auch die Bankenaufsicht BaFin genauer wissen. Die Bundesbehörde beauftragte Experten des Wirtschaftsprüfkonzerns Deloitte mit einer forensischen Untersuchung, bei der die Prüfer Unterlagen und E-Mails der Bank auswerteten und mit den Vorgängen betraute Mitarbeiter befragten. Es sollte die einzige Sonderprüfung im Auftrag der BaFin im Cum-Ex-Skandal bleiben, obwohl zahlreiche Banken in Deutschland involviert waren. Das Ergebnis wurde erst im Februar 2019 vorgelegt: Es bestätigte schwerste Vorwürfe gegen Verantwortliche der Bank.

Im Sommer 2016 untersuchte derweil auch das Hamburger Finanzamt für Großunternehmen die Vorgänge bei der Warburg-Bank. Denn neben den Ermittlungen der Staatsanwaltschaft stellte sich die Frage, ob nicht auch die Steuerbehörde tätig werden und das Geld zurückfordern müsste, bevor die Fälle steuerlich verjährten. Die Betriebsprüfung des Finanzamtes nahm die Cum-Ex-Geschäfte unter die Lupe. Die staatlichen Prüfer sahen die Sachlage klar: Der Steuerbescheid müsse zurückgenommen werden, die Bank die Millionen zurückzahlen. Lange Zeit sah es so aus, als ob auch die zuständige Finanzbeamtin diese Einschätzung teilte. In einem 28-seitigen Vermerk notierte sie im November 2016 in aller Ausführlichkeit, warum die früheren Steuerbescheide der Bank korrigiert werden müssten, die Cum-Ex-Gelder zurück in die Staatskasse gehörten.

Aber nur wenige Wochen später drehte sich der Wind völlig unerwartet. Nach einem Termin in der Hamburger Finanzbehörde, wie das Finanzministerium in der Hansestadt heißt, sprach die Beamtin des Finanzamtes plötzlich von Zweifeln und Risiken. Mit ihren Vorgesetzten sei sie einig, dass die Gelder nun doch bei der Bank verbleiben sollten. Wenn sie das Geld von der Bank zurückforderten, so

---

gerichtete Absprachen beteiligen wollen. Man habe schlicht nicht gewusst, dass bei den Geschäften die Kapitalertragssteuer nicht gezahlt worden sei.

ihre Sorge, könnte die Warburg-Bank sie mit Schadensersatzklagen überziehen. Es drohten hohe Prozess- und Anwaltskosten sowie Amtshaftungsansprüche gegen Beamte in »nicht bezifferbarer Höhe«. Auch die Hamburger Finanzbehörde sah das so.

Brorhilker wollte es nicht in den Kopf. Just an jenen Tagen, als bei ihr Kai-Uwe Steck und die ersten weiteren Kronzeugen begannen auszupacken, machten die Hamburger Finanzbeamten einen derartigen Rückzieher?

Das Verrückte: Die gleiche Finanzbehörde, die im Fall Warburg nun die großen Bedenken plagte, war in einem anderen Cum-Ex-Fall bereits im Jahr 2010 rigoros gegen eine Finanzfirma vorgegangen, die in ihren Augen zu Unrecht Steuererstattungen aus Cum-Ex-Geschäften beantragt hatte. Die Hamburger Behörde eskalierte damals den Streit bis vor den Bundesfinanzhof, Deutschlands höchstes Finanzgericht. Das Bundesfinanzministerium trat dem Verfahren bei. Am Ende siegten die Steuerbehörden mit ihrer Auffassung, dass sie die Erstattungen nicht an die Finanzfirma zahlen mussten. Damit waren die Hamburger eine der ersten Behörden, die Cum-Ex enttarnten, die Auszahlungen verweigerten und das Ganze sogar höchstrichterlich klären ließen. Im Februar 2014 hatten die Finanzbehörden in Hamburg sogar in einem anderen Cum-Ex-Fall eine dreistellige Millionensumme als Rückzahlung entgegengenommen: Ausgerechnet die damals staatliche HSH Nordbank war nach einer internen Prüfung zu dem Schluss gekommen, dass sie 126 Millionen Euro aus Cum-Ex-Geschäften erlangt habe und diese freiwillig zurückzahlen wolle.

Nur im Fall Warburg zierte sich die hanseatische Finanzbehörde plötzlich. Der Streit wurde immer heftiger – bis sich 2017 sogar das Bundesfinanzministerium unter Wolfgang Schäuble einmischte. Manch Teilnehmer der Besprechung am 17. November 2017 im Berliner Ministerium wusste gar nicht, wie ihm geschah. Der Ton der Besprechung war ruhig und sachlich. Der Inhalt brisant. Rolf Möhlenbrock, Leiter der Steuerabteilung im Bundesfinanzministerium, hörte sich die Bedenken der Hamburger Finanzbeamten im Steuerstreit an, ebenso wie die vorläufigen Ermittlungsergebnisse, die Anne Brorhilker vorzuweisen hatte. Zahlreiche Kronzeugen hätten bereits ausgesagt. Die Privatbank M.M. Warburg sei demnach tief in die Geschäfte verstrickt, bei denen Steuergelder erstattet worden seien, obwohl zuvor niemand diese Steuer gezahlt hatte, berichtete Brorhilker. Möhlenbrocks Ansage war kurz und klar: Der Sack müsse zugemacht werden. Was wie ein saloppem Spruch daherkam, war in Wahrheit eine höchst formelle Anordnung, die kurze Zeit später auch mit den entsprechenden Dokumenten unterlegt werden sollte. Das Bundesfinanzministerium hatte das Hamburger Finanzamt angewiesen, die Gelder zurückzufordern. Eine schallende Ohrfeige für die norddeutschen Beamten. Aufgrund der Weisung von oben musste die Warburg-Bank 43 Millionen Euro zurückzahlen. Weitere 47 Millionen Euro galten da bereits als womöglich verjährt.

Die Geschichte hätte hier zu Ende sein können, wären den Fahndern nicht in einer weiteren, späteren Razzia am 20. März 2018 auf dem Anwesen des Warburg-Miteigentümers Christian Olearius in Leder gebundene Kladden in die Hände gefallen, die sich als die Tagebücher des Bankiers herausstellen sollten. Olearius, gebürtiger Schlesier, war in Hamburg eine Institution und auch bundesweit ein einflussreicher Bankier. Der promovierte Jurist hatte sich nicht nur mit Firmensanierungen einen Namen gemacht, sondern galt auch als begehrter Gesprächspartner für Prominenz aus Wirtschaft und Politik. Olaf Scholz ließ es sich im Mai 2012 nicht nehmen, eine Festrede zum Geburtstag Olearius' zu halten.

Die Fahnder hatten zunächst das Haupthaus von Olearius' großzügigem Anwesen im Hamburger Nobelort Blankenese durchsucht. Im Arbeitszimmer waren sie auf eine erste Kladde gestoßen. Dutzende Blätter fanden sich darin, beschrieben mit einer raumgreifenden Handschrift. In den persönlichen Notizen ging es auch um Cum-Ex, das zeigte sich schon bei einer groben Sichtung vor Ort.

Olearius räumte ein, es gebe weitere solcher Notizen, in der Bibliothek im Nebengebäude. Der Hausherr führte die Fahnder persönlich hinüber. Die Ermittler stellten – gegen den Protest des Verfassers – 21 Tagebücher sicher. Das erste datierte auf das Jahr 2006. In den Tagebüchern hatte der Patriarch der Privatbank seine Gedanken und Gefühle, aber auch seine beruflichen Begegnungen und Geschäfte fein säuberlich festgehalten.

Stück für Stück nahmen sich die Fahnder im Folgenden die Beweismittel vor, entzifferten mühsam die Handschrift, filterten die vielen privaten Einträge, suchten nach Cum-Ex-Bezügen – und stießen auf verdächtige Einträge, die Jahre 2016 bis 2018 betreffend. Eben jene Zeit, in der die zuständige Finanzbeamtin und die Hamburger Finanzbehörde ihre Meinung geändert hatten. Die Notizen lieferten vielversprechende Hinweise, dass die Privatbank genau in der fraglichen Zeit im Austausch mit der Finanzbehörde gestanden hatte.

Demnach hatte sich Olearius kurz nach der ersten Razzia an die Hamburger Sozialdemokraten Johannes Kahrs und Alfons Pawelczyk gewandt. Beide hätten sofort ihre Hilfe signalisiert: Kahrs hörte sich auf Bundesebene um, im Bundesfinanzministerium und bei der BaFin, während Pawelczyk offenbar mehrere Treffen zwischen Olearius und dem damaligen Ersten Bürgermeister Olaf Scholz organisierte.

Und auch der Name der Finanzbeamtin fiel in den Tagebuchaufzeichnungen wieder und wieder. Sie war anscheinend hin- und hergerissen. Einerseits signalisierte die Beamtin lange, dass sie die Gelder zurückfordern werde. Gleichzeitig gab sie aber Tipps, wie die Bank dagegen argumentieren könne. Auch den Rat, dass sich die Bank nun politische Hilfe suchen solle, habe sie der Bank gegeben.

Brorhilker wurde misstrauisch. Hatten die Hamburger Behörden ihren Standpunkt womöglich deshalb um 180 Grad gedreht, weil es eine politische Einflussnahme gegeben hatte? Das hätte auch erklärt, warum die Hanseaten selbst gegenüber dem Bundesfinanzministerium vehement dafür gekämpft hatten, das Geld nicht zurückzufordern.*

Und noch ein Vorgang alarmierte die Kölner Strafverfolgerin. Noch während der erste Cum-Ex-Prozess lief, bei dem sich die Warburg-Gruppe als Nebenbeteiligte verantworten musste, gab es heimliche Verhandlungen zwischen den Hamburger Finanzbehörden und der Warburg-Gruppe. Die Bank bot an, sich in dem Streit zu einigen. Die Finanzbehörden signalisierten Bereitschaft. Während es beim Strafprozess absehbar um eine dreistellige Millionensumme ging, war das Hamburger Finanzamt offenbar gesprächsbereit, die Sache im Rahmen einer »Billigkeitslösung« gegen Zahlung von rund 60 Millionen Euro (inklusive Zinsen) zu beerdigen. Die Hansestadt hätte also auf fast 100 Millionen Euro freiwillig verzichtet. Wäre es zu dem Deal gekommen, hätte auch das Landgericht Bonn die Bank nicht mehr zur Einziehung verdonnern können. Der Anspruch wäre für immer erloschen. Einmal mehr warf sich das Bundesfinanzministerium, dieses Mal unter der Leitung von Olaf Scholz, dazwischen, verhinderte den Hamburger Handschlag.†

Für Anne Brorhilker reichten all diese Belege und Vorgänge. Im Sommer 2020 ist es schließlich so weit. Sie sieht einen begründeten Anfangsverdacht und will die hanseatischen Behörden durchsuchen, ebenso wie die Wohnungen von Johannes Kahrs und der

* Olearius' Anwälte werden später Nachfragen hierzu inhaltlich unbeantwortet lassen. Die Hamburger Finanzbehörde wird betonen, dass es in Hamburg bezüglich Cum-Ex-Gestaltungen nie Versuche gegeben habe, politisch auf Entscheidungen der Steuerverwaltung Einfluss zu nehmen.

† Die Hamburger Finanzbehörde wird später betonen, zu keinem Zeitpunkt selbst eine Billigkeitslösung vorgeschlagen oder gar ausgearbeitet zu haben. Die Verwaltung reagiere lediglich im gesetzlich zugelassenen Rahmen auf etwaige Anträge von Steuerpflichtigen oder ihren Beratern. Wie die Gespräche mit der Warburg-Bank abgelaufen sind, könne die Behörde aufgrund des Steuergeheimnisses nicht beantworten.

Finanzbeamtin. Doch Brorhilker wird ausgebremst. Quasi in letzter Sekunde. Von ihrem eigenen Haus. Noch während ihr Antrag für eine Razzia bereits beim Amtsgericht geprüft wird, schalten sich Brorhilkers Vorgesetzte ein. Hauptabteilungsleiter Elschenbroich nimmt der Richterin, die die Razzia final bewilligen soll, Brorhilkers Antrag vom Schreibtisch. Die Razzia in Hamburg wird abgeblasen, Brorhilker zurückgepfiffen und das Ermittlungsverfahren vorerst eingestellt.

Die Staatsanwaltschaft Köln wird später auf Anfrage zu dem Vorgang erklären, Grund für das behördeninterne Chaos sei ein »Kommunikationsversehen«. Brorhilker habe den Vorgang nicht, »wie zwischen allen Beteiligten im Vorfeld festgelegt«, ihrem Vorgesetzten vorgelegt. Das Amtsgericht sei daher um Rücksendung an die Staatsanwaltschaft zur weiteren Prüfung gebeten worden. Die anschließende Prüfung habe ergeben, dass keine Anhaltspunkte für ein strafbares Handeln vorlägen. »Dieser Auffassung hat sich die Generalstaatsanwaltschaft im Rahmen einer anschließenden dienst- und fachaufsichtsrechtlichen Prüfung angeschlossen.«

Kein Anfangsverdacht? Wie bitte? Brorhilker will sich damit nicht abfinden, sich so mir nichts, dir nichts abkanzeln lassen. Der Streit eskaliert bis in das NRW-Justizministerium von Peter Biesenbach. Am Ende soll die Fachabteilung des Ministeriums überprüfen, ob ermittelt werden muss. Jetzt hat das von der CDU geführte Ministerium einen Sachverhalt auf dem Schreibtisch, der prominente Politiker der SPD betrifft. Egal, wie man die Sache wendet, politisch gesehen ist sie eine tickende Bombe.

Längst, so scheint es, geht es nicht mehr nur um den einzelnen Fall. Vielleicht geht es um Größeres, um Brorhilkers Ansatz, aus Cum-Ex ein Mammutverfahren zu machen, statt den Ball flach zu halten und viele Verfahren gegen Geldbußen einzustellen. Vielleicht geht es auch um Eitelkeiten, wird Brorhilker doch zunehmend in der Öffentlichkeit wahrgenommen. Fest steht jedenfalls, dass ein Machtkampf ausgebrochen ist, mit dem der weitere Verlauf der

Cum-Ex-Ermittlungen untrennbar verknüpft sein wird. Setzt sich Brorhilker jetzt durch, würde die Staatsanwaltschaft wohl weiter Fall für Fall nachjagen – auch wenn es am Ende Jahrzehnte dauern könnte. Wird die Strafverfolgerin abgesägt, dürfte sich wohl kaum jemand finden, der in absehbarer Zeit auf den gleichen Kenntnisstand käme und bereit wäre, die Causa Cum-Ex bis zum Schluss durchzufechten.

Die Aufarbeitung des größten Steuerbetrugs der Bundesgeschichte wackelt bedenklich.

## Machtfrage

Der Streit über die abgesagte Hamburg-Razzia wird zum Tropfen, der das Fass zum Überlaufen bringt. Die Wogen steigen hoch. Der Konflikt ist weit über die Mauern der Staatsanwaltschaft Köln hinweg bekannt. Unter Beschuldigten machen Gerüchte die Runde, dass Anne Brorhilker nun endgültig zu weit gegangen sei. Ihre Vorgesetzen werfen ihr vor, den Warburg-Fall zu sehr aus heutiger Sicht und nicht anhand des damaligen Kenntnisstands zu beurteilen. Die unterschiedlichen Rechtsansichten füllen innerhalb der Staatsanwaltschaft Kölns Dutzende Seiten. Bissige Vermerke werden verfasst. Die Kritik an Brorhilkers Vorgehen im Fall der Hamburger SPD-Größen und der Finanzbeamtin wird zunehmend grundsätzlich. Brorhilker verzettele sich, sie sehe überall nur noch Straftaten.

Ihr Antrag für einen Durchsuchungsbeschluss wird auch von der Generalstaatsanwaltschaft Köln geprüft. Dort teilt man ebenfalls die Auffassung von Brorhilkers Chefs – einen Anfangsverdacht gebe es nicht.

Für die Staatsanwältin ein herber Rückschlag. Doch sie gibt nicht klein bei. Nicht bei dieser Faktenlage. Damit sie ein Verfahren einleiten kann, müssen laut Strafprozessordnung »zureichende tatsächliche Anhaltspunkte für das Vorliegen einer Straftat« vorhanden sein. Im Fall Warburg sind nicht nur Brorhilker und ihr Team, sondern auch die Kollegen des Landeskriminalamtes davon überzeugt, dass das Verhalten des Hamburger Finanzamtes für Großunternehmen Fragen aufwirft. Die Kriminalbeamten haben eine Durchsuchung ebenfalls empfohlen, dies in einem Vermerk begründet.

Die Auseinandersetzung ruft schließlich den NRW-Justizminister Peter Biesenbach auf den Plan. Der weist seine Fachabteilung an, den Sachverhalt eingehend zu prüfen. Und er stärkt Brorhilker den Rücken. Er hält die Staatsanwältin für eine hoch engagierte, ausgesprochen fachkundige und leistungsfähige Juristin im Staatsdienst. Für Biesenbach ist sie der Motor und auch der Kopf der gesamten Ermittlungen, dem es auch gelingt, eine Mannschaft um sich zu scharen, die sich von ihrer Energie anstecken lässt und den Ehrgeiz hat, diesen wirren Komplex wirklich aufzudecken und alles, was möglich ist, auch vor Gericht zu bringen. Bei einer persönlichen Begegnung hatte Biesenbach sie einmal gefragt, ob er denn Angst haben müsse, dass sie sich abwerben ließe. Die Staatsanwältin hatte verdutzt gefragt, wieso er das glaube. Biesenbach entgegnete, wenn er eine Bank wäre, würde er Brorhilker einen Job anbieten für wenige Jahre, aber mit einem Honorar, das sie als Staatsanwältin nie verdienen könne. Die Staatsanwältin hatte mit einem Lächeln geantwortet, das sie mit Leib und Seele Strafverfolgerin sei, die Sorge brauche er nicht zu haben.

Biesenbach ergreift Maßnahmen. Er schafft innerhalb der Staatsanwaltschaft Köln eine eigene Eliteeinheit gegen Cum-Ex. Und Anne Brorhilker rückt an die Spitze. Sie wird Hauptabteilungsleiterin und muss sich nun nicht mehr mit ihrem Widersacher und einstigen Vorgesetzten abstimmen. Sie leitet nun eine Abteilung von 20 Dezernenten. Und Biesenbach hat auch an anderer Stelle für Verstärkung getrommelt. So stellt das Innenministerium nun 43 Polizisten für Cum-Ex-Fälle ab, das Finanzministerium 35 Steuerfahnder. Außerdem kooperieren die Kölner nun auch mit den hessischen Fahndern, die auf Finanzkriminalität spezialisiert sind. Unterstützung kommt zusätzlich von der Steuerfahndung aus München. Damit stellt Biesenbach die Weichen für die Zukunft. Auch über seine Amtszeit hinaus. Sollte die Union bei der nächsten Wahl nicht wiedergewählt werden und er das Justizministerium von NRW verlassen müssen, will er sich Gerhard Schicks Nichtregierungsorganisation »Finanzwende« anschließen, so sehr hat er sich der Aufklärung des Cum-Ex-Skandals verschrieben.

Die Machtfrage ist also geklärt. Von der obersten Regierungsebene Nordrhein-Westfalens. Gestärkt geht Brorhilker aus dem Konflikt hervor – und es sind nun vor allem junge Staatsanwälte, die in ihr Team kommen wollen. Der Sorge, dass Cum-Ex zu komplex sei und der Widerstand der Banken für Neulinge zu massiv, begegnet die 47-Jährige mit viel positivem Denken. Vor allem Mut sollten ihre Leute haben und sich bloß nicht von der ständigen Angst leiten lassen, Fehler zu machen. Wenn man nichts versucht, so ihr Credo, wird auch nichts gelingen. Und ein Teil des Erfolgs ist sicherlich dem Teamworking geschuldet. Anders als manche Staatsanwälte arbeitet Brorhilker mit den Ermittlern Hand in Hand. Sie sieht bei den examinierten Juristen der Staatsanwaltschaft und den Polizeibeamten keine Zweiklassengesellschaft. Nur durch den engen Austausch untereinander, da ist sie sich sicher, werden sie die bestens vernetzten Cum-Ex-Akteure gemeinsam überführen können.

# Knast

Der zweite Bonner Strafprozess im Cum-Ex-Steuerskandal beginnt am 17. November 2020 unter strengen Hygienevorschriften. In den größten Saal des Landgerichts dürfen nur wenige Zuschauer. Plastikwände trennen die Prozessteilnehmer. Zudem hat das Landgericht Spezialschutzmasken besorgt. Die Plastikmasken erinnern an Taucherbrillen, geben immerhin den Blick auf das Gesicht frei, seitliche Filter blasen sich auf wie Froschbacken. »Mimik auch mit Gesichtsmaske«, wirbt der Hersteller. »Rechtsstaat trotz Corona«, scheint indes die Ansage des Landgerichts Bonn zu sein.

Auf der Anklagebank nimmt der frühere Generalbevollmächtigte der Privatbank M.M. Warburg Platz. Bis zuletzt hatte er versucht, sein Erscheinen zu verhindern. Per Eilantrag vor dem Bundesverfassungsgericht erklärte die Anwältin des 77-Jährigen, ihr Mandant könne aus gesundheitlichen Gründen nicht zur Hauptverhandlung erscheinen. Der Angeklagte sei Risikopatient, ein Prozess in Corona-Zeiten nicht zumutbar. Doch die Verfassungsrichter wiesen den Antrag am Vorabend der Verhandlung ab – das Bonner Hygienekonzept hatte sie offenbar überzeugt.

Und so verlesen die beiden jungen Kölner Staatsanwälte aus Brorhilkers Abteilung unter sichtbarer Anstrengung die Anklageschrift. Mit gedämpften Stimmen tragen sie im Wechsel knapp zwei Stunden lang die Vorwürfe gegen den einstigen Banker vor. Die Zahlen, wie so oft in der Causa Cum-Ex, sprengen die bisher gekannten Dimensionen: In 13 Fällen, so die Strafverfolger, habe sich der Ex-Banker der schweren Steuerhinterziehung schuldig gemacht.

Dem Fiskus sei dadurch ein Schaden von mehr als 325 Millionen Euro entstanden.

Nach dem Verlesen der Anklage setzt der Vorsitzende Richter Roland Zickler gerade dazu an, den Beschuldigten über dessen Rechte zu belehren, da fällt ihm bereits die Strafverteidigerin des Ex-Bankers mit einer Rüge ins Wort: Die Verhandlung vor der Zwölften Strafkammer verstoße gegen das Grundgesetz. Das Landgericht Bonn habe eine verbotene »Sonderkammer« geschaffen. Und überhaupt: Der Richter sei befangen, da er schon im ersten Cum-Ex-Prozess den Vorsitz innehatte und die Geschäfte schon da als rechtswidrig eingestuft habe.

Im folgenden Eröffnungsplädoyer der Strafverteidigung knüpft sich die forsche Anwältin nun die Staatsanwaltschaft vor. Sie weist im Namen ihres Mandanten jegliche Vorwürfe zurück. Die Anklage enthalte »gravierende handwerkliche Fehler«. In der Hauptverhandlung solle sich die Kammer vielmehr mit der Rolle anderer beteiligter Großbanken sowie der Finanzverwaltung Hamburg beschäftigen. Letztere habe die Deals gekannt und jahrelang nicht beanstandet.

Schon am ersten Verhandlungstag geben die Strafverteidiger, drei an der Zahl, den Ton an. Im Vergleich zum ersten Cum-Ex-Prozess wird dies ein anderes Verfahren. Dieses Mal stehen nicht zwei Geständige vor Gericht, die in einem beinahe schon harmonischen Prozess Rede und Antwort stehen. Dieses Mal sitzt hier ein Ex-Banker, der alle Vorwürfe vehement bestreitet und aggressiv gegen die Vorwürfe der Anklage, aber auch gegen die Arbeitsweise von Strafverfolgung und Gericht insgesamt vorgehen wird. Seine Anwälte werden im Stile einer »Konfliktverteidigung« jede Gelegenheit zur Attacke nutzen. Der Kammer steht eine Belastungsprobe bevor.

Erst am 23. Verhandlungstag stellt sich der Angeklagte selbst den Fragen des Gerichts. Seine Vernehmung am 22. April 2021 beginnt er mit der Feststellung, dass er sich einer solchen Sache noch nie habe stellen müssen und nicht wisse, ob er dem gewachsen sei. »Auf jeden

Fall habe ich schon einmal nicht so gut geschlafen.« Der Ex-Banker, der bei Warburg die Bereiche Bilanz, Rechnungswesen und Controlling verantwortete, sei für die Cum-Ex-Geschäfte nicht zuständig und deshalb auch nicht eingebunden gewesen, lautet seine wiederkehrende Aussage.

Das mulmige Gefühl des Beschuldigten scheint sich derweil in den kommenden Stunden zu bestätigen. Richter Zickler lässt per Beamer ein Dokument nach dem anderen an die Wand werfen. E-Mails, Protokolle, Verträge. Der Angeklagte rutscht immer tiefer in seinem Stuhl. Es ist unbestreitbar: Der einstige Warburg-Generalbevollmächtigte hatte sich immer wieder direkt mit Hanno Berger über inhaltliche und rechtliche Fragen zu den Geschäften ausgetauscht. Er war es auch, der unter anderen die Partner der Bank über die Deals informierte. Der Beschuldigte hatte drei fragliche Steuererklärungen unterschrieben. Und für zahlreiche Geschäfte holten sich die Warburg-Händler von ihm die Freigabe, die millionenschweren Deals umzusetzen. Unter anderem verliest Richter Zickler die E-Mail eines Warburg-Händlers an einen Kollegen, der den Beschuldigten als »Paten der Transaktion« bezeichnet. Der Beschuldigte sagt hierzu aus: »Ich habe mich nie als Paten betrachtet. Das ist sicher ein Händlerspruch.« Am Ende des Tages wirkt Richter Zickler wenig überzeugt, der Beschuldigte angeschossen.

Der Prozess wäre wohl ohne großes Getöse bald zu Ende gegangen, wäre dem Angeklagten nicht am 12. Mai 2021 eine Koryphäe zur Hilfe gekommen. Es ist der frühere Vorsitzende des Bundesgerichtshofs, Thomas Fischer. Der große, massige Mann stürmt wie eine Naturgewalt in den Gerichtssaal. Knallend lässt er vor sich fünf Mappen auf den Tisch fallen. Mit einem Rumms nimmt er seinen Platz in der Stuhlreihe des Beschuldigten ein. Noch bevor Richter Zickler seine einleitenden Worte für diesen Prozesstag ausgesprochen hat, zeigt Fischer auf, um sich denn gleich selbst das Wort zu erteilen. Einen »unaufschiebbaren Antrag« habe er vorzutragen. Zickler entzieht Fischer zunächst das Wort, um mit einer kleinen

Standpauke fortzufahren. Nach dem letzten Verhandlungstag sei die Beschuldigtenbank verdreckt hinterlassen worden, unter anderem mit benutzten Taschentüchern. Nicht nur zu Corona-Zeiten eine Respektlosigkeit.

Der frühere BGH-Richter Fischer wirkt wie ein Bulle, der in der Box mit den Hufen scharrt. Als früherer Vorsitzender Richter am 2. Strafsenat des Bundesgerichtshofs war er es lange Zeit gewohnt, dass über ihm nur noch der blaue Himmel strahlt. Jetzt muss er warten, bis ihm das Wort erteilt wird. Fischers Wortgewalt und Meinungsfreude hat ihn zum begehrten Kolumnisten bei der *Zeit* und beim *Spiegel* gemacht. Im Frühjahr 2021 hat sich der pensionierte BGH-Richter der Kanzlei Gauweiler & Sauter angeschlossen. Rechtsanwalt Peter Gauweiler, durch seine CSU-Karriere als früherer Bayerischer Staatssekretär und Minister in der Politik bestens vernetzt, hatte das Mandat von Christian Olearius übernommen. Fischer gibt sich nun als Verteidiger des einstigen Warburg-Generalbevollmächtigten zu erkennen. Als er gerade anhebt, um seinen Antrag zu verlesen, stoppt ihn Richter Zickler. Man werde zunächst einen Zeugen vernehmen. Nun ist klar, wer im Saal die Ansagen macht.

Fischer muss sich weitere Stunden gedulden. Als er an der Reihe ist, trägt er mit Inbrunst seinen Antrag vor. Die Richter seien allesamt befangen. Insbesondere der Vorsitzende Richter führe das Verfahren in einer »dem Angeklagten feindselig gegenüberstehenden Weise«. Der Richter habe unter anderem rechtswidrige Absprachen mit Staatsanwältin Anne Brorhilker getroffen. Zickler betreibe das Verfahren mit »persönlich motiviertem Eifer«.

Brorhilker erwidert zunächst gelassen, es täte ihr sehr leid, aber sie müsse nun die Verschwörungstheorie zerschlagen, die Fischer in vielen Worten hergeleitet habe – und geht dann zum Gegenangriff über. Sie wirft dem früheren BGH-Richter vor, gegen das Verbot widerstrebender Interessen verstoßen zu haben. Denn Fischer vertrete nicht nur den Ex-Warburg-Banker vor dem Bonner Landgericht, sondern gleichzeitig auch den Miteigentümer der Bank Max Warburg vor einem parallel laufenden Untersuchungsausschuss. »Beide Mandanten haben durchaus gegenläufige Interessen. Genau dies wurde gerade im hiesigen Strafverfahren deutlich, als der Angeklagte den gesondert Verfolgten Max Warburg durch seine Einlassung erheblich belastete: So solle nicht er verfahrensgegenständliche Cum/Ex-Geschäfte gekannt und befürwortet haben, sondern Max Warburg.« Fischer, der im Untersuchungsausschuss als Berater von Max Warburg aufgetreten war, versichert nun dem Bonner Richter, Max Warburg nicht anwaltlich zu vertreten.

Vier weitere Gerichtstermine lang wird der Schlagabtausch weitergehen. Fischer überzieht das Gericht mit Vorwürfen und Beweisanträgen. Trotzdem kommt es am 1. Juni 2021 zum Showdown. Die Plädoyers werden vorgetragen, das Urteil gefällt. Anne Brorhilker fordert eine Gesamtfreiheitsstrafe von zehn Jahren für den Warburg-Banker. Dessen Verteidiger hingegen halten einen Freispruch für angemessen. Es ist Thomas Fischer, der in seinem Plädoyer den Bogen vom ganz Kleinen bis in die große Politik spannt.

Als kleines Beispiel nennt Fischer Ratgeber wie das Buch *1000 ganz legale Steuertricks*, die Jahr für Jahr veröffentlicht würden, »in denen ausgeführt ist, welche Lücken im Einkommensteuergesetz und bei der Quellensteuer des Lohnsteuerabzugs bestehen, damit der mündige Steuerbürger da auch die allerletzten 22 Euro noch ausquetschen kann. Es gilt als allgemein hochgradig verdienstvoll, solche Werke in Umlauf zu bringen und zu schreiben«. Jeder Steuerzahler stürze sich begeistert auf diese Lücken im Gesetz, die es derzeit noch gibt, die vielleicht streitig seien, aber noch nicht entschieden. Wer das nicht tue, gelte als dumm. »Das erzählt man sich dann abends beim Grillen oder auf der Arbeit, mit welchen unglaublich schlauen Methoden man wieder 2000 Euro Steuerrückerstattung im letzten Jahr herausgeholt hat.«

Neben diesen marginalen Beispielen des Unrechtsbewusstseins gebe es aber auch den ganz großen Maßstab. »Was war im Jahr

2008?«, fragt Fischer. »Da begann die Finanzkrise. Da brach in Amerika der Immobilienmarkt zusammen, und die Banken brachen zusammen. Die Banker stürzten sich aus den oberen Stockwerken und marschierten weinend mit Pappkartons über die Wall Street und waren ganz fertig. Und der deutsche Finanzminister sagte: Jetzt geht es um alles! Frau Bundeskanzlerin Dr. Merkel sagte: Der deutsche Steuerzahler kann sich darauf verlassen, wir ersetzen alles. Der Sparer kriegt alles ersetzt. Bitte jetzt keine Revolution. Der Staat muss überleben. Wir schaffen das! Der Bankenstandort Deutschland muss gerettet werden. Das war die ganz feste Ansicht der ganz großen Politik.« Die Menschen, die damals in der ganz großen Politik gewesen sind, seien es noch immer, bekleideten zwischenzeitlich Aufsichtspositionen in großen Landesbanken. Und diese großen staatlichen Banken hätten jahrzehntelang Cum-Ex-Geschäfte in großem Umfang betrieben. Die WestLB habe an einem Tag 14 Prozent aller Daimler-Aktien besessen, »nicht, weil sie so gerne Daimler fährt, sondern weil sie gerne Cum-Ex-Geschäfte machen wollte«. Wer sich anschaue, wer damals im Aufsichtsrat der WestLB gesessen habe, der sehe, dass diese Menschen noch immer wichtige Positionen einnähmen. Ohne die Namen zu nennen, spielt Fischer damit wohl auf den früheren NRW-Finanzminister und Bundesfinanzminister Peer Steinbrück an.

Nun, so Fischers Botschaft, säße hier der 77-jährige Angeklagte und solle das Kleine und das Große ausbaden. Mit einer Haftstrafe, die an sein Lebensende reichen könnte. Der Beschuldigte, fordert Fischer, »muss nicht als Sündenbock dastehen für die Fehler von irgendwelchen Behörden und politischen Strukturen, für die er nichts kann und an denen er in keiner Weise teilgenommen hat«.

Das letzte Wort gehört dem Beschuldigten. Die Ermittlung sei für ihn ein »schreckliches, unbegreifliches Schicksal«. Er habe nie Unrechtes im Blick gehabt. Nie.

Noch am gleichen Tag, um 18.31 Uhr verhängt Richter Zickler die erste Haftstrafe im Cum-Ex-Skandal. Der Ex-Warburg Banker wird zu fünf Jahren und sechs Monaten Haft verurteilt und muss Taterträge in Höhe von 100 000 Euro zurückzahlen. Das Gericht glaubt dem Angeklagten nicht, dass er inhaltlich nicht eingebunden gewesen sei. Auch die politischen Umstände spielen demnach für den einzelnen Fall keine Rolle. Der Verurteilte, da ist sich die Kammer sicher, habe gewusst, dass er und seine mutmaßlichen Mittäter in die Staatskasse gegriffen haben.

Das Urteil ist noch nicht rechtskräftig, aber die Nachricht geht um die Welt. Jedem Cum-Ex-Akteur wird in diesem Moment klar, dass die deutsche Strafjustiz bei der Aufarbeitung des Skandals durchgreift, dass Banker, Berater und Aktienhändler wegen der milliardenschweren Deals zu Lasten des deutschen Fiskus auch im Gefängnis landen können.

Die Ereignisse überschlagen sich nun regelrecht. Während der Warburg-Banker noch auf die Revision hofft, um die Gefängnisstrafe noch abzuwenden, landet eine andere Cum-Ex-Schlüsselfigur unerwartet hinter Gittern: Hanno Berger. Im November 2020 und im Februar 2021 hatten die Landgerichte Wiesbaden und Bonn die Auslieferung des Deutschen beantragt. Vor beiden Gerichten waren Anklagen zugelassen worden, nach denen Berger mit Cum-Ex-Geschäften zusammen mit weiteren Beschuldigten insgesamt fast 400 Millionen Euro aus der Staatskasse gestohlen haben soll. In beiden Prozessen ist Berger mit Verweis auf seinen gesundheitlichen Zustand nicht erschienen. Die Untersuchung durch einen deutschen Amtsarzt hatte er jedoch abgelehnt.

Normalerweise liefert die Schweiz mutmaßliche Steuerhinterzieher nur in den seltensten Fällen aus. Doch Berger ist auch des Betrugs beschuldigt.

Am 30. Juni 2021 erlässt das Schweizer Bundesamt für Justiz gegen Berger einen Auslieferungshaftbefehl. Eine Woche später, am 7. Juli 2021, nimmt die Kantonspolizei Graubünden Berger fest. Da er nach wie vor gesundheitliche Probleme geltend macht, bewachen ihn Polizisten zunächst während eines Aufenthaltes im Krankenhaus. Später wird er in das Graubündener Gefängnis verlegt, wo er in Auslieferungshaft sitzt.

Berger wird nicht irgendwo untergebracht. Er landet im »modernsten Gefängnis der Schweiz«, der 2019 eröffneten Justizvollzugsanstalt Cazis Tignez, die den Häftlingen einen »zeitgemäßen Strafvollzug« ermöglichen soll. Das Gefängnis ist nicht von hohen Mauern und Stacheldraht umgeben, die Sicherheitszäune wirken leicht und transparent. Moderner Waschbeton dominiert das Innere. Die Aufenthaltsräume sind hell und lichtdurchflutet. Durch weiße Türen geht es in die Zellen. Helle Holzmöbel warten auf die Insassen. Selbst die »schwedischen Gardinen«, die Gitterstäbe, sind ein Blickfang. Weiß lackiert, im Schachbrettformat, geben sie den Blick auf die Berge frei.

Obwohl seine neue Bleibe vergleichsweise komfortabel ist, scheint Berger nicht gewillt hierzubleiben. Er legt Rechtsmittel gegen eine einfache Auslieferung ein. Er bietet sogar 100 000 Euro Kaution an, damit er wieder auf freien Fuß kommt. Doch dieses Problem wird er nicht mit Geld lösen. Mit einem Bescheid vom 5. August lehnt das Schweizer Bundesstrafgericht Bergers Antrag ab. Es bestehe erhebliche Fluchtgefahr. Und auch die medizinischen Gründe lässt das Gericht nicht gelten. Die Schlussfolgerungen von Bergers Arzt, sein Patient sei weder haft-, reise- noch verhandlungsfähig, ließen sich nicht nachvollziehen. Vielmehr hafte dem Arzt der Verdacht der Befangenheit an, da er Berger erst seit November 2020 behandele. Selbst die juristische Argumentation schmettert das Gericht ab. Die Berger vorgeworfenen Taten seien nach einer ersten Beurteilung womöglich auch nach Schweizer Recht strafbar. Denn auch im dortigen Strafgesetzbuch sei ein Betrug zu Lasten der öffentlichen Hand strafbar, will heißen, im Fall Berger sei eine Strafbarkeit in der Schweiz demnach womöglich ebenfalls gegeben. Rechtlich bleibt Berger also nur noch die Möglichkeit, beim Bundestrafgericht eine sogenannte Beschwerde einzulegen. In besonderen Fällen entscheidet dann das Schweizer Bundesgericht.

Die Rückkehr von »Mister Cum-Ex« nach Deutschland rückt nach mehr als neun Jahren der Flucht in den beschaulichen Alpenstaat näher. Gleich zwei Strafprozesse warten auf den Steueranwalt. Dem Mann, der bis zuletzt darauf pochte, lediglich ein legales Steuermodell genutzt zu haben, droht im Falle einer Verurteilung eine hohe Gefängnisstrafe.

# Geschichte

Der Reporter des Informationssenders Phoenix platziert sich am 28. Juli 2021 bildwirksam vor dem Erbgroßherzoglichen Palais in Karlsruhe. Mit dem schlossähnlichen Palais und der gepflegten Parkanlage im Hintergrund spricht der Journalist seinen Aufsager ins türkisfarbene Mikrofon. Er meldet sich vom Sitz des Bundesgerichtshofes. Nach dem ersten Cum-Ex-Urteil des Landgerichts Bonn hatte Brorhilker Revision eingelegt, um die Teil-Freisprüche gegen Nicholas D. überprüfen zu lassen. Auch die Vertreter der Warburg-Gruppe zogen wegen der Einziehung der Taterträge vor das höchste Gericht, ebenso wie die Strafverteidiger der beiden verurteilten Briten. Eingehend hat der Bundesgerichtshof daraufhin das Urteil des Landgerichts nochmals rechtlich geprüft.

An diesem Tag steht die historische Entscheidung an. Lange, so sagt es der Reporter in die Kamera, sei umstritten gewesen, ob Cum-Ex-Geschäfte Steuerhinterziehung gewesen seien oder die gerade noch legale Ausnutzung einer Gesetzeslücke. »Ganz, ganz viele schauen heute hier nach Karlsruhe und sind gespannt, wie dieses Urteil heute hier ausgeht. Das heutige Urteil hat große Bedeutung für viele andere Verfahren, die da jetzt warten.«

Im Inneren des Bundesgerichtshofs herrscht ungeduldige Stille. Dann endlich ist der Ausruf »Der hohe Senat« zu vernehmen. Er kündigt den Beginn der Urteilsbegründung an. Eine Richterin und vier Richter betreten in ihren roten Roben würdevoll schreitend den Gerichtssaal. Der Vorsitzende Richter des ersten Strafsenats Rolf Raum setzt die Lesebrille auf und verkündet das höchstrichterliche

Urteil, das nicht nur in der Finanzwelt mit Spannung erwartet wird. Der Richter erklärt mit ruhiger Stimme, dass der Senat sämtliche Revisionen im Wesentlichen als unbegründet verworfen habe. Ein Paukenschlag. Damit ist nun von höchster Stelle der deutschen Judikative ein für alle Mal klargestellt: Die Geschichte von der Gesetzeslücke ist unwahr, Cum-Ex eine strafbare Steuerhinterziehung.

Dass eine nicht einbehaltene Kapitalertragssteuer nur von einem Steuerpflichtigen geltend gemacht werden dürfe, entspreche nicht nur dem Gerechtigkeitsempfinden, führt Richter Raum aus, sondern ergibt sich auch unmittelbar aus dem Gesetz. Bereits bevor die Cum-Ex-Geschäfte gelaufen seien, habe eine klare und eindeutige gesetzliche Regelung bestanden. »Nur eine tatsächlich gezahlte Steuer kann gegenüber den Finanzbehörden geltend gemacht werden. Allein dieses Verständnis entspricht der Gesetzessystematik. Es handelt sich bei den praktizierten Geschäften weder um legale Gestaltungsmöglichkeiten noch um das bloße Ausnutzen einer Gesetzeslücke, weil die gesetzliche Regelung eindeutig war. Es ging vielmehr um einen blanken Griff in die Kasse, in die alle Steuerzahler normalerweise einzahlen.«

Anne Brorhilker verfolgt den Urteilsspruch aus dem Urlaub aus mit Genugtuung. Mehr als acht Jahre harte Ermittlungen waren notwendig, 44 Verhandlungstage am Landgericht Bonn und ein Urteil des höchsten deutschen Gerichts, um das festzustellen, was jede Passantin, jeder Bürger bei einer einfachen Straßenumfrage aus dem hohlen Bauch geantwortet hätte: Es ist verboten, sich eine Steuer erstatten zu lassen, die niemand gezahlt hat.

# Politik

Dienstag, der 28. September 2021, um kurz nach 9 Uhr. Nicht einmal zwei Tage sind vergangen, seitdem die SPD mit 25,7 Prozent der Wählerstimmen als Sieger aus der Bundestagswahl hervorgegangen ist. Der SPD-Spitzenkandidat, Vizekanzler und Finanzminister Olaf Scholz ist damit der aussichtsreichste Kandidat, Bundeskanzlerin Angela Merkel nach 16 Jahren an der Macht zu beerben.

Während in Berlin bereits erste Gespräche für die neue Regierungsbildung anlaufen, verschaffen sich in Hamburg vier Menschen Zutritt in ein graues Hamburger Mehrfamilienhaus. Beliebt ist diese Wohngegend im Schatten des Hauptbahnhofes nicht gerade. Drogensüchtige liegen in Hauseingängen. Das Straßenbild ist geprägt von Spielhallen und Schmuckhändlern. Doch das Mehrfamilienhaus, das vier Fahnder an diesem Morgen betreten, hat einen prominenten Mieter: der einst einflussreiche SPD-Politiker Johannes Kahrs.

Nicht nur in Kahrs Hamburger Wohnung werden Ermittler aus Nordrhein-Westfalen vorstellig, auch an dessen Berliner Wohnsitz klingeln LKA-Beamte. Am gleichen Morgen durchsuchen Anne Brorhilker und ihr Team auch die Hamburger Finanzbehörde und das Finanzamt für Großunternehmen. Die Staatsanwältin hat sich im Streit um die Hamburg-Razzia durchgesetzt. Mit der Durchsuchung an diesem Dienstagmorgen kann sie nun dem Verdacht nachgehen, den sie schon vor einem Jahr als begründet ansah: Haben Johannes Kahrs, der frühere Innensenator der Hansestadt, Alfons Pawelczyk, sowie eine Finanzbeamtin die Privatbank M.M. Warburg im Streit um die Rückzahlung von Cum-Ex-Millionen begünstigt?

Bis zu der Razzia, die Beweismittel sicherstellen soll, war es ein steiniger Weg. Die Fahnder rekonstruierten immer dichter die Abläufe und Geschehnisse. Weitere Einblicke lieferten auch die Akten des Hamburger Finanzamtes, die die Strafverfolger in der Zwischenzeit erreicht hatten. Demnach hatten bereits Außenprüfer des Finanzamtes bei der Warburg-Bank die Cum-Ex-Geschäfte eingehend geprüft und die Lage in einem Vermerk vom Mai 2016 auf den Punkt gebracht. Für die Betriebsprüfer war der Fall klar. Warburg müsse zurückzahlen. Eile sei geboten, damit die Fälle aus steuerrechtlicher Sicht nicht verjährten.

Die für die M.M. Warburg zuständige Finanzbeamtin folgte dieser Einschätzung mit einem ausführlichen Bericht im Oktober: Das Cum-Ex-Geld müsse erstattet werden. Doch die Tagebucheinträge des Warburg-Patriarchen Olearius sprechen eine andere Sprache, was die Haltung der Dame anbelangt. Demnach äußerte sie gegenüber Bankmitarbeitern, dass sie die Sache bedauere. Olearius vermerkte dazu, dass es Ironie sei, dass die Finanzbeamtin nun das Zünglein an der Waage sein soll, schließlich habe sie sich tief eingearbeitet und wenn es bei den Rückforderungen bleibe, wolle sie der Bank Zeit verschaffen. Laut den Notizen gibt die Finanzbeamtin, deren Aufgabe es ist, das Geld der Steuerzahler zu schützen, den Bankern sogar auch Tipps, wie sie gegen die Entscheidung argumentieren können, und rät den Warburg-Verantwortlichen, sich politische Unterstützung zu holen. Ende Oktober 2016 empfing der Erste Bürgermeister Olaf Scholz den Privatbankier Olearius tatsächlich.

Am 9. November 2016 habe Olaf Scholz den Bankier angerufen, so hielt es Olearius in seinem Tagebuch fest. Es sei um ein Schreiben gegangen, in dem die Warburg-Bank ihre Rechtsauffassung zu Cum-Ex zusammengefasst und gleichzeitig prognostiziert hatte, dass eine Rückzahlung die Existenz der Hamburger Traditionsbank gefährden würde. Scholz soll geraten haben, das Schreiben direkt an den Finanzsenator zu schicken. Olearius schrieb in sein Tagebuch, er habe keine Fragen gestellt, sondern – wie von Scholz empfohlen –

das Schreiben an den damaligen Finanzsenator Peter Tschentscher schicken lassen.

Olaf Scholz wird später bestätigen, ein solches Telefonat in seinem Terminkalender vermerkt zu haben. An den konkreten Gesprächsinhalt könne er sich nicht mehr erinnern. Sollte es jedoch so verlaufen sein, wie Olearius es festgehalten habe, sei dies ein Beleg dafür, dass er, Scholz, sich eben nicht eingemischt habe, da er den Brief nicht selbst weitergeleitet habe. Zwei Tage nach dem Scholz-Telefonat, so berichtet es der *Spiegel* später, empfängt der damalige Finanzsenator Tschentscher die Leiterin des Finanzamtes in seinem Amtszimmer zum 30-minütigen Gespräch. Ob es bei dem Treffen um Cum-Ex und die Warburg-Bank gegangen ist, sei nicht dokumentiert, heißt es später aus der Finanzbehörde. Fest steht:

Tschentscher, inzwischen Scholz' Nachfolger im Amt des Ersten Bürgermeisters, hat den Olearius-Brief offenbar seinerseits am 14. November an die zuständige Finanzbeamtin weitergeleitet und mit seiner grünen Ministertinte die »Bitte um Informationen zum Sachstand« vermerkt.

Aufgrund des Steuergeheimnisses, wird Tschentscher später erklären, dürfe er zu dem konkreten Fall keine Auskunft geben. Er habe als Finanzsenator jedoch stets darauf geachtet, dass die Entscheidungen ausschließlich von den Finanzämtern und nach rechtlichen Gesichtspunkten getroffen würden.

Nach einem Termin am 17. November 2016 in Tschentschers Finanzbehörde – allerdings ohne, dass der Finanzsenator persönlich an dem Gespräch teilnahm – rückte die Finanzbeamtin plötzlich von ihrer ursprünglichen Einschätzung ab und forderte das Geld nicht mehr von der Bank zurück. In den Akten des Finanzamtes ist ein erbitterter Streit dokumentiert, der nach dieser Kehrtwende zwischen den Außenprüfern des Finanzamtes und der zuständigen Beamtin entbrannte. Die Betriebsprüfer konnten nicht nachvollziehen, warum die Behörde die Sache womöglich in die Verjährung laufen ließ. Durch die staatsanwaltschaftlichen Ermittlungen, die BaFin-Sonderprüfung von Deloitte und dem gleichzeitig laufenden Cum-Ex-Untersuchungsausschuss kamen jener Tage immer mehr Details zu Cum-Ex ans Licht. In Vermerken halten die Betriebsprüfer den Verdacht fest, die Finanzbeamtin habe gar eine persönliche Nähe zu Olearius. Der Vater der Beamtin, seines Zeichens Notar, habe einst für Olearius gearbeitet. Olearius' Anwälte werden später bestreiten, dass der Bankier den Vater der Beamtin gekannt habe.

Der Streit endete erst durch die Weisung des Bundesfinanzministeriums im November 2017, mit der das Ministerium die Hamburger Finanzbehörde zwang, die Cum-Ex-Gelder zurückzufordern.

Nicht nur das Bild der Ermittler wurde seit dem ersten Anlauf Brorhilkers, in Hamburg zu durchsuchen, immer dichter. Der Skandal geriet auch an die Öffentlichkeit. Im Herbst 2020 hatten NDR, die *Zeit* und die *Süddeutsche Zeitung* Passagen aus jenen Tagebucheinträgen von Warburg-Miteigentümer Christian Olearius veröffentlicht, die auf Treffen mit Olaf Scholz hinweisen, das Engagement von Kahrs und Pawelczyk festhielten sowie das fragwürdige Verhalten der für die Bank zuständigen Finanzbeamtin beinhalteten. Der Scoop löste selbst in der sonst so gediegenen Hansestadt ein Beben aus. Die Warburg-Bank wird später erklären, die Vorwürfe stützten sich maßgeblich auf Einträge aus den Tagebüchern von Dr. Christian Olearius, die unrechtmäßig öffentlich zitiert worden seien. Die Warburg-Gruppe und ihre Vertreter hätten bereits mehrfach klargestellt, dass es von ihrer Seite keine unzulässige Einflussnahme gegeben habe. Auch die Finanzbehörden werden jegliche Einflussnahmen auf das Steuerverfahren bestreiten, und Johannes Kahrs wird sich später zu den Vorwürfen nicht äußern.

Doch der Geist war aus der Flasche. Schnell kam die Frage auf, ob Parteispenden von Warburg-Unternehmen in Höhe von 38 000 Euro an den SPD-Kreisverband Hamburg-Mitte von Johannes Kahrs in Zusammenhang mit Kahrs' Engagement in Sachen Cum-Ex stehen könnten. Kahrs und die SPD bestreiten das. Erst ein Jahr später wird

SPD-Finanzsenator Andreas Dressel es als Fehler bezeichnen, die Spenden der Bank angenommen zu haben.

Die neuen Details aus Olearius' Tagebuch schlugen im Herbst 2020 auch in Berlin ein. Bundestagsabgeordnete Lisa Paus von den Grünen sowie ihre Kollegen Fabio De Masi von der Linkspartei und Florian Toncar von der FDP verlangten im Finanzausschuss des Deutschen Bundestages nach Antworten. Scholz wurde auch persönlich gegrillt. Häppchenweise gab er an, Olearius im fraglichen Zeitraum in seiner damaligen Funktion als Hamburgs Erster Bürgermeister drei Mal getroffen zu haben. An konkrete Gesprächsinhalte könne er sich nicht mehr erinnern. Nur so viel: Eine politische Einflussnahme auf das Steuerverfahren habe es nie gegeben.

Der Opposition reichten diese Antworten nicht. In Hamburg setzten sich unter ungewohnter Einigkeit CDU und Linkspartei erfolgreich für die Einsetzung eines Untersuchungsausschusses ein. Am 30. April 2021 stellte sich Olaf Scholz im prunkvollen großen Festsaal des Hamburger Rathauses rund fünf Stunden lang den Fragen der Abgeordneten. »Moin, ich freue mich, dass ich mal wieder in Hamburg sein kann, in diesem wunderschönen Rathaus. Das weckt bei mir sehr viele gute Erinnerungen«, sprach Scholz nach der Befragung in die Kameras. Weniger gute Erinnerungen hatte der Kanzlerkandidat offenbar, als es um konkrete Fragen zur Warburg-Bank und den Cum-Ex-Skandal ging.

Gleich zu Beginn, in einem vorformulierten Eingangsstatement, wies Scholz alle Vorwürfe von sich. Die Hamburger Finanzbehörden entschieden nach strengen gesetzlichen Gesichtspunkten. »Da hält sich die Politik raus und so gehört es sich auch. Ich habe auf das Steuerverfahren Warburg niemals Einfluss genommen.« Anderslautende Thesen seien nicht mehr als »haltlose Schauermärchen«.

Scholz bestätigte drei Begegnungen mit Olearius sowie ein kurzes Telefonat, relativierte diese jedoch. In seiner Amtszeit habe es sehr, sehr viele Gespräche mit Menschen aus Wirtschaft, Wissenschaft und Stadtgesellschaft gegeben. Das sei täglich Brot. Umso mehr brauche es eine klare Haltung und eine Handlungmaxime. »Sie besteht darin, dass ich normalerweise keine Auskünfte über meine Einschätzung zum Sachverhalt gebe. Ich gebe keine Zusagen und verspreche nichts.« In den folgenden Fragestunden fiel der Mann, der sich für das Amt des Bundeskanzlers bewarb, vor allem mit einem auf: Erinnerungslücken.

Kurz vor der Bundestagswahl im Herbst 2021 förderte der Hamburger Untersuchungsausschuss keine *smoking gun* zutage. Es gab keine Belege für eine politische Einflussnahme. Die zuständige Finanzbeamtin bestritt, dass das unkommentierte Weiterleiten des Ministers sie in ihrer Entscheidung beeinflusst habe, das Geld doch nicht zurückzufordern. Auch alle beteiligten Politiker und Behörden sowie die Bank selbst dementierten Einflussnahmen.

Statt Antworten zu liefern, warf der Ausschuss neue Fragen auf: Etwa die, warum der Fall Warburg im Winter 2016 über die Schreibtische zweier der mächtigsten Politiker der Hansestadt wanderte, statt einfach auf dem vorgesehenen Dienstweg zwischen Bank und Finanzamt geklärt zu werden?

Während sich in Hamburg die Parlamentarier im Untersuchungsausschuss die Zähne ausbissen, setzten sich Staatsanwältin Anne Brorhilker in Köln und ihre Fahnder weiter dafür ein, in Hamburg durchsuchen zu dürfen. Nach erneuter Prüfung der Argumente für und wider eine Ermittlung meldete die Generalstaatsanwaltschaft Köln nur noch Zweifel bezüglich eines möglichen Deliktes, der Beihilfe zur Steuerhinterziehung, grundsätzlich sah die Behörde jedoch inzwischen ebenfalls den Anfangsverdacht als gegeben an. Der Weg für die Ermittlung war wieder frei. Mit Weisung vom 17. August 2021 ordnete das Justizministerium NRW an, die Ermittlungen wieder aufzunehmen. Die Generalstaatsanwaltschaft wiederum gab die Weisung am 24. August an die Staatsanwaltschaft Köln weiter, einen Tag später wurden die Ermittlungen wieder aufgenommen. Gegen eine Mitarbeiterin des Finanzamtes bestehe der Anfangsverdacht der Begünstigung, Strafvereitelung, Geldwäsche und Untreue. Gegen zwei weitere Beschuldigte läge der Anfangsverdacht der Begünstigung vor. Das Amtsgericht Köln erteilte am 22. September, wenige Tage vor der Bundestagswahl, die Durchsuchungsbeschlüsse. Nun, kurz nach der Wahl, sucht Brorhilker in Hamburg nach geeigneten Beweismitteln.

Die Nachricht schlägt im politischen Berlin wie eine Bombe ein. Gegen Mittag flimmert eine Eilmeldung der *Bild*-Zeitung über die Handys: Razzia bei Johannes Kahrs. Gegen den aussichtsreichen Kanzlerkandidaten Olaf Scholz wird zwar nicht ermittelt. Doch die Spur führt ins Zentrum der Hamburger SPD – und damit in Scholz' Umfeld.

Weitere Vorgänge im Bundesfinanzministerium unter der Führung von Olaf Scholz werfen derweil neue Fragen auf. So wird durch eine Kleine Anfrage der Linksfraktion ein Frühstück mit Beigeschmack bekannt. Am 2. April 2019, wenige Monate bevor der erste Cum-Ex-Strafprozess in Bonn begann, bei dem sich die Warburg-Bank als Nebenbeteiligte zu verantworten hatte, verabredeten sich der haushaltspolitische Sprecher der SPD, Johannes Kahrs, und der Staatsekretär im Bundesfinanzministerium, Jörg Kukies, zum morgendlichen Kaffee. Soweit nichts Ungewöhnliches. Schließlich suchte Kahrs als Chefhaushälter seiner Partei immer wieder das Gespräch mit den wichtigsten Männern im Finanzministerium, um etwa Haushalts- und Finanzthemen wie die europäische Fiskalpolitik oder die Griechenland-Schuldenstrukturierung zu erörtern.

Doch an diesem Aprilmorgen geschah Seltsames. Kahrs war nicht alleine erschienen. Ohne Vorankündigung, so werden es später gut informierte Kreise aus dem Finanzministerium schildern, hatte dieser den Privatbankier Christian Olearius im Schlepptau. Staatssekretär Kukies dürfte sich überrumpelt gefühlt t haben. Schließlich hatte Kukies nur wenige Monate zuvor Briefe mit Christian Olearius gewechselt – und klare Worte gewählt. Olearius hatte den Staatssekretär um Hilfe gebeten. Die Existenz der Traditionsbank M.M. Warburg sei gefährdet, sollte sie die Gelder aus den Cum-Ex-Geschäften zurückzahlen müssen. Kukies hatte im Juli 2018 geantwortet, er könne Olearius' Anliegen, die Existenz des Bankhauses sichern zu wollen, gut nachvollziehen. Unterstützen könne er den Hamburger Privatbankier jedoch nicht. Die Rückforderungen der Cum-Ex-Gelder würden mit Nachdruck geltend gemacht. Denn »nach Auffassung der Bundesregierung sind diese Gestaltungen rechtswidrig«. Bisher ergangene Gerichtsentscheidungen würden diese Auffassung bestätigen. Eine klare Absage an Olearius.

Umso ärgerlicher muss es für Kukies gewesen sein, dass Kahrs wenige Monate nach dem Briefwechsel den Privatbankier abermals mit ihm ungebeten ins Gespräch gebracht hat. Einmal mehr soll es in diesem Treffen dann um Cum-Ex gegangen sein.

So dreist Kahrs seine Funktion als haushaltspolitischer Sprecher der SPD genutzt haben könnte, um Olearius zu unterstützen, so folgenschwer könnten diese Treffen nun für ihn sein. Denn sie könnten den Verdacht der Begünstigung weiter nähren – jene Straftat, wegen der Brorhilker gegen ihn vorgeht.

Doch ganz unabhängig davon, ob Anne Brorhilkers weiteren Ermittlungen be- oder entlastende Tatbestände hervorbringen werden, so ist in der Sache M.M. Warburg eines klar: Sowohl Olaf Scholz im Amt des Ersten Bürgermeisters Hamburgs als auch seinem Staatssekretär im Bundesfinanzministerium fehlte offenbar jegliches Fingerspitzengefühl, als sie den Verantwortlichen einer in den größten deutschen Steuerskandal verstrickten Bank die Türen öffneten.

# Epilog

Nach mehr als acht Jahren Ermittlung blickt Anne Brorhilker im Herbst 2021 auf einen Fall zurück, der 2013 mit einem Streit zwischen milliardenschweren Investoren, einer feinen Schweizer Privatbank und gerissenen Steueranwälten begonnen und sie nun bis in die Hamburger Finanzbehörden, die hanseatische Spitzenpolitik und in das Umfeld jenes Mannes geführt hat, der als Sieger aus der Bundestagswahl hervorgegangen ist.

Eines ist sicher: Der Skandal ist noch lange nicht vorbei. Die Staatsanwältin wird wohl noch Jahrzehnte brauchen, ihre Ermittlungen abzuschließen. Die Aufarbeitung hat gerade erst begonnen. Mit Cum-Cum, Cum-Fake und anderen Modellen sind längst die nächsten Skandale am Horizont erschienen, die es aufzuarbeiten gilt. Und wer sagt, dass die findige Branche nicht in diesen Stunden bereits neue Wege gefunden hat, in die große Staatskasse zu greifen? Ohne die Hilfe von Insidern, davon ist Brorhilker überzeugt, wird der Staat wohl immer hinterherrennen. Daher würde sie am liebsten Finanzinsider anwerben dürfen, um die neuen Steuerbetrugsmodelle zu entziffern – so, wie bei Ermittlungen der Cyberkriminalität »weiße Hacker« eingesetzt werden, um Verbrechen zu bekämpfen.

Doch nicht nur die internationalen Finanzakteure tragen Schuld an dem Dilemma. Mehr als drei Jahrzehnte lang konnte sich eine Elite aus der Finanzbranche und der Juristerei als Gewinner des Cum-Ex-Skandals fühlen und Milliardensummen aus der deutschen Staatskasse in ihre eigenen Taschen wandern lassen, ohne dass sie jemand wirklich daran gehindert hätte. Die staatlichen Behörden und die Politik versagten lange Zeit, und das, obwohl sie immer wieder mit der Nase auf die kriminellen Umtriebe gestoßen wurden. Soll man es Ignoranz oder aktive Passivität nennen? Wie ist so ein Verhalten möglich? Wie zu rechtfertigen? Verblüffenderweise bleibt bis heute der große Aufschrei der Bevölkerung aus. Keine Gelbwestenproteste. Keine Demonstrationen wegen Cum-Ex. Nichts. Dabei liegt im Hinblick auf den wohl größten deutschen Steuerskandal eine Forderung der deutschen Bürgerinnen und Bürger an ihre Volksvertreter in der Regierung und an die Behörden ganz klar auf der Hand: Passt auf unser Geld auf! Wir zahlen unsere Steuern nicht, um Kriminelle zu unterstützen. Die Verantwortlichen im Staatsdienst sollten sich bewusst machen, dass es für sie in dieser Angelegenheit ebenfalls um viel geht. Bei ihnen steht ihr wichtigstes Gut überhaupt auf dem Spiel: das Vertrauen der Bürgerinnen und Bürger.

# Danksagung

Ohne den vielen Menschen aus der Welt der Wirtschaft, Juristerei, Politik und Behörden, die mir ihre Zeit und Vertrauen geschenkt haben, wäre keine Zeile dieses Buches möglich gewesen. Aus Gründen des Quellenschutzes darf ich sie namentlich nicht nennen. Manche von ihnen riskieren viel, um der Öffentlichkeit Einblicke in den Cum-Ex-Skandal zu ermöglichen. Ich danke ihnen von Herzen.

Keinesfalls habe ich das Feld »Cum-Ex« als Journalist alleine oder als Erster bestellt. Insofern gilt meine Anerkennung all jenen Kollegen, die sich schon Jahre vor mir mit dem Thema befasst haben. Allen voran Klaus Ott (*Süddeutsche Zeitung*), Sönke Iwersen (*Handelsblatt*), Volker Votsmeier (Fachzeitschrtift *Juve*, dann *Handelsblatt*) und Oliver Schröm (*Stern*, dann ARD »Panorama«).

Während der aufreibenden Recherche für dieses Buch habe ich die Unterstützung von vielen Menschen erfahren dürfen, denen ich – *in order of appearance* – im Folgenden danken möchte. Allen voran der früheren Chefredakteurin des WDR Sonia Mikich und der Leiterin des WDR-Investigativteams Monika Wagener, die mich »in den Sender« geholt und mir die Recherchen zu Cum-Ex »aufs Auge gedrückt« haben. Ich danke dem WDR für die guten Arbeitsbedingungen, die er für investigative Recherchen schafft, und die tollen, talentierten Kolleginnen und Kollegen des WDR-Investigativteams, mit denen ich hier täglich zusammenarbeiten darf. Klaus Ott und Hans Leyendecker von der *Süddeutschen Zeitung* haben mich schon 2018 in ihre Recherchen eingebunden. Von ihnen durfte ich viel über Cum-Ex, Hintergrundgespräche und die Bundesligisten Bayern München und Borussia Dortmund lernen. Ebenfalls von der *SZ* danke ich Jan Disteldorf und Nils Wischmeyer, mit denen wir zahlreiche unserer aktuellen Cum-Ex-Recherchen umgesetzt haben. Georg Mascolo, Leiter der Recherchekooperation von WDR, NDR und *SZ*, bei der ich seit nunmehr vier Jahren mitmischen darf, hat mich von Beginn an mit der Idee tatkräftig unterstützt, zu dem Thema auch einen Dokumentarfilm zu machen. Manche gemeinsamen Hintergrundgespräche werde ich nie vergessen – ebenso wenig wie seine große Hilfe über das einzelne Projekt hinaus.

Dem stellvertretenden Chefredakteur des WDR, Udo Grätz, danke ich für sein Vertrauen, den ARD-Dokumentarfilm »Der Milliardenraub – eine Staatsanwältin jagt die Steuermafia« umsetzen zu dürfen. Den beiden großartigen Filmemachern Petra Nagel und Michael Wech danke ich, dass ich mit ihnen gemeinsam den Film machen und auf diese Weise lernen durfte, wie man aus umfangreichen Recherchen am Ende auch einen echten Krimi macht.

Dank meines Agenten Thomas Hölzl ist dieses Projekt beim dtv-Verlag gelandet. Thomas Hölzl hat dieses Projekt weit über das übliche Maß unterstützt. Ich bin unglaublich froh, durch dieses Buch mit der dtv-Verlegerin Barbara Laugwitz zusammenarbeiten zu dürfen, eine Kämpferin für ihre Autoren, die auch diesem Projekt die nötige Zeit gegeben hat. Ein riesen Dankeschön gilt meiner Lektorin Iris Forster, die mit Akribie, Geduld und Begeisterung geholfen hat, aus dem komplexen Stoff ein hoffentlich spannendes Buch zu machen. Ich danke Rechtsanwalt Konstantin Wegner für seine Beratung in den kniffeligen Fragen. Mein Dank gilt auch all den beteiligten und begabten Experten des dtv-Verlages, die sich mühen, dass dieser wichtige Stoff möglichst viele Menschen erreicht.

Mein wichtigster Dank allerdings gilt meinen Liebsten zu Hause, denen ich dieses Buch widme. Aus vielen Gründen war dies eine unvergessliche, herausfordernde Zeit, die wir gemeinsam gemeistert haben. Die Erinnerungen daran finden sich jenseits der Zeilen. Noch viele Generationen werden sie sich wohl anhören müssen.